Adad Hannah

Reflets et réflexions | Glints and Reflections

Musée d'art de Joliette

Kamloops Art Gallery

Southern Alberta Art Gallery

Kitchener-Waterloo Art Gallery

The Rooms

—

Gazés revisité | Gassed Redux

The Founders' Gallery, University of Calgary

Foreword

The concept of "holding still" is fundamental to the history of art. For artists, it surfaces as a directive in the treatment of one's subject, an expectation that, if unfulfilled, may yield a shaky likeness. Seen another way, holding still might be the objective of any artistic pursuit. A way of fixing the unmanageable present in stasis and subjecting it to future scrutiny.

The work of Vancouver-based Adad Hannah has pivoted endlessly around stillness and animation, troubling our relationships with a European art-historical canon and revealing the complexity inherent in being a viewer. We are proud to collaborate on this vital publication regarding Hannah's work, produced in concert with exhibitions held at our respective galleries: Musée d'art de Joliette, Kamloops Art Gallery, Kitchener-Waterloo Art Gallery, Southern Alberta Art Gallery, The Rooms, and The Founders' Gallery, University of Calgary.

We extend gratitude to independent curator Lynn Bannon and to Anne-Marie St-Jean Aubre, curator of contemporary art at the Musée d'art de Joliette, for their curation of *Glints and Reflections* and careful attention to the future iterations of their exhibition at the partnering venues. Thanks must also be extended to Lindsey V. Sharman, former curator of The Founders' Gallery, for lending her vision to *Gassed Redux*. These exhibitions would not have been possible without loans from the Collection Fonderie Darling and from Jacques Toupin. We are thankful for their cooperation during the development of this project and for their ongoing support of Hannah's work.

Contextual insight can inspire unexpected yet valuable connections for touring exhibitions. We are indebted to the administrative and technical staff at each of the participating galleries for their shared commitment to this publication and its related exhibitions. As with many endeavours, a publication relies on support from many sources. We are particularly grateful for the keen eyes of copy editors Ron Ross and Marie-Noël Laporte; for the linguistic sensitivity of translators Jo-Anne Balcaen, Ron Ross, and Margot Lacroix; for the subtle, yet precise graphic design provided by Marianne St-Pierre; and for the expert publication coordination of Charlotte Lalou Rousseau and Anne-Marie St-Jean Aubre.

On behalf of all of us, we acknowledge the financial assistance of the numerous municipalities, councils, organizations, and foundations whose support has made this publication and related exhibitions possible: the Canada Council for the Arts, the Ontario Arts Council, the Ministère de la Culture et des Communications, the Alberta Foundation for the Arts, the British Columbia Arts Council, the Government of Newfoundland and Labrador, Ville de Joliette, the City of Lethbridge, the City of Kamloops, Caisse Desjardins de Joliette, Pierre-François Ouellette art contemporain, Jacques Toupin, and Jane Irwin & Ross Hill.

Finally, we are indebted to the artist, Adad Hannah, for bringing curiosity and generosity to all of his efforts. We are honoured to illuminate his practice in the following pages.

Jean-François Bélisle
Executive Director and Chief Curator, Musée d'art de Joliette

Anne Chafe
Executive Director, Museums and Galleries, The Rooms

Margaret Chrumka
Executive Director, Kamloops Art Gallery

Shirley Madill
Executive Director, Kitchener-Waterloo Art Gallery

Christine Sowiak
Associate University Curator, University of Calgary
(The Founders' Gallery)

Kristy Trinier
Executive Director, Southern Alberta Art Gallery

Avant-propos

Traduction par Margot Lacroix

L'idée de « garder la pose » est fondamentale en histoire de l'art. Pour l'artiste, elle surgit comme une exigence dans le traitement du sujet, une attente qui, si elle n'est pas satisfaite, risque d'aboutir à une ressemblance imparfaite. D'une certaine façon, elle pourrait résumer le but de toute démarche artistique : fixer le présent insaisissable afin de le soumettre à un examen approfondi.

L'œuvre d'Adad Hannah, qui vit à Vancouver, gravite autour des thèmes de l'immobilité et de l'animation; elle ébranle nos rapports avec les canons hérités de l'art européen et met en lumière la complexité inhérente au rôle de spectateur. Nous sommes fiers d'avoir collaboré à un ouvrage essentiel sur le travail de l'artiste, publié en marge des expositions présentées dans nos établissements respectifs : le Musée d'art de Joliette, la Kamloops Art Gallery, la Kitchener-Waterloo Art Gallery, la Southern Alberta Art Gallery, The Rooms et la Founders' Gallery de l'Université de Calgary.

Nous tenons à remercier Lynn Bannon, commissaire indépendante, et Anne-Marie St-Jean Aubre, conservatrice de l'art contemporain au Musée d'art de Joliette, d'avoir organisé *Reflets et réflexions* et soigné les détails de sa présentation dans les lieux de diffusion partenaires. Nous remercions également Lindsey V. Sharman, ex-commissaire à la Founders' Gallery, d'avoir chapeauté la réalisation de *Gazés revisité*. Par ailleurs, la tenue de ces expositions n'aurait pas été possible sans les prêts accordés par la Collection Fonderie Darling et par Jacques Toupin. Nous les remercions de leur coopération tout au long du projet et de leur intérêt soutenu à l'égard du travail de Hannah.

Chaque lieu de diffusion d'une exposition itinérante offre un contexte qui peut apporter un éclairage inattendu mais précieux sur une œuvre. Nous sommes redevables aux membres du personnel technique et administratif de chacun des établissements de s'être investis collectivement dans la préparation du présent ouvrage et des expositions qui s'y rattachent. Un projet d'édition comme celui-ci exige l'apport de nombreuses sources. En particulier, nous souhaitons remercier les réviseurs Ron Ross et Marie-Noël Laporte pour leur œil minutieux; les traducteurs Jo-Anne Balcaen, Ron Ross et Margot Lacroix, pour leur sensibilité linguistique; Marianne St-Pierre, pour sa conception graphique subtile et précise; Charlotte Lalou Rousseau et Anne-Marie St-Jean Aubre, pour leur coordination experte du travail nécessaire au projet d'édition.

Au nom de tous, nous remercions les nombreux conseils, municipalités, organismes et fondations dont le soutien financier a rendu possible la réalisation de cet ouvrage et des expositions connexes : le Conseil des arts du Canada; le Conseil des arts de l'Ontario; le ministère de la Culture et des Communications; l'Alberta Foundation for the Arts; le British Columbia Arts Council; le gouvernement de Terre-Neuve-et-Labrador; la Ville de Joliette, la Ville de Lethbridge et la Ville de Kamloops; la Caisse Desjardins de Joliette; Pierre-François Ouellette art contemporain; Jane Irwin et Ross Hill; et Jacques Toupin.

Enfin, nous sommes infiniment reconnaissants à Adad Hannah de l'esprit curieux et généreux qui l'anime dans tout ce qu'il entreprend. Nous sommes honorés de l'occasion qui nous est donnée d'éclairer sa pratique artistique en ces pages.

Jean-François Bélisle
Directeur général et conservateur en chef, Musée d'art de Joliette

Anne Chafe
Directrice générale, Musées et galeries, The Rooms

Margaret Chrumka
Directrice générale, Kamloops Art Gallery

Shirley Madill
Directrice générale, Kitchener-Waterloo Art Gallery

Christine Sowiak
Conservatrice associée, Université de Calgary (The Founders' Gallery)

Kristy Trinier
Directrice générale, Southern Alberta Art Gallery

Adad Hannah
The Still-Moving Image

Introduction by Jean-François Bélisle

We were always taught that time is a linear phenomenon, one that never stops, for anyone. Yet there are rare moments when time slows down, almost to the point of stillness. At that precise moment, the linearity of time seems to dissipate, and makes room for multiple lateral readings. Adad Hannah has built his entire artistic practice out of those rare moments. Hannah combines photography and video to address our contemporary world by playing with imagery and iconography of the past. These re-enactments, or citations, as Lynn Bannon calls them, are extremely well-researched and brilliantly executed. In their texts, Lynn Bannon and Lindsey V. Sharman thoroughly discuss these citations and expand on the manner in which Hannah re-stages, reflects, and revisits the past to consider the present. As both authors note, references abound in Hannah's work, and he plays with them in ways that are novel and relevant, at once timely and timeless. Specifically, I would like to touch on one aspect of Hannah's practice that is mentioned in both essays: his usage of time as a medium.

Hannah's video-recorded *tableaux vivants*, which the artist refers to as *stills*, are often enacted by individuals attempting to maintain a pose in order to reconstitute a historical work of art. Here, a medium invented to document the passage of time is used to approximate a still moment. Concurrently, in his photographic works, he captures individual moments, details of that living reconstitution. The image is frozen, but it presents moving entities in order to punctuate and emphasize their narrative. By subverting the ways in which these two mediums are meant to operate, Hannah uses the experience of time to destabilize his viewers. At first encounter with one of Hannah's stills, viewers are often perplexed. Your eyes tell you something is wrong as, slowly, small movements belie the image's stillness.

A different type of gaze is called upon: the detail-oriented focus of a detective. It becomes difficult to take in the overall work as a flinching hand, a batting eye, or a twitching mouth constantly steals the show. The artwork is subsequently evaluated in terms of its success as a still image and its verisimilitude to the originally referenced piece; in other words, in terms of its veracity and authenticity.

Scrutinizing details to assert their veracity becomes important as it allows for discrepancies and "failures" to emerge. That looking glass is then aimed at the actual subject matter of the artwork: the re-enactment of scenes that embodied, and still embody, a plethora of social, religious, economic, and gender-based biases. Surfacing such biases from the past leads to questions about similar, perhaps mirroring, contemporary realities. These never-ending reflections are made possible primarily because of Hannah's inventive use of time as an artistic medium.

It is a true pleasure to highlight this aspect of Hannah's practice in a catalogue that has so many partners and that will accompany the exhibition *Glints and Reflections* as it travels across Canada. For museums that showcase contemporary art, building exhibitions that encourage our society's critical development is, I believe, at the heart of our mission. To see this type of exhibition resonate across the country is a rare privilege. Lastly, many thanks to you, dear readers, for taking the time to examine these important issues and to accompany Adad Hannah through his reflections on our contemporary society.

Adad Hannah
Entre immobilité et mouvement

Introduction par Jean-François Bélisle
Traduction par Margot Lacroix

On nous a toujours enseigné que le temps est un phénomène linéaire qui n'interrompt jamais son cours. Or il existe de rares moments où le temps ralentit au point de parvenir à un état de quasi-immobilité. Sa linéarité semble alors se dissiper, ouvrant la voie à de multiples lectures latérales. Adad Hannah a construit toute sa pratique artistique autour de ces moments singuliers. Combinant photographie et vidéo, il s'intéresse à notre monde contemporain en revisitant l'imagerie et l'iconographie du passé. Ses reconstitutions, ou citations (suivant le terme employé par Lynn Bannon), s'appuient sur des recherches très poussées et sont brillamment exécutées. Les textes de Lynn Bannon et de Lindsey V. Sharman proposent une analyse approfondie des procédés employés par Hannah afin de recréer et de revisiter des scènes du passé dans le but d'éclairer le présent. Toutes deux soulignent l'abondance des références historiques que l'artiste exploite dans le cadre d'une démarche novatrice et pertinente, à la fois actuelle et intemporelle. J'aimerais aborder ici un aspect particulier qui ressort de leurs essais, à savoir l'usage qu'il fait du temps comme médium.

Les *tableaux vivants* que Hannah enregistre sur vidéo et qu'il décrit comme des *stills* mettent souvent en scène des acteurs qui s'efforcent de tenir une pose dans le but de reconstituer une œuvre d'art passée à l'histoire. Se servant d'un procédé par ailleurs inventé pour documenter le passage du temps, l'artiste tente d'approcher au plus près un moment d'immobilité. Parallèlement, ses œuvres photographiques captent des moments particuliers, des détails de la reconstitution vivante. Dans ce cas-ci, l'image est figée, mais présente des êtres en mouvement dans le but de ponctuer et d'accentuer leur récit. En détournant ainsi ces médiums de leur fonction habituelle, Hannah manipule l'expérience du temps pour déstabiliser le spectateur. Au premier coup d'œil, ses *stills* suscitent souvent la perplexité. Nos yeux perçoivent que quelque chose cloche, jusqu'à ce que de petits mouvements viennent peu à peu troubler l'immobilité de la scène.

Une autre sorte de regard est sollicité : l'attention au détail d'un détective. Embrasser la scène dans sa totalité devient de plus en plus difficile : une main qui tressaille, un œil qui cligne, une bouche qui se contracte prennent toute la place. Dès lors, l'œuvre est évaluée en fonction de sa qualité d'image fixe et de sa similitude avec l'œuvre à laquelle elle se réfère : en d'autres mots, de sa véracité et de son authenticité.

Le fait de prêter attention aux détails pour attester de leur conformité devient un élément essentiel, car c'est ce qui permet de faire apparaître les écarts et les « défauts ». Le regard se porte ensuite vers le thème qui se veut au cœur de l'œuvre : la reconstitution de scènes qui ont incarné et continuent d'incarner jusqu'à aujourd'hui une pléthore de préjugés sociaux fondés sur la religion, la classe et le genre. La mise en évidence des idées reçues d'autrefois amène un questionnement sur des réalités contemporaines similaires, qui sont peut-être même le miroir de ces dernières. Les réflexions à l'infini que suscitent les œuvres de Hannah découlent principalement de l'usage inventif du temps comme médium.

Nous nous réjouissons de l'occasion qui nous a été donnée d'éclairer cet aspect particulier de la démarche artistique d'Adad Hannah dans un catalogue réalisé avec de nombreux partenaires, et qui accompagnera l'exposition *Reflets et réflexions* un peu partout au Canada. La présentation d'expositions incitant à une réflexion critique sur l'évolution de notre société s'inscrit au cœur de nos missions en tant que musées qui offrent une vitrine à l'art contemporain. Contribuer au rayonnement d'un événement de ce genre constitue un rare privilège. Un grand merci à vous, chers lecteurs et lectrices, de vous intéresser à ces questions essentielles et d'accompagner Adad Hannah dans ses réflexions sur notre société contemporaine.

Reflets et réflexions

Lynn Bannon

Temps, mouvement, reproduction. Voilà trois termes qui synthétisent les notions fédératrices de la production artistique d'Adad Hannah, et cela, tant du point de vue des médiums employés que des thématiques qu'il aborde. Soulignons d'entrée de jeu la singularité de l'œuvre de cet artiste, qui utilise la photographie et la vidéo comme modes d'expression privilégiés et les combine de manière tout à fait inédite. De ce maillage médiumnique résulte le *still*, un enregistrement vidéo en plan fixe et sans montage d'une mise en scène chorégraphiée au sein de laquelle prennent part des figurants qui tiennent une pose durant quelques minutes – en rappel du temps de captation que nécessitaient les premiers appareils photographiques au XIXe siècle.

Apparentés à des « tableaux vivants[1] », les *stills* génèrent une sensation de stagnation qui s'effrite lorsque l'œil perçoit la (micro)gestualité des modèles. Attendu qu'elles sont présentées en boucles récursives et qu'elles contractent « l'en direct » et « l'enregistré », les vidéos fascinent par leur langueur et encouragent une lecture lente et durative, à mi-chemin entre la contemplation picturale et le regard cinématographique. Accaparé par l'étirement temporel de la bande filmique qu'il voit et visionne simultanément, le regardant fait l'expérience de la continuité de façon inaccoutumée. En effet, par leur force hypnotique, les *stills* brouillent nos repères visuels tout en offrant de nouvelles perspectives sur la nature de notre engagement vis-à-vis de l'art et sur le temps qu'on lui accorde. Qui plus est, ils impliquent une méditation solitaire sur notre adhésion au présent et nous rendent provisoirement étrangers à notre quotidien par leur puissance d'attraction.

Les *stills* s'inscrivent en outre dans la durée, puisque l'artiste photographie ses installations performées pour les figer dans le temps. Les compositions théâtrales font ainsi l'objet de *remakes* au sein desquels elles sont captées sous différents angles et décuplées en une série d'exemplaires. Si bien que similaires, mais non identiques, ces rééditions photographiques forment une chaîne d'autocitations qui constituent chacun des projets de Hannah. La même remarque peut d'ailleurs être émise à propos de ses séries citationnelles, dans lesquelles il réitère des images antérieures sans pour autant en proposer des doublons parfaits. Réempruntant le regard d'un peintre ou d'un sculpteur l'ayant précédé, il se sert de la citation pour revisiter et reconsidérer l'univers des arts plus anciens, de même que pour recycler certains préceptes et schèmes esthétiques antérieurs qu'il ranime et réinterprète.

S'il se confronte à des chefs-d'œuvre et à des créateurs de renom, il renoue modestement avec un thème de figurabilité naguère jugé inférieur du point de vue de la hiérarchie traditionnelle des sujets de figuration : la scène de genre. Reportons-nous un instant au XVIe siècle, alors que le terme « genres » était le vocable employé pour désigner les principales thématiques en art, ultérieurement institutionnalisées et hiérarchisées par l'Académie royale de peinture et de sculpture de France. Peu après son instauration en 1648, cet établissement d'éducation artistique phare promulgua (par la voix d'André Félibien en 1667) la règle décrétant que chaque artiste devait se distinguer corrélativement au thème qu'il favorisait selon ses habiletés techniques et ses connaissances empiriques. Habituellement, les plus talentueux se consacraient aux genres dits *majeurs*, notamment la peinture d'histoire, le portrait et le paysage « habité », tandis que les moins adroits (ou parfois par choix) privilégiaient des sujets qualifiés de *mineurs*, à savoir la scène de genre et la nature morte. Le statut inférieur de ces derniers résultait du présupposé selon lequel ils n'exigeaient pas de prédispositions cultivées pour être compris ou appréciés de tous en raison du fait qu'ils représentent des individus anonymes, ainsi que des situations, des activités et des objets puisés à même le journalier.

Or ce sont ces thématiques antérieurement sous-estimées qui occupent le haut du pavé dans la production d'Adad Hannah, qui dépouille ainsi la scène de genre de son ancien ascendant négatif tout en atténuant le soupçon d'élitisme fréquemment associé aux arts visuels. En accolant l'art et le familier, l'artiste avance l'idée, forte, que l'art n'est jamais vraiment éloigné de la vie de tous les jours. Plus largement, il s'évertue à faire dialoguer la société avec les œuvres, notamment dans les enceintes chargées de les abriter et de les mettre en valeur. D'où ses interventions dans diverses institutions muséales à l'origine de ses projets qui réfléchissent les lieux d'exposition à l'intérieur desquels ils ont été réalisés. Ces séries muséographiques préludent notre traversée de l'œuvre de cet artiste, qui sera organisée en trois grands thèmes : Miroiter le musée, Réflexions d'œuvres et Vies captées.

Miroiter le musée, ou faire œuvre par la collection

L'attention que porte Adad Hannah à l'univers muséal et à ses intervenants se manifeste initialement dans ses séries vidéographiques intitulées *Museum Stills* [Stills au musée] (2002) **(fig. 1)** et *Age of Bronze* [Âge d'airain] (2004) **(fig. 36)**, respectivement créées au Musée des beaux-arts de Montréal et au Musée des beaux-arts du Canada. Si ces projets muséographiques ont en commun le fait d'avoir été effectués *in situ* et d'être le fruit d'une initiative personnelle, d'autres résultent d'invitations de la part d'institutions muséales (nationales et internationales) qui désiraient voir leurs collections revisitées par l'artiste, suivant une démarche herméneutique. Fréquent depuis les années 1960, ce principe de délégation consiste à approcher le futur archivistique des œuvres sous l'égide des pratiques de la « reprise » (réutilisation, citation, détournement), que le photographe et vidéaste affectionne particulièrement.

Mentionnons déjà que les retombées de ce travail de collaboration sont plurielles et réciproques pour tous les intervenants impliqués. En ce qui concerne les musées, cette activité coopérative leur fournit l'occasion de redéfinir leurs espaces d'exposition, qui se trouvent alors métamorphosés en surfaces de création et en contextes discursifs. Cette activité leur permet également de s'autodésigner comme des établissements en constant devenir sans desservir leurs fonctions de sanctuaires. De plus, il s'agit d'une occasion à saisir pour les visiteurs qui souhaitent raviver leur expérience des collections permanentes, alors (ré)inscrites dans l'actualité. Pour l'artiste, cet exercice muséifie sa création dès son achèvement, ce qui est peu banal considérant que le musée est encore de nos jours conçu comme un lieu rassurant doté du pouvoir de légitimer le

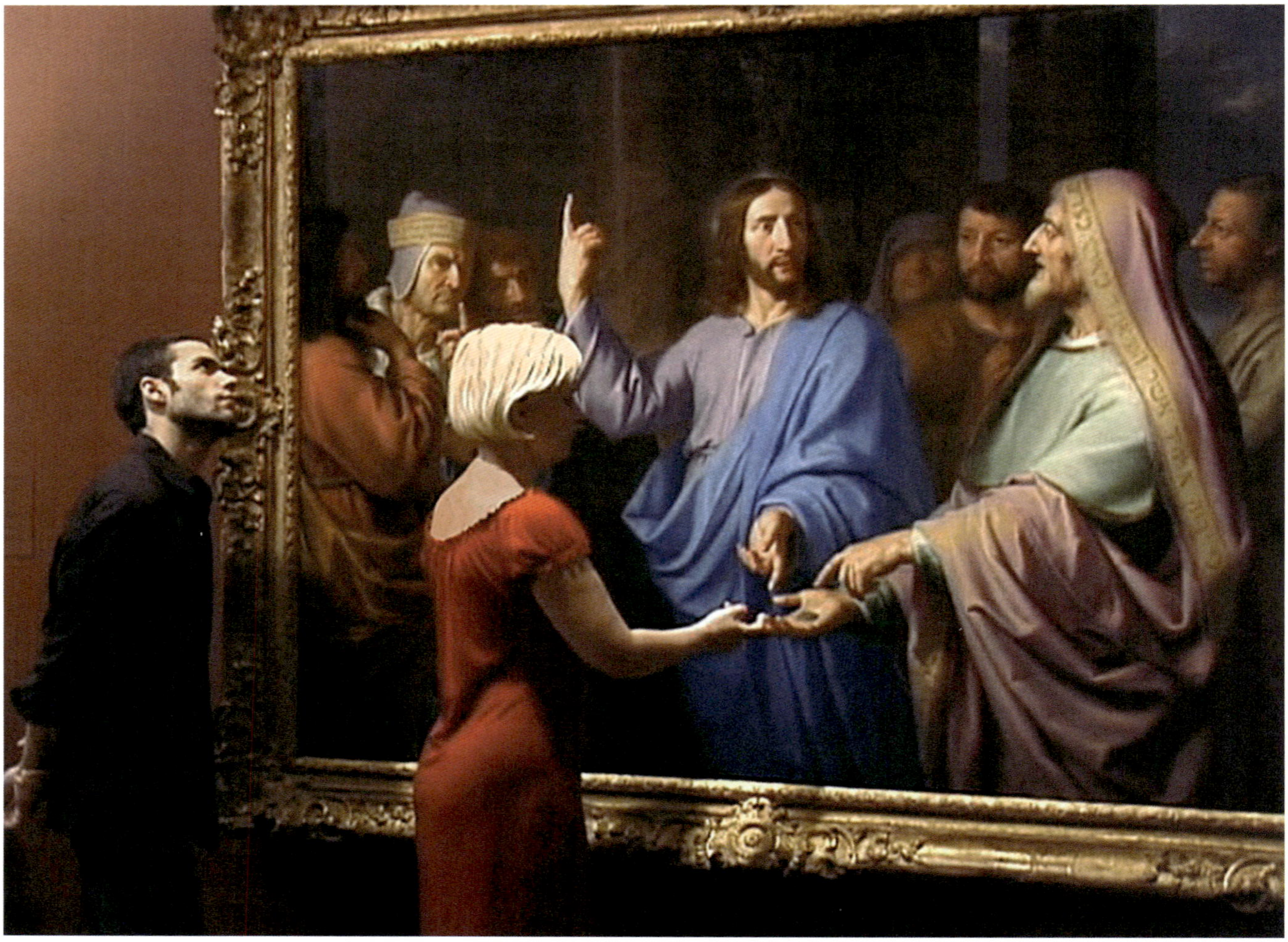

statut artistique des œuvres. Cet exercice lui fournit au demeurant une fenêtre pour mettre de l'avant sa démarche particulière sans oblitérer la richesse des possessions des musées qui l'accueillent. Et c'est avec adresse que Hannah y parvient en permutant la présentation conventionnelle des objets exposés par l'entremise de jeux de miroirs employés comme rétroviseurs des salles d'exposition.

En fait, l'artiste prend au pied de la lettre le mot « réflexion », dont la racine étymologique vient de *reflecto*, qui signifie « action de tourner en arrière, de retourner »[2], pour proposer des points de vue renversés et surprenants sur les artéfacts exposés. En témoignent la photo *A Man Mirroring I* [Un homme au miroir I] **(fig. 2)** et la vidéo *Man in a Red Shirt* [Homme au chandail rouge] appartenant à la série *Two Men Mirroring* [Deux hommes au miroir] (2008), mise sur pied au Musée national des beaux-arts du Québec. Les deux images montrent un homme debout dans l'une des pièces de l'édifice muséal québécois, posté devant une glace dans laquelle se réverbèrent à la fois son reflet et les œuvres inversées et dédoublées, voire animées par les légers vacillements corporels.

Ce stratagème d'inversion est rentable, car il jette un coup de projecteur sur des créations mémorables et (re)valorisées qui appartiennent à l'histoire de l'art, tout en présentant des images originales et étonnantes pour marquer l'esprit des visiteurs. Du reste, Hannah réussit pleinement sa mission : revoir le passé sous la loupe du présent.

Si la démarche paraît un tant soit peu complexe, force est de reconnaître qu'elle est ingénieuse, parce qu'elle dote les photos et les vidéos d'une épaisseur sémantique dérivée de la multiplication des références implicites. Cette expansion connotative se manifeste entre autres choses par le miroir qui renvoie, d'une part, à la perception de l'œuvre d'art entendue comme une imitation du monde et, d'autre part, à la pratique séculaire de la mise en abîme, deux principes fondamentaux de l'art figuratif qui perdurèrent jusqu'au XIXe siècle. À travers le déploiement des lieux d'exposition et la surimposition des espaces décuplés et détournés, on peut aussi deviner une insinuation implicite au chamboulement des règles de la perspective euclidienne qui survint dans le sillage de l'apparition de la photographie (1839). Ce nouvel

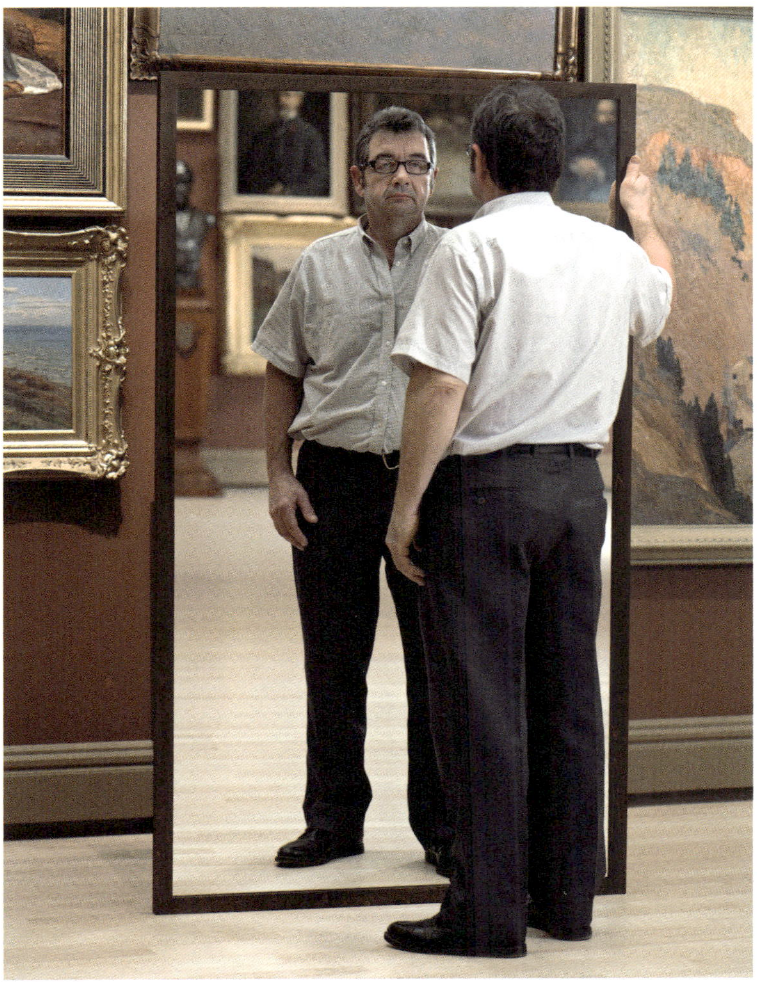

fig. 1 — p. 10
Tribute, 2002
de la série *Museum Stills*

fig. 2
A Man Mirroring I, 2008

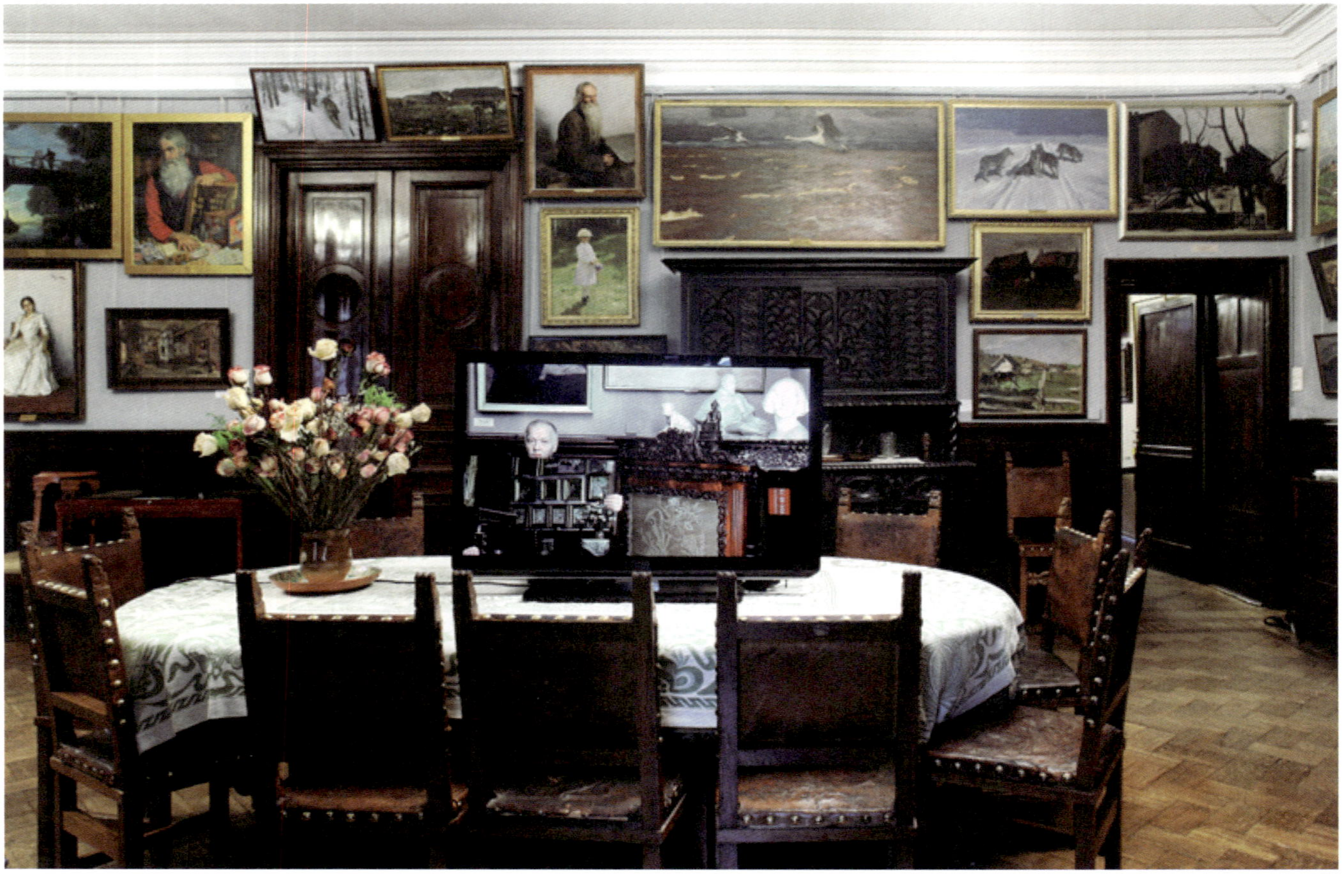

fig. 3
Mirroring the Brodsky, 2012
Vue d'installation

appareil rendit possible la monstration du réel dans des axes auparavant inusités, par exemple obliques, comme le suggère la photo *Mother Holding a Plum* [Mère tenant une prune] **(fig. 17)** de la série *The Russians* [Les Russes] (2011), dont nous reparlerons. Loin d'être anodin, ce « recadrage » provoqua une rupture avec le système de la vision en plan fixe et frontal théorisé par l'humaniste Leon Battista Alberti (1404-1472), qui régentait la peinture depuis le XVe siècle.

En tant que *re*-présentations de salles d'exposition, les images de Hannah abordent manifestement la question des conditions de présentation des objets d'art. Attendu la démultiplication des œuvres exposées issue des effets de miroitement, les photos et les vidéos remémorent le style des salons du XIXe siècle, où les tableaux et les sculptures étaient présentés pêlemêle, parfois du plafond au plancher dans des salles (en)gorgées d'artéfacts. Cette évocation relative aux anciennes normes d'accrochage a ceci d'astucieux qu'elle réoriente l'attention du spectateur sur les règles d'exposition des institutions muséales contemporaines, lesquelles sont des ouvrages savamment conçus pour démontrer la somptuosité des collections, contribuer au rayonnement des richesses patrimoniales et favoriser l'accès aux œuvres. Au final, les projets muséologiques de Hannah ne se limitent pas à réfléchir l'art, ils font aussi réfléchir *sur* l'art, son histoire et ses différents paramètres remis à jour par le biais d'une pluralité d'indices qu'un regard hâtif n'est pas toujours en mesure de déceler. Ses images miroitant les musées ne sont donc pas des vitrines, mais des portes à ouvrir pour pénétrer dans des couloirs menant à des découvertes sur le monde des arts visuels d'ici et d'ailleurs.

En 2012, l'artiste posa ses valises au Musée-appartement Isaac Brodsky à Saint-Pétersbourg pour y réaliser le projet *Mirroring the Brodsky* [Miroiter le Brodsky] **(fig. 3, fig. 24-35, fig. 38)**. Dans cette série vidéographique, Hannah nous immerge dans l'ancienne demeure de l'artiste soviétique Isaac Brodsky (1883-1939) convertie en établissement muséal en 1949. Habitées par l'art, les salles de cette ancienne résidence foisonnent de toiles, de sculptures, de pièces de mobilier, d'objets folkloriques et artisanaux exposés sans ordonnancement précis. C'est pourquoi, dans son ensemble, l'ancien logement s'apparente à un gigantesque cabinet de curiosités, c'est-à-dire une sorte de studio très en vogue suivant le XVIe siècle, qui avait pour principale mission d'exhausser le collectionneur, sa grandeur et son amour des belles choses.

Il faut dire que les pièces de ce musée-appartement dressent un portrait bavard du nationaliste avéré que fut Brodsky, dont la carrière s'échelonna durant la période dite néorusse, bornée par le Congrès panslave à Moscou en 1867 et la célébration du tricentenaire de la maison des Romanov sur le trône impérial en 1913. Représentant du réalisme socialiste et professeur à l'Académie des beaux-arts de Saint-Pétersbourg, ce peintre soutenait les idées révolutionnaires de Vladimir Ilitch Oulianov, mieux connu sous le nom de Lénine (1870-1924), personnage politique qu'il portraitura à quelques reprises. Il aspirait de cette manière participer au développement du sentiment national alimenté par les changements que subissait la Russie au tournant du XXe siècle, principalement l'abolition du servage de la classe paysanne, l'apparition d'une société ouvrière et du prolétariat. Aussi n'est-il pas surprenant de constater au sein de cet assortiment diversifié de choses collectées la cohabitation d'objets répondant aux critères normés des beaux-arts avec d'autres qualifiés d'artisanaux, croisement qui dégauchit ostensiblement l'ancienne classification consacrée des médiums.

Cette catégorisation arbitraire s'imposa au sein des académies d'art dès le XVIe siècle pour s'instaurer en un système stable qui perdura jusqu'au XIXe siècle, alors que s'ouvraient les premières brèches dans l'ordre figé des classements médiumniques conventionnels. Cet ordonnancement motivé avait pour visée première de dissocier l'Art majeur, défini comme étant un art (au singulier) du beau, inventif, éclairé par la connaissance de règles d'application, voué à la contemplation et qui ne se prêtait pas au dénombrement, des arts mineurs (relevant des métiers d'art), qui se particularisaient par leur usage, leur possible reproductibilité et leur relation étroite au monde, toutes ces spécificités étant responsables de leur cote dépréciative.

Vu que sa collection était en partie destinée à protéger la culture nationale et à rapprocher l'art de la vie ordinaire – proximité primordiale en terres russes à cette époque –, Brodsky fit abstraction de ce clivage catégoriel. On peut même hasarder l'hypothèse que l'organisation bigarrée d'objets regroupés et placés les uns à côté des autres sans ségrégation se voulait à l'image d'une Russie égalitaire que vantait le peintre soviétique et que dédoublent les vidéos de Hannah. Récupérant son procédé de miroitement « à rebours », l'artiste contemporain ravive des vues partielles de cet arsenal patrimonial édifié et nourri par le souci ethnographique de préservation culturelle de son ancien propriétaire. Dans le même temps, il rajeunit le plaidoyer de Brodsky, énonçant que l'art n'est nullement produit isolément de la société, contigüité exprimée par les membres du personnel qui s'immiscent dans le musée-appartement et qu'il fit poser miroir en main devant sa caméra. Du fait que ses vidéos sont enchâssées dans le lieu d'exposition, Hannah insiste derechef sur le fait que le majeur et le mineur peuvent aisément s'entrelacer, que ces deux registres se répondent mutuellement comme générateurs de sens, dans la mesure où ils s'allient pour transgresser et critiquer réciproquement le classement des médiums selon la hiérarchie conventionnelle.

Pour ceux et celles qui soutiennent que l'hybridité des genres et des médiums est le nouveau modèle de l'art contemporain, la série *Daydreams of the Drunken Scholar* [Rêveries d'un érudit ivre] (2012) **(fig. 4-5)** en est un cas éloquent. Dans ce projet, Hannah pencha à nouveau son attention sur l'enchevêtrement entre les beaux-arts et les arts mineurs en se tournant cette fois vers les arts orientaux. Comme tout décor a ses coulisses, l'artiste s'est servi des biens asiatiques légués par Lenora et Walter F. Brown au musée texan San Antonio Museum of Art pour recréer des scènes d'intérieur inspirées d'estampes japonaises érotiques qui, dès le XIXe siècle, fascinèrent de nombreux artistes occidentaux (Édouard Manet, Mary Cassatt, Vincent Van Gogh, Auguste Rodin, pour ne nommer que ceux-là), à un point tel que cette avidité pour les choses orientales – ou « japonisme[3] » – concourut à la modernisation des principes esthétiques de l'art européen.

Résumons à grands traits le fait que l'Occident était alors chamboulé par une myriade de transformations technologiques et sociétales. Pressurée par cette vague de changements, la société cherchait à s'évader. Cette aspiration fut en partie assouvie par un attrait pour les cultures exotiques, spécialement l'Asie. L'engouement pour les pays orientaux culmina au moment de l'Exposition universelle de Paris en 1867, rassemblement international au cours duquel les gens s'échangèrent et achetèrent des images, de même qu'une variété de choses issues des contrées asiatiques. De nombreux artistes, mécènes, collectionneurs et amateurs venus des quatre coins du globe profitèrent de cette occasion pour enrichir leurs collections, spécialement ceux en provenance des États-Unis à la recherche de pièces artistiques pour meubler leurs musées nouvellement érigés[4].

Initialement tournées vers l'ethnographie et l'anthropologie, les premières institutions muséales américaines avaient pour rôle de créer un passé à partir de matériaux utilisés au quotidien. Pour ce faire, elles ont grandement investi dans la constitution de *period rooms*, à savoir des restitutions de pièces historiques où sont rassemblés maints objets d'une société donnée à un moment précis de son histoire. Reconstituées à partir d'une documentation avérée, ces restaurations d'espaces privés avaient (et ont encore) pour mission de présenter un aperçu véridique d'une époque ou d'un ailleurs par l'entremise de la décoration intérieure. Pareillement aux musées-

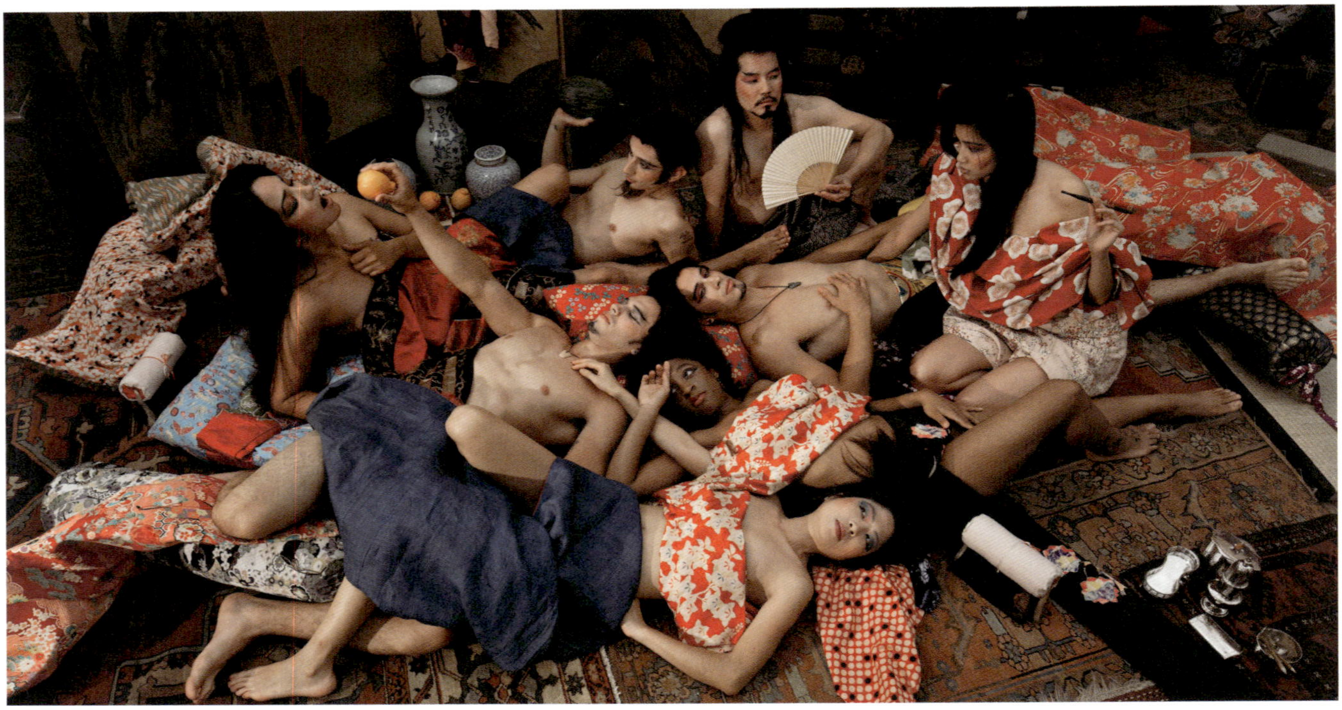

fig. 4 + fig. 5 (détail)
A Rising Tide, 2012
de la série *Daydreams of the Drunken Scholar*

appartements, les pièces d'époque sont ni plus ni moins des toiles de fond servant à raconter l'histoire sociale et l'histoire de l'art et, en prime, à éveiller l'intérêt du public pour diverses cultures.

Échafaudés à partir de créations asiatiques, les décors de l'installation *Daydreams of the Drunken Scholar*, au sein desquels se déroulent les scènes à tonalité orientalisante du projet de Hannah, tissent des liens patents avec les pièces d'époque, à l'exception qu'ils ne sont pas insufflés d'un même souci d'authenticité. Ces compositions peuvent plutôt être qualifiées de citations stylistiques ou de pastiches de l'art «oriental», dont elles reprennent la facture et l'iconographie. Les tissus japonais en soie ornementés de motifs floraux, les kimonos, les paravents, les éventails, les ombrelles en papier, les services à thé, les vases, les fleurs et les fruits qui saturent ces espaces domestiques suggèrent indubitablement les ensembles asymétriques, décentrés, sans perspective linéaire, chargés d'arabesques et de diagonales symptomatiques des gravures japonaises.

Le boudoir simulé, dans lequel se déroulent les scènes, est occupé par des volontaires locaux déguisés et maquillés qui musardent, adoptent des poses lascives et semblent baigner dans une léthargie comateuse. Cette ambiance de harem et la sensualité des photos et des vidéos font écho au mouvement artistique *Ukiyo-e*, caractérisé par des représentations gravées de courtisanes (*oiran*) et des scènes suaves (*shunga*) fréquentes durant l'époque d'Edo (1603-1868). En dépit de leur prétendue banalité consécutive, de leurs thématiques familières et de leur distribution à large échelle, ces estampes furent très populaires, du moins suffisamment pour être après coup considérées comme des œuvres d'art à part entière. Leur influence fut telle, qu'elles façonnèrent le mythe de l'Orient interprété par les Occidentaux comme un monde d'évasion, où les gens vivent simplement dans une harmonie heureuse et sombrent dans une molle euphorie souvent provoquée par la consommation de stupéfiants – ce que laisse présager le titre choisi par Hannah[5].

Tout bien pesé, les œuvres de la série *Daydreams of the Drunken Scholar* répondent aux caractéristiques du champ des arts visuels actuels que l'on dit éclaté, hétérogène, favorisant les mélanges, les déplacements de tous ordres et où les temporalités sont brouillées. Ces emmêlements sont d'ailleurs au cœur des projets de résidence de Hannah qui, comme le dieu Janus, a un visage tourné vers le passé, les traditions, l'héritage de l'art à conserver, et l'autre inversement braqué vers le futur, les changements et les réformes à entreprendre pour permettre à l'art de demeurer vivant. Mais c'est bien en face qu'il regarde Diego Vélasquez (1599-1660) dans sa photographie *On Location* [Sur place] **(fig. 39)**, créée au Musée du Prado, à Madrid, dans le cadre de sa série *Prado Project* [Projet Prado] (2008), où il se mesure au fameux tableau *Las meninas* [Les ménines] (1656) **(fig. 40)**.

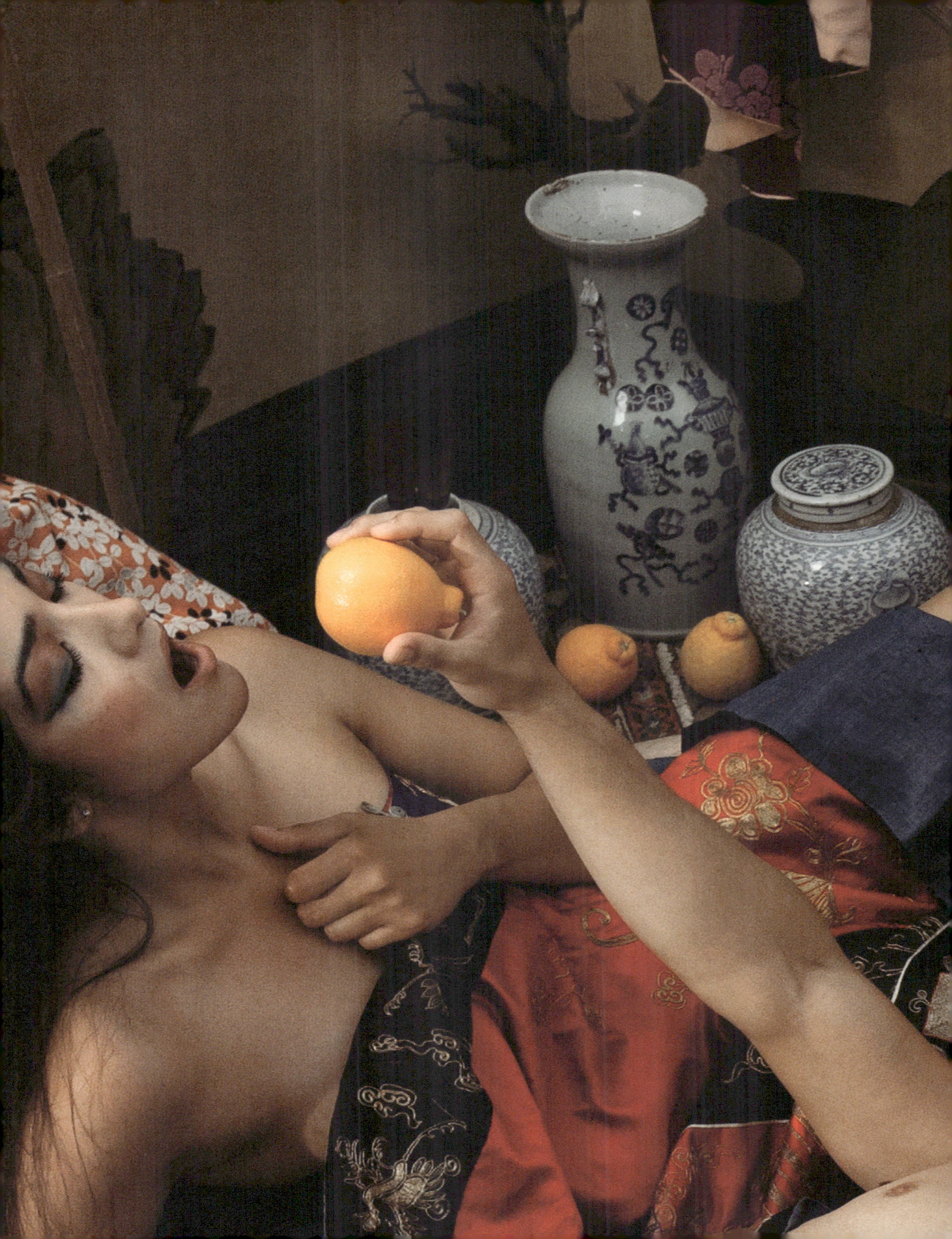

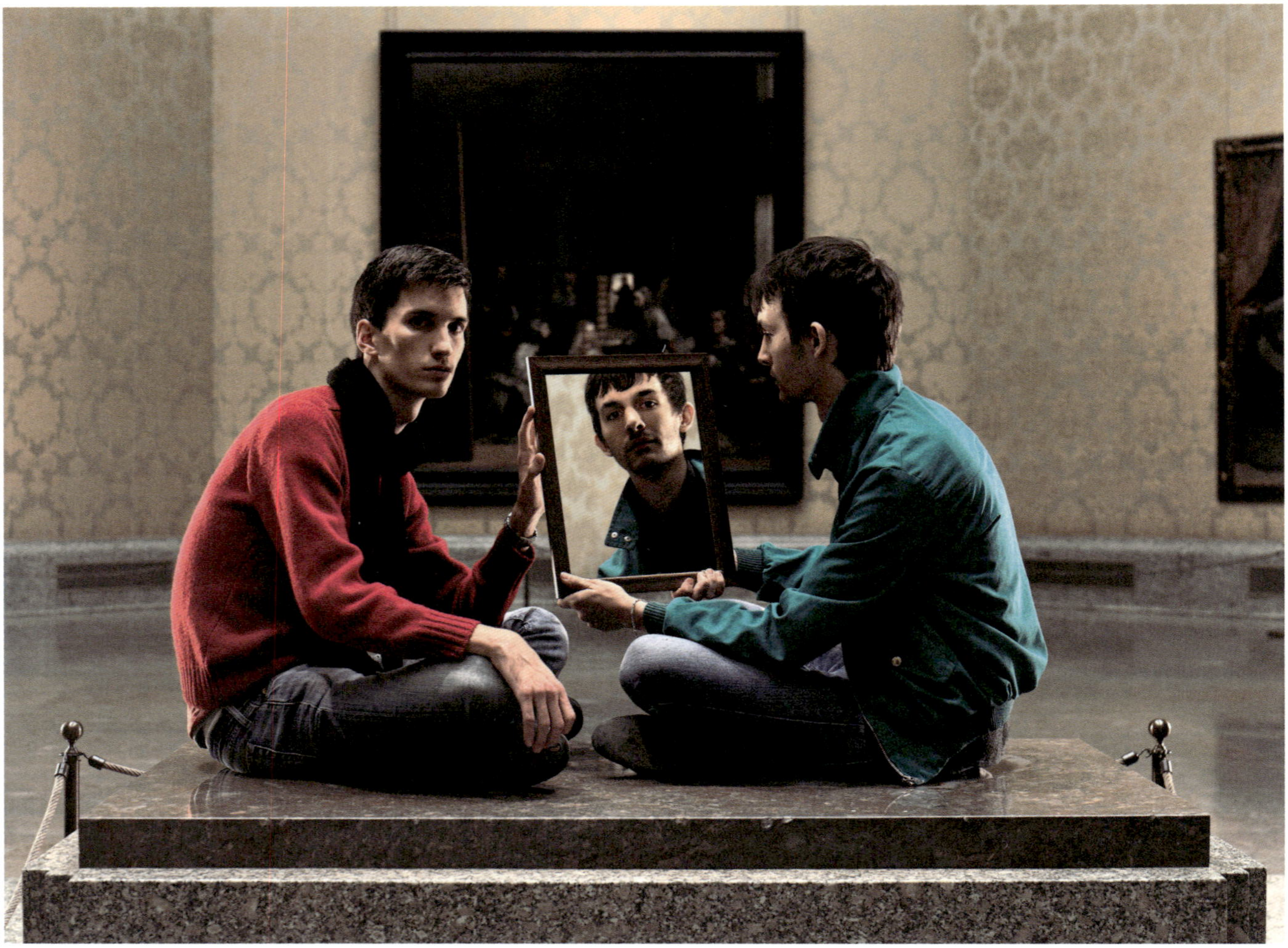

L'œuvre *Las meninas*, sans doute la toile la plus célèbre du peintre espagnol, doit sa renommée à la pensée réflexive sur la peinture qu'elle sous-entend, plus encore sur la quête de la vraisemblance incarnée par les pseudoportraits du roi Philippe IV d'Espagne (1605-1665) et de la reine Marie-Anne d'Autriche (1634-1696), qui se profilent dans une glace figurée en fond de scène. Pivot de la représentation, le miroir mène constamment vers une altérité et agit comme lieu d'échange entre l'intérieur et l'extérieur de l'image, identiquement au regard de Vélasquez, qui s'est autoportraituré debout vis-à-vis d'un canevas retourné à la gauche de la représentation pour marquer le seuil du visible et de l'invisible. L'ingéniosité de cette position mitoyenne tient au fait qu'elle le place au centre de la représentation sur laquelle il a plein pouvoir : le peintre en chair et en os est le seul (avec le servant de la reine qu'on aperçoit à l'arrière de la composition et qui se trouve devant une porte entrebâillée) à voir le contenu figuré sur la toile. Par là même, Vélasquez prouve qu'en tant qu'artiste, il est libre d'imager le réel comme lui seul le perçoit et le conçoit, et de plus, que c'est l'imaginaire qui fait jouer l'infidélité du reflet.

Dans sa photographie *On Location*, Hannah est placé à l'endroit hypothétiquement occupé par le couple royal, devenant à son tour le sujet de l'attention de tous les personnages de la toile qui regardent vers le hors-champ. À cette pluralité de vues, il en joint une autre, plus en recul, c'est-à-dire celle de la personne qui l'a photographiée à distance. Cette perspective extensive a deux effets notables. D'une part, elle donne à voir Hannah situé comme son prédécesseur au milieu de la composition. D'autre part, elle le montre dans une attitude de travail similaire à celle qu'adopte l'ancien peintre de cour et garde secrète l'image qu'il s'apprête à capter. Cela dit, au lieu de se confronter au peintre espagnol, le photographe et vidéaste s'engage dans une relation dialogique avec *Las meninas* et son illustre avant-courrier. Il prolonge ainsi, par l'usage de dispositifs de création permettant la reproduction vraisemblable du réel, le débat à propos des limites de la figuration mimétique.

Dans *Two Mirrors* [Deux miroirs] **(fig. 41)**, Hannah renouvelle les jeux de détournements spatiaux auxquels s'est adonné Vélasquez en faisant poser deux jeunes hommes (en évocation aux observateurs royaux) tenant une glace

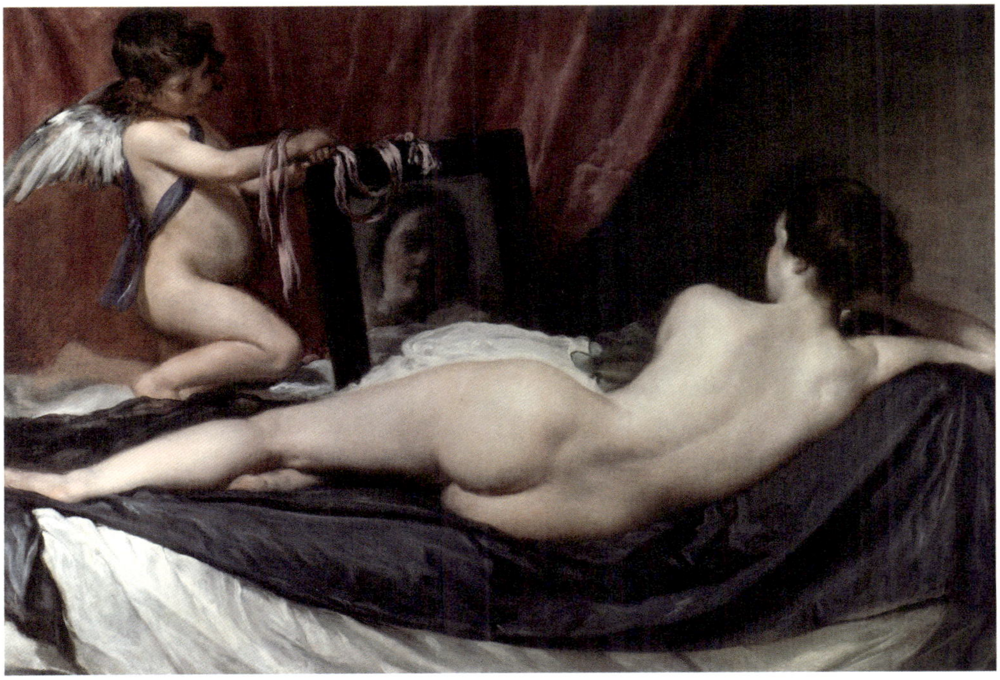

fig. 6 — p. 16
Sitting in the Great Hall, 2008

fig. 7
Diego Vélasquez,
La Venus del espejo, 1647-51

devant l'œuvre *Las meninas*, dupliquant de la sorte le reflet figuré dans le tableau. À cette différence près que le couple masculin n'observe pas sa réflexion. Il mire la scène sise derrière lui, là où se trouve le récepteur, que l'on présume positionné en lieu et place des souverains. En effectuant cette conversion, Hannah relance la problématique du rapport qu'entretient le regardant vis-à-vis des œuvres d'art, en reposant autrement les questions qui voit ? qui est vu ? qui se voit étant vu ? Cette ambivalence visuelle est reprise dans la photographie *Sitting in the Great Hall* [Assis dans le grand hall] **(fig. 6)** qui, elle, rappelle une autre peinture de l'artiste espagnol : *La Venus del espejo* [Vénus à son miroir] (1647-1651) **(fig. 7)**. L'artiste contemporain y emprunte la position de la glace et la division des regards, l'un tourné vers l'avant-plan, l'autre vers l'arrière-scène, en souvenance de la duplicité de la vision déjà présente dans *Las meninas*.

L'occasion est heureuse pour remémorer qu'en arts visuels, l'idée du beau est indissolublement liée à la représentation du nu féminin. Deux figures incarnent la notion abstraite du corps de la femme et personnifient le canon de beauté féminine : Ève et Vénus. Protagoniste centrale dans l'Occident judéochrétien, pour qui la nudité est indissociable de la honte et du sentiment de culpabilité, Ève donne naissance au concept de séduction et de tentation. De son côté, Vénus véhicule des connotations symboliques liées à la beauté idéalisée et inaccessible. La déesse de l'Amour voit cependant sa dimension sexuelle camouflée sous l'épais voile des conventions esthétiques et des codes moraux, surtout dans l'art espagnol au XVIIe siècle, alors soumis au puritanisme religieux. Il n'est donc pas étonnant que ce personnage fasse l'objet d'une seule toile dans tout l'art de Vélasquez. Celle-ci donne à voir Vénus nue et allongée de dos, contemplant son reflet dans un miroir tenu par son fils Cupidon et qui, par ricochet, nous examine. Étant donné que les attributs physiques de la déesse échappent à la vue, notre attention est tournée vers la glace, qui devient le point de mire du tableau. Tant et si bien que le dessein ayant gouverné la réalisation de la toile *La Venus del espejo* ne semble pas avoir été motivé par une méditation profonde sur le précepte de beauté féminine. Il apparaît davantage faire office de prétexte pour proroger la problématique concernant le fait de regarder et d'être regardé que reconduit Hannah dans *Sitting in the Great Hall* par l'axialité du miroir tenu par les deux protagonistes aux regards opposés.

Pour faire suite à ce qui précède, il importe de mettre en surbrillance les distinctions historiques entre la nudité (état d'une personne dépourvue de vêtements), souvent féminine, et le nu masculin, une forme mémorable dotée d'une valeur positive dans l'art occidental. Le corps dénudé de l'homme élaboré par les Grecs au Ve siècle avant l'ère chrétienne se transforma en modèle canonique pendant la Renaissance occidentale (XIVe et XVIe siècles après J.-C.). Sa figuration devint dès lors une source de connaissances anatomiques et un exercice académique servant aux créateurs de moyen pour parfaire leur habilité et mieux rendre compte de l'articulation des corps et de la musculature. À vrai dire, l'étude de la physionomie masculine conjuguait les plus hautes propensions exigées aux peintres et aux sculpteurs : l'intelligence et le savoir-faire technique. Conséquemment, la représentation du corps masculin comme sujet artistique a longuement satisfait les appétits esthétiques des artistes, parmi eux Albrecht Dürer (1471-1528). Ce créateur allemand consacra plus de vingt ans (1507-1528) à la rédaction de quatre traités sur le nu, la beauté idéale et les règles de proportions, travail acharné auquel fait référence l'œuvre de Hannah titrée *Untitled (After Dürer)* [Sans titre (D'après Dürer)] (2015) **(fig. 42)**, où le modèle photographié cristallise par sa morphologie l'atemporalité du concept du nu comme objet harmonieux et la quintessence de la beauté physique.

Cette quête de perfection corporelle fournit à Dürer un motif pour adapter ce modèle à ses aspirations artistiques alimentées par une passion empruntée aux créateurs de l'Antiquité pour l'harmonie des nombres et la géométrie, de même que pour les proportions mesurables. Selon cet adepte de la morphométrie, le corps humain était un archétype de mesure au même titre que les formes géométriques[6]. Cette perception était grandement inspirée de la pensée de Platon (427-348 avant J.-C.), pour qui le carré, le triangle et le cercle étaient des abstractions parfaites capables de nous mener à la contemplation des Idées pures. Longtemps l'Allemand poursuivit l'idée d'enfermer le corps dans un schéma géométrique (carré ou cercle), comme l'insinuent les polyèdres, les pentagones et les carrés magiques qui accompagnent le modèle de Hannah.

L'attrait historique pour la représentation du nu est de surcroît inséparable de l'idée d'énergie comme source de plaisir esthétique incarnée par la figure de l'athlète. Présente dès l'ère antique, l'image de l'anatomie humaine en mouvement n'a depuis cessé d'enthousiasmer bon nombre de créateurs, entre autres Eadweard Muybridge (1830-1904), à qui l'on doit l'invention de la chronophotographie. Cette technique photographique permet de prendre une pluralité de clichés d'un corps en action pour en décomposer les phases, procédé duquel fait mention Hannah dans sa série photographique *After Muybridge* [D'après Muybridge] (2016) **(fig. 8, fig. 18, fig. 43)**, reconnaissable par la succession des cases qui insinue le passé et le futur d'un mouvement[7].

Rappelons qu'à l'époque du photographe britannique, on découvre les nouvelles techniques du monde moderne, qui sont en plein boom à l'aube du XXe siècle. Apparaissent alors la photographie, le cinéma, et des prototypes plus performants du télescope et du microscope. Ces avancées provoquèrent une transformation considérable du regard et une nouvelle conception de l'espace-temps, métamorphoses qui se profilent en filigrane dans les images de Hannah. Un œil avisé remarquera toutefois que la mobilité des modèles photographiés par l'artiste contemporain est factice, car les gestes des figurants sont figés par des individus vêtus de combinaisons noires qui se fondent dans l'arrière-plan sombre et quadrillé. La variation des actes corporels n'est donc pas le fruit de l'impulsion musculaire des gymnastes. Elle découle de la robustesse des porteurs dissimulés, qui soutiennent et mobilisent le corps des modèles posés, maintenus et captés par Hannah une image à la fois en évocation de la technique de l'animation image par image (*stop-motion*).

Différemment des projets de Muybridge, où les corps en déplacement sont fixés par l'instantanéité de la caméra, ceux de Hannah sont longuement immobilisés avant la captation photographique. Seules la juxtaposition et l'alternance des photos contribuent à générer l'effet de motion et de dilatation du temps. Au-delà de sa subtilité, cette conversion est évocatrice de l'innovation constante dont fait preuve Adad Hannah lorsqu'il fait une réplique des œuvres appartenant à l'histoire de l'art, façon de faire qui marque d'un long fil d'Ariane les séries citationnelles qui ponctuent sa production.

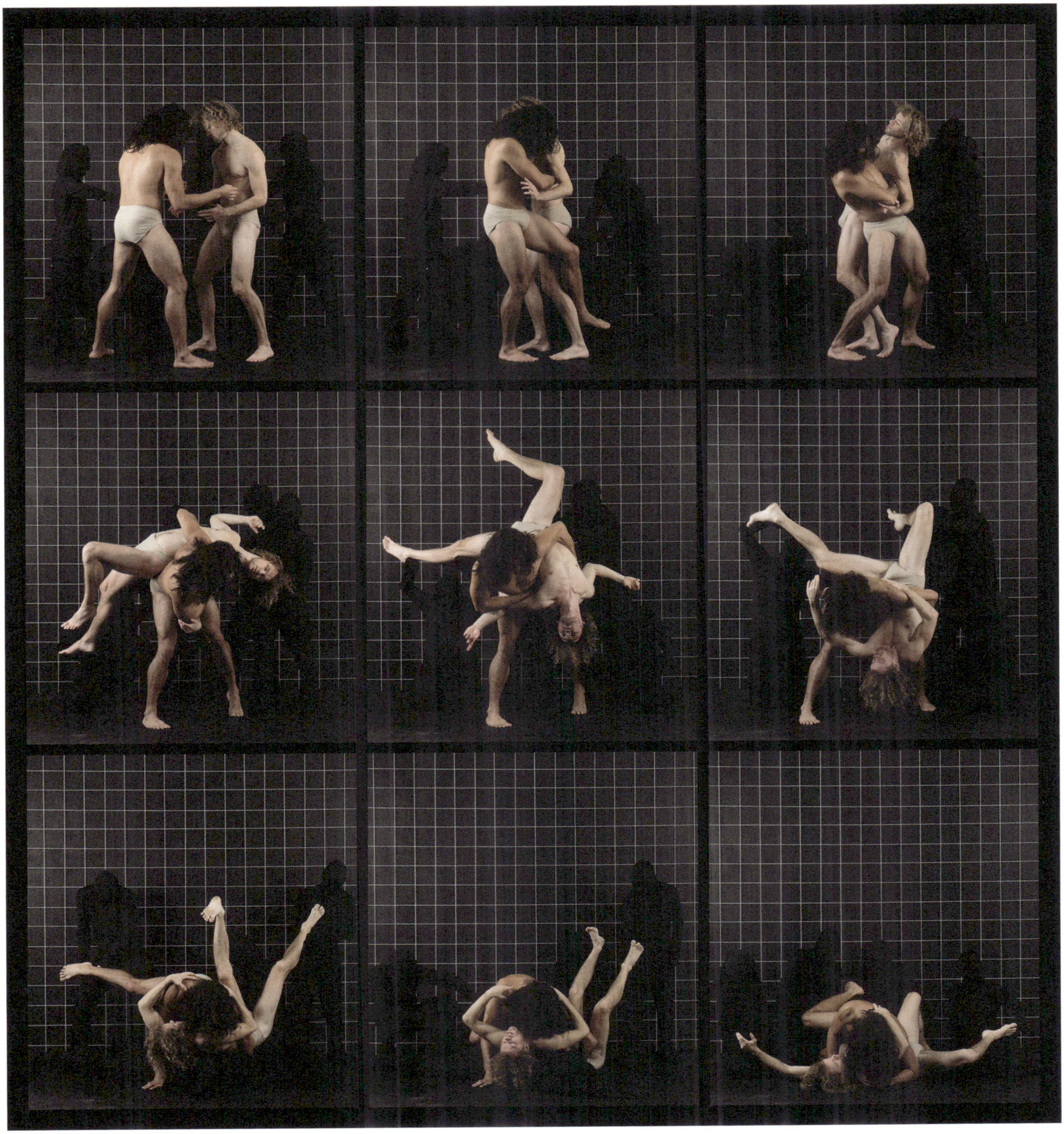

fig. 8
After Muybridge (Wrestlers 2), 2016

Réflexions d'œuvres : quand le présent s'empare du passé

Un seul regard porté sur l'œuvre d'Adad Hannah suffit pour qu'on voie sa prédilection pour la citation visuelle. Dans son sens large, l'activité citationnelle est une démarche autoréflexive visant à reproduire et à réactualiser des créations antérieures recontextualisées dans un nouvel espace-temps. Il ne s'agit nullement d'imiter exactement une image préexistante, mais d'en proposer une réminiscence en la reconstruisant. Distinctement de la copie, qui est essentiellement un exercice de virtuosité technique ambitionnant la reproduction fidèle d'une œuvre, la citation est un procès d'appropriation d'une création source, remodelée selon le style du citateur. De ce fait, elle doit être entendue comme une action de réécriture cherchant à présenter *sous une autre forme* un déjà-là, qui subit alors toutes sortes de modifications (formelles, stylistiques et thématiques) à travers lesquelles l'artiste se prononce sur certains paramètres du passé artistique (rendre hommage, rénover, critiquer, parodier, ironiser, etc.). En conséquence, toute image citationnelle est dotée d'un potentiel de sens distinct du motif cité conformément aux conditions de sa réémergence (historiques, matérielles, physiques, socioculturelles).

De prime abord, en tant que méthode de reproduction, la citation visuelle renvoie incontestablement à des principes historiques primordiaux de la discipline artistique, et plus concrètement à la théorie platonicienne de la mimésis, fondée sur la représentation en simulacre du réel. De la Renaissance à la fin du XIXe siècle, l'art figuratif conserva un rapport de ressemblance ou de vraisemblance avec l'objet auquel il référait; de ressemblance, parce qu'il présentait des traits concomitants avec le ou les motifs reproduits; de vraisemblance, car il avait l'apparence de vérité par rapport à la chose qu'il était censé représenter. Notons que la doctrine de l'imitation fut au cœur de l'enseignement des arts en Occident, qui reposait sur deux principes érigés en normes : l'imitation de la nature et la copie des chefs-d'œuvre du passé. Ces règles firent de la représentation fidèle du réel et la reproduction analogique de créations d'artistes ayant excellé à cette tâche des étapes élémentaires de l'apprentissage des arts. Les artistes en devenir devaient s'inspirer de tableaux et de sculptures canoniques qui leur servaient de répertoires de formes et de modèles afin d'égaler et, idéalement, d'excéder les images de leurs prédécesseurs exemplaires. Loin d'être conçue comme un manque d'originalité, la copie apparaissait à l'inverse comme une saine rivalité et une source de motivation permettant à un jeune artiste de peaufiner son travail créateur et, au mieux, de le personnaliser.

C'est essentiellement l'objectif que poursuit Hannah lorsqu'il s'approprie des œuvres antérieures qu'il remodèle. Ses installations sont des indices des images sources, qu'elles ne dupliquent pas totalement. Les divergences dont elles font état octroient à chacun de ses projets citationnels une autonomie propre et sont en plus révélatrices du discours de l'artiste à propos de la soi-disant objectivité photographique. Sur ce point, Hannah soutient que la photographie, outre sa capacité à reproduire le réel, est forcément une construction, en ce sens où elle procède de choix particuliers (composition, cadrage, éclairage, etc.) qui génèrent de la fiction et participent à la narration[8]. Ces divergences lui servent également à mettre en lumière sa façon bien personnelle de revoir une œuvre préexistante, réaménagée conformément aux réalités contemporaines.

Inséparable de l'Histoire, le temps est ponctué de faits qui s'enfilent comme des perles sur un collier. Si certains incidents sombrent dans l'indifférence, d'autres laissent un souvenir impérissable pour les personnes qui les vivent ou qui, comme Hannah, les font revivre. En fait état son projet *The Raft of the Medusa (100 Mile House)* [Le radeau de la Méduse (100 Mile House)] **(fig. 10, fig. 44)**, édifié en 2009 en réponse à l'invitation de Gus Horn, un collectionneur d'art et activiste communautaire qui souhaitait que l'artiste reproduise dans la ville de 100 Mile House, en Colombie-Britannique, l'immense toile du peintre français Théodore Géricault (1791-1824) intitulée *Le radeau de la Méduse* (1819) **(fig. 45)**. La commande était ambitieuse étant donné que ce « documentaire visuel » dépeignant le grave drame humain que fut le naufrage de la frégate *Méduse* compte parmi les tableaux les plus importants de la peinture occidentale. Le statut de l'œuvre, conjugué à l'ampleur des démarches et des coûts estimés de l'entreprise, eurent pour effet de freiner initialement Hannah qui, après coup, accepta la proposition. Il voulait surtout apporter son soutien aux résidents de cette petite bourgade de Colombie-Britannique « à la dérive » en raison des ravages causés par le déclin des industries bovines et forestières, principaux moteurs économiques de la région.

Le fait imagé dans l'œuvre originale débuta le 20 novembre 1815 lorsque l'Angleterre rendait à la France son contrôle du Sénégal, qu'elle occupait depuis 1809. En juillet 1816, le gouvernement français, soucieux de recoloniser son bien, convia un gouverneur, des militaires et d'autres spécialistes à se rendre à Saint-Louis

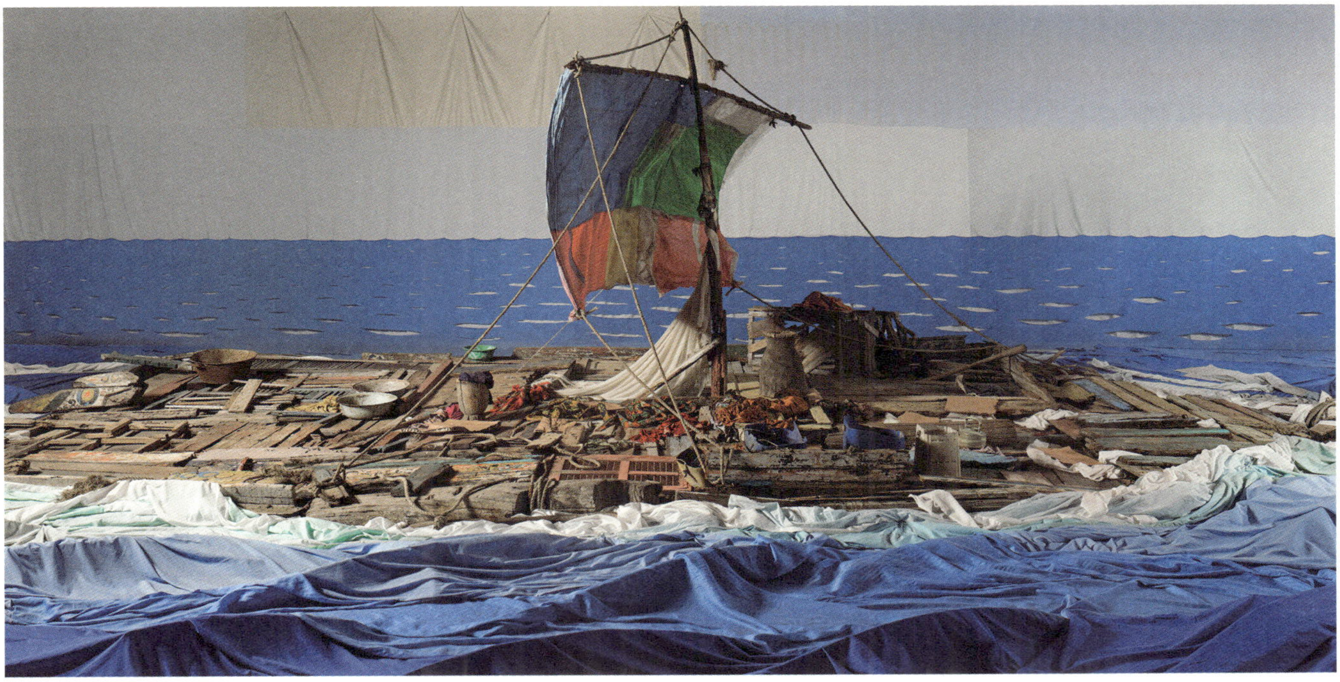

fig. 9
The Raft of the Medusa (Saint-Louis) 8, 2016

fig. 10 — p. 22 (détail)
The Raft of the Medusa (100 Mile House) 8, 2009

à bord d'une division navale dont faisait partie l'escorteur Méduse. L'entreprise comportait assurément une part de risque, mais rien ne fut plus dommageable que la témérité de son capitaine, Hugues Duroy de Chaumareys, qui conduisit imprudemment l'embarcation dans un banc rocheux où elle s'échoua. Confrontés aux erreurs de navigation et au manque de bateaux de secours, les passagers bâtirent un radeau de fortune avec les mâts et les planches de la frégate endommagée. Des cent cinquante personnes qui s'y hissèrent pour dériver pendant treize jours avant d'être rescapées le 17 juillet 1816, seules quinze survécurent. Les autres s'étaient suicidées, ou étaient mortes exténuées, ou mortes de faim, ou étouffées, si elles n'avaient été assassinées par les membres de l'équipage.

Emporté par ce tragique et récent accident, Géricault a choisi de représenter l'épisode du sauvetage, qu'il reconstitua de façon crue et méticuleuse, transgressant du coup les lois du néoclassicisme (simplicité, sobriété, patriotisme) qui dominaient à l'époque de la réalisation de son œuvre, à la fois sur le plan factuel et sur celui du sujet peint. Animé par un souci de restitution de l'atroce vérité que fut la submersion de ce navire, Géricault a scrupuleusement dépeint – et décrié – cet épisode dantesque, que l'État français chercha à taire pour ne pas souiller le prestige de la nation. Mû par un souci d'authenticité, qui selon lui ne pouvait être assouvi que par l'entremise de l'expérience sensible, l'artiste français s'affaira à rebâtir le radeau à l'échelle. Il effectua d'innombrables croquis, sillonna les morgues pour y dessiner des cadavres et fit poser des modèles vivants devant son tableau gigantesque (491 x 716 cm) durant tout le temps de son exécution (1818-1819). Si on lui a reproché d'avoir édulcoré le récit pour épargner la vue des spectateurs ou pour éviter que son tableau soit refusé au Salon, il demeure que, grâce à lui, le naufrage de la Méduse est devenu notoire et son évocation se perpétue de génération en génération.

Misant sur l'empreinte de cette œuvre marquante, Hannah modernisa cette aventure chargée de tribulations pour mieux l'ancrer dans les eaux profondes de la mémoire. Dans son installation, les compagnons d'infortune de ce naufrage sont une vingtaine d'élèves du secondaire, vivier du futur. L'embarcation dans laquelle ils prennent place fut érigée dans un hangar vide. Sur le mur du fond du bâtiment avaient été suspendues d'immenses toiles représentant un paysage marin, tandis que des drapés vert émeraude recouvraient le sol en substitution de l'eau de mer. Réactualisant la solide connaissance des mécanismes de la peinture monumentale de Géricault, le photographe et vidéaste a respecté la composition pyramidale du tableau cité. Celui-ci est en effet scindé en deux diagonales, sur lesquelles se situe le radeau avec, dans la portion inférieure, le désespoir et la mort, et dans la partie supérieure, l'espoir de la délivrance. Hannah conserva le même nombre de personnages, quoiqu'il modifia leur position par rapport à celle des figures peintes sur la toile de l'artiste français.

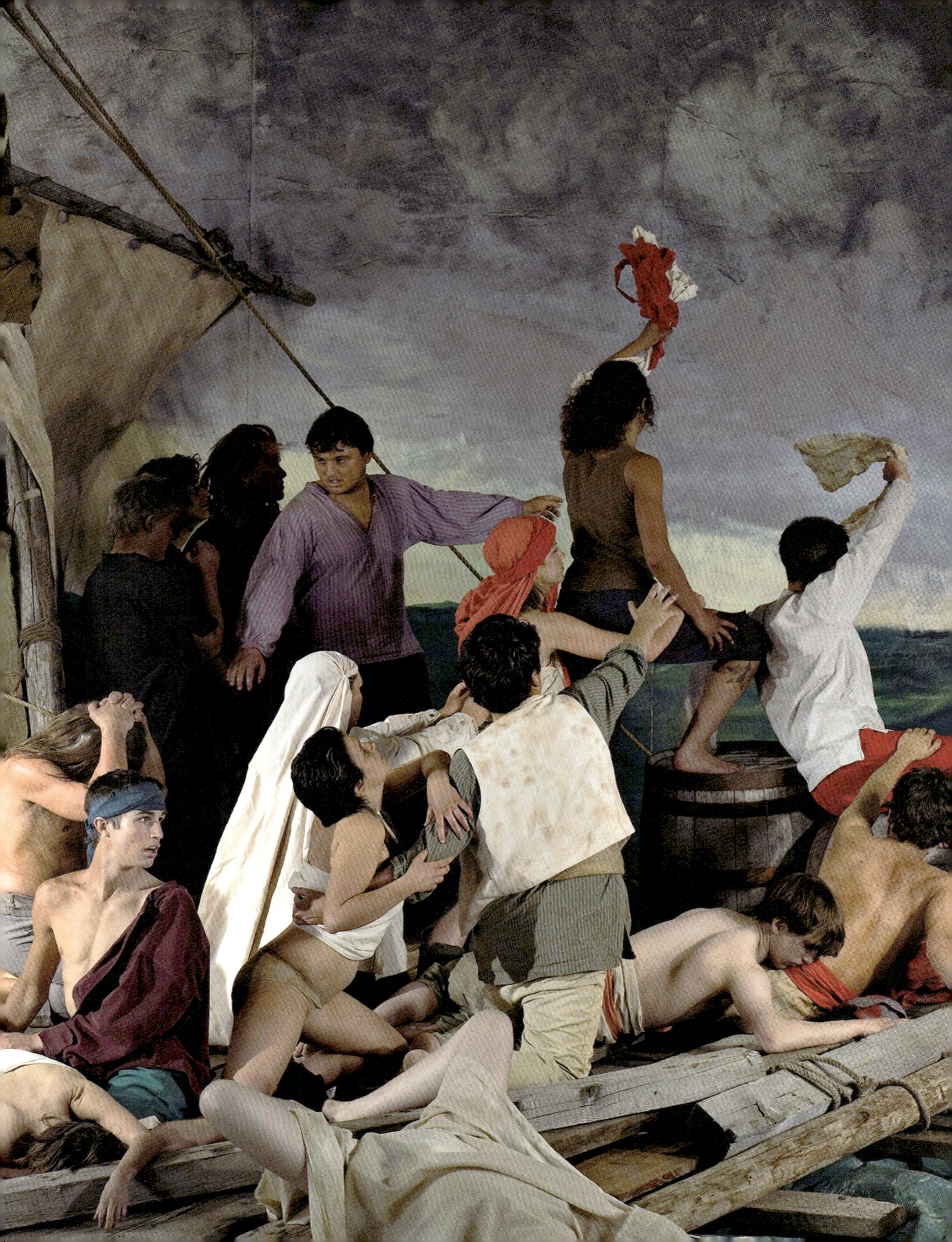

Des hommes ont été remplacés par des femmes, et vice versa, et les couleurs sont plus franches, ce qui soustrait à l'installation l'atmosphère sombre de la toile citée. Tous les accessoires utilisés pour le projet furent confectionnés par des gens de la collectivité, qui se sont affairés à matérialiser la scène réinventée par l'artiste. On notera au passage que Hannah sollicite régulièrement la collaboration des résidents des localités où il réalise ses projets.

Bien que mesurées, les distinctions que possède *The Raft of the Medusa (100 Mile House)* par rapport à l'œuvre de Géricault soulignent à grands traits la « main » de l'artiste contemporain qui s'arrogea l'image source en la remaniant. Hannah préserva par contre le désir du peintre français de ne pas laisser dans l'angle mort de l'histoire certains faits de l'actualité qui ne font pas nécessairement la une des journaux[9]. De cette façon, il se fit le promoteur d'un réengagement de la jeunesse dans la société, de même que vis-à-vis de l'art, en convertissant les adolescents-figurants en agents culturels. En fin de compte, la série *The Raft of the Medusa (100 Mile House)* relit autant qu'elle relie.

Enhardi par son désir de faire une œuvre au diapason des réalités des collectivités qu'il visite, Hannah entama de lui-même l'édification d'une seconde version de la toile de l'artiste français en 2016, soit exactement deux cents ans après le naufrage de la Méduse, lors d'une résidence à Keur Laminaire, à Saint-Louis, au Sénégal. Cette fois-ci, l'artiste chercha à raviver la question de l'esclavage abordée en sous-texte dans le tableau de Géricault, en donnant préséance au volet vernaculaire du naufrage de la frégate, c'est-à-dire aux revers politiques liés à cet épisode historique que voulurent divulguer deux survivants : le chirurgien Henri Savigny et l'ingénieur-géographe Alexandre Corréard. Ces derniers s'évertuèrent à lever le voile sur un aspect tragique supplémentaire lié à ce grave accident marin, à savoir les tentatives engagées par la monarchie – alors nouvellement rétablie en France dès 1814 – pour esquiver de révéler l'existence de la traite d'esclaves, non encore abolie dans les colonies françaises. Malgré qu'un océan de distance sépare leur récit alarmiste de celui tenu par l'État, ils étaient déterminés à faire connaître la vérité. Entêtés, ils publièrent un brulot qui, à leur grand contentement, fit sensation dans toute l'Europe et ils obtinrent enfin les sanctifications désirées. Dans son pamphlet, Corréard avait d'ailleurs croqué des images de la frégate, dessins sur lesquels s'appuya Hannah pour réaliser *The Raft of the Medusa (Saint-Louis)* [Le radeau de la Méduse (Saint-Louis)] **(fig. 9, fig. 19-23)** et qui justifient les différenciations plus prononcées avec la toile du maître français, de même qu'avec sa précédente série[10].

Dans ce projet sénégalais, Hannah aspirait à démontrer les parallèles existants entre les faits historiques et leurs impacts toujours palpables sur les localités contemporaines. Pour y arriver, il insista surtout sur les risques et les carences que peut engendrer un gouvernement qui laisse son peuple à vau-l'eau. En fait, il voulait mettre en exergue les incidences sociales continument palpables de la colonisation de l'Afrique, continent qui subit encore les effets des décisions politiques antérieures vu son état de précarité (sociale, politique, économique) et dont les principales victimes sont les jeunes, constamment soumis aux aléas d'un futur incertain.

Effectuée dans un vieil entrepôt, l'installation sénégalaise fut construite à partir de fragments de pirogues et de pièces éparses que l'artiste a ramassés durant son séjour sur l'île de Saint-Louis et dans le quartier de pêcheurs Guet N'Dar sur la Langue de Barbarie (conquise par la marine portugaise dès le XVe siècle); les matériaux employés témoignent à eux seuls de la pauvreté des lieux. L'aide du public local a été plus difficile à obtenir que pour d'autres projets, mais malgré toutes ses réserves, il a finalement embrassé le projet. Le décor maritime fut exécuté dans de larges tentures de cotonnade aux teintes lumineuses. La palette chromatique procure aux photos et aux vidéos une vibrance optique qui n'obscurcit en rien le côté sinistre de ce tragique naufrage ni celui des conditions de vie pénibles de l'Afrique postcoloniale. En réinterprétant ce hoquet de l'histoire qui surpasse de loin le fait divers et qui demeure d'une redoutable actualité, Hannah atteste que la signification d'une œuvre est fluctuante, parce qu'elle est soumise aux multiples interprétations rabattues sur les réalités changeantes des époques, des contextes et des personnes. Simultanément, il démontre que chaque nouvelle reprise n'épuise en rien le discours de l'œuvre citée.

C'est un autre drame qu'il réanime dans *Blackwater Ophelia* [Ophélie dans l'eau noire] (2013) **(fig. 46)**, œuvre par laquelle il redonne vie à cette icône de la mélancolie qu'est Ophélie, personnage du *Hamlet* (1601) de William Shakespeare (1564-1616). La septième scène du quatrième acte relate l'histoire de cette jeune femme qui, croyant avoir perdu son amant, sombre dans la démence et finit par se noyer par désespoir[11]. Quoique marginale dans le drame shakespearien, la protagoniste a étrangement acquis une autonomie par rapport au récit. Dans la critique du XIXe siècle, Ophélie s'est détachée du texte pour devenir une image mythique. La représentation d'un corps de jeune femme gisant dans l'eau constellée de fleurs est graduellement devenue une source visuelle, un véritable modèle de référence pour les artistes cherchant à symboliser l'énigme morbide de l'adolescence au féminin[12].

Bien que la pièce *Hamlet* ait été relue et sa compréhension modifiée selon les époques, on reconnaît quand même des traits distinctifs persistants à l'héroïne tragique (elle est pâle, fragile et muette), plus spécialement ceux que lui ont donnés les créateurs du préraphaélisme[13], notamment John Everett Millais (1829-1896). Dans son tableau *Ophelia* [Ophélie] (1851-1852) **(fig. 47)**, le peintre anglais a cristallisé dans l'imaginaire de nombreux artistes et écrivains l'effigie de ce personnage doté de mysticisme. Aussi, il a posé les éléments fondateurs du mythe en réduisant l'histoire à deux éléments : la folie et le décès par noyade.

Sur le plan visuel, l'œuvre de Millais fait école, en ce qu'elle matérialise et cimente la symbiose entre la nature et la jeune femme telle qu'évoquée dans la pièce de Shakespeare. Le peintre a consacré une attention certaine au cadre paysager de sa toile, apparenté à un papier peint fleuri entourant un abîme. Il a méticuleusement représenté toutes les variétés de fleurs (et le saule) identifiées dans le texte de Shakespeare. Boutons d'or, orties, pâquerettes, pourpres, roses et coquelicots forment les deux bandes florales qui encerclent Ophélie, partiellement engloutie dans l'eau et submergée par la végétation. Ce souci accordé au décor naturel est d'autant plus significatif lorsqu'on tient compte du fait que l'artiste anglais a exécuté sa toile en deux temps, réalisant d'abord le paysage (1851), pour ensuite introduire le personnage féminin l'année suivante (1852).

Hannah rappelle cette chronologie de réalisation dans sa photographie *Blackwater* [Eau noire] **(fig. 11, fig. 48)**, où la nature verdoyante de l'arrière-scène est exempte de personnage. Il reprend au mot le mythe d'Ophélie, où l'eau n'est pas conçue comme une surface réfléchissante, mais comme une eau dormante qui mène vers les abysses. Avec cette extraction de la figure féminine, l'artiste a aussi pour mobile de reconsidérer le paysage dans l'art pictural, longtemps conçu comme une sorte de décor de théâtre servant à situer l'action. Dès leur apparition au XVIe siècle, les paysages peints ne représentaient pas la nature, mais *une* nature que le créateur pouvait modifier à sa guise en faisant preuve d'inventivité dans la mise en forme du sujet, dans l'application des coloris et spécialement dans la technique du dessin perspectif. Il faut attendre le XIXe siècle avant que la représentation paysagère se libère de ces conventions, mais pas de l'artificialité de la nature, qui ne cessa de ravir certains peintres, dont Millais, et de sensibiliser les premiers photographes.

La facticité des cadres naturels picturaux et photographiques est l'épicentre de la série *Blackwater Ophelia*. Pareil au tableau du peintre anglais, l'arrière-plan paysager chez Hannah en est un de parure. Il est décoratif, poétique et non lugubre. La nature est visuellement

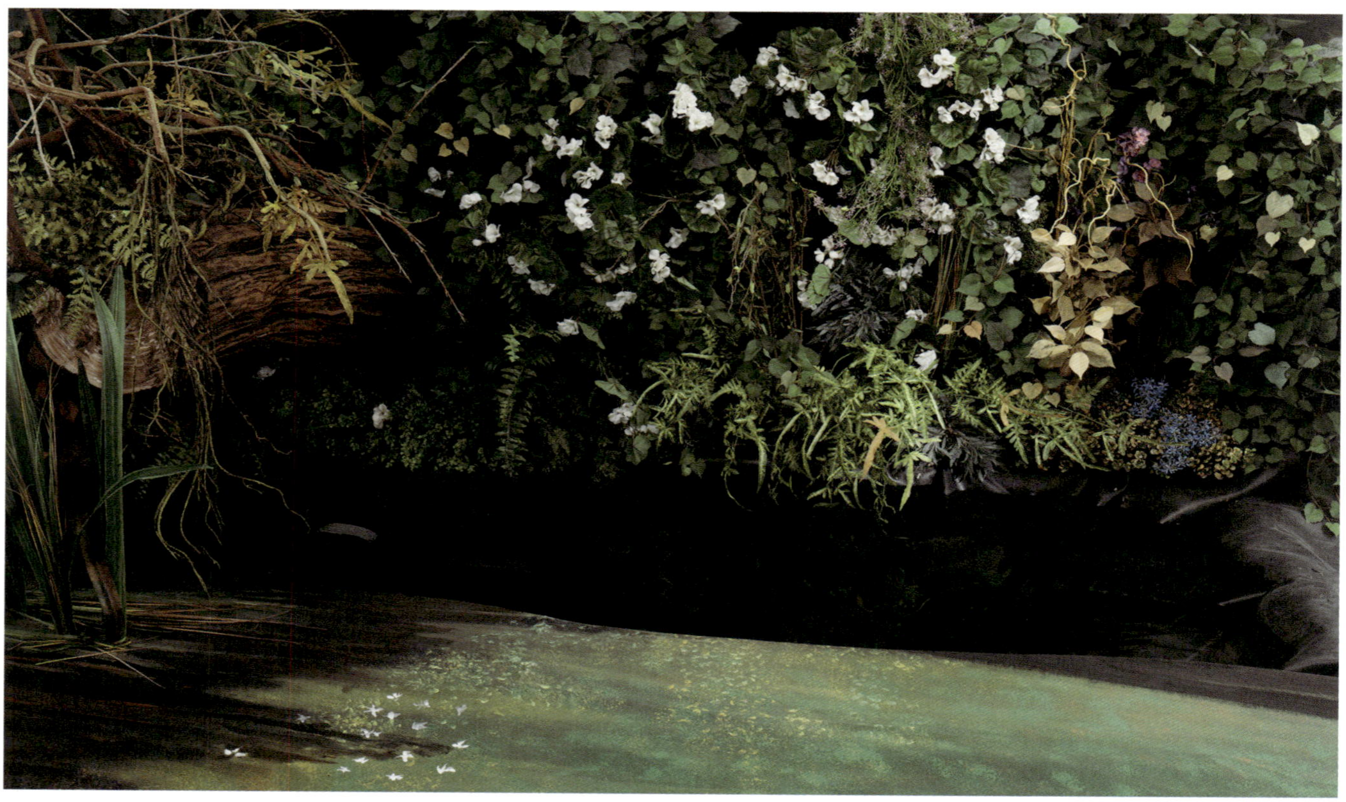

fig. 11
Blackwater, 2013

bruissante, à l'image des légers mouvements du corps de la jeune femme qui joue Ophélie, oscillations qui accentuent l'absence de frontière franche entre le sommeil et la mort que tenta de figurer John Everett Millais. Immergée au milieu de fleurs en pleine effloraison – comme le fut le modèle du peintre anglais, qui posa des heures étendue tout habillée dans une baignoire –, la figurante de la vidéo *Blackwater Ophelia* est alanguie plutôt que décédée. Inanimée, l'Ophélie de Millais est emportée avant de devenir une femme à jamais déflorée; apparemment inerte, l'Ophélie de Hannah est métamorphosée en une « morte vivante ». En suspendant son modèle dans ce flot qui jamais ne l'emportera, Hannah évoque le sort ambigu de ce personnage shakespearien, dont on ne sait avec exactitude si la mort est accidentelle ou suicidaire, et en même temps il perpétue cette énigme tragique de façon singulière. Et c'est bien la ruse des projets citationnels de Hannah, dans lesquels il s'applique à renouveler des œuvres anciennes de façon surprenante. Ce faisant, il revendique son attachement à la tradition tout en étant bien de son temps.

En fait preuve *Backyard Guernica (Georgia)* [Guernica dans la cour (Géorgie)] **(fig. 93, fig. 98)**, projet mis sur pied durant l'été 2017 dans le sillage de l'élection présidentielle américaine de novembre 2016 et qui se joint aux autres « monuments » de l'histoire de l'art relus par l'artiste. Monumental l'est en effet le tableau source, *Guernica*, peint par Pablo Picasso (1881-1973) en 1937, dont les dimensions (351 x 752 cm) figurent l'amplitude du saccage en vies et en biens qu'a subi cette petite ville basque sympathique aux idées républicaines, bombardée par les chasseurs de l'Allemagne nazie et de l'Aviation légionnaire italienne fasciste le 26 avril 1937 en soutien au gouvernement nationaliste espagnol.

Dans *Backyard Guernica (Georgia)*, Hannah, à l'instar du maître espagnol, se place en observateur dubitatif devant un fait de l'actualité politique : le désastre causé par l'obtention inattendue des clés de la Maison-Blanche par le magnat de l'immobilier Donald Trump (1946-) le 8 novembre 2016. Hannah, qui n'est d'ordinaire pas un tribun sur le plan politique, décida de réinterpréter le psychodrame peint par Picasso pour s'exprimer à propos d'un éventuel gouvernement hypothétiquement chaotique qui ne semblait déjà plus cadrer avec les catégories d'hier. Pour ce faire, il fit poser des figurants munis de panneaux sur lesquels sont reproduits à l'échelle en pièces détachées les motifs de l'œuvre de l'artiste espagnol.

Nous ne ferons pas ici l'autopsie du tableau de Picasso, qui a déjà noirci de nombreuses pages. Nous relèverons plutôt certains signes représentés dans la toile qui ne peuvent être occultés, ne serait-ce que parce que leur poids symbolique retentit dans l'installation de Hannah. Parmi eux, citons la lampe (connaissance, vigilance, mais au kérosène, donc inflammable), qui éclaire la vérité sous-jacente à cet incident douloureux; le cheval cabré, référant au peuple républicain et à la victoire innocente; la bougie, qui figure l'espoir; la femme torse nu, icône de la maternité qui tient un enfant mort; le taureau transpercé d'une lance aux yeux révulsés, aux pupilles dilatées et à la langue sortie, représentant une Espagne troublée.

Par l'intermédiaire de la série *Backyard Guernica (Georgia)*, l'artiste contemporain se fait le témoin et le relayeur des opinions nationales (et internationales) peu enthousiastes à la perspective de voir cet homme inexpérimenté, excentrique et sans équipe pour le seconder, hissé au faîte de la puissance mondiale. Elle peut également être lue comme une protestation pacifique contre un désastre annoncé, à savoir le dérèglement de la politique américaine. Comme Pablo Picasso avant lui, Hannah a conçu une œuvre qui épouse les préoccupations de son temps et du pays qui l'a vu naître.

Vies captées : statufier l'action humaine

Parmi les multiples créations artistiques citées par Adad Hannah, une d'entre elles se distingue par sa réitération, à savoir *Les Bourgeois de Calais* (1895) d'Auguste Rodin (1840-1917). L'artiste revisite la statuaire du sculpteur français pour une première fois en 2006 dans *Burghers of Seoul* [Bourgeois de Séoul] **(fig. 12-13)**, œuvre qui prélude à un attrait insatiable pour ce groupe sculptural. Déjà pressentie dans la vidéo *Age of Bronze*, dans laquelle apparaît la statue *L'âge d'airain* de Rodin (1877)[14], cette attraction patente pour l'art de cet illustre créateur de la seconde moitié du XIXe siècle prend véritablement forme dans le projet sud-coréen de Hannah. Depuis lors, il s'aventure dans l'univers plastique de son prédécesseur, excursion qui commença par la relecture d'un épisode de la France médiévale à laquelle réfère la sculpture de Rodin mettant en scène six nantis se sacrifiant en échange de la libération de leur cité assiégée.

Remontons le fil de cette épopée qui éperonne l'imaginaire. Elle débute au XIVe siècle, à Calais, au moment où la ville s'apprête à capituler devant son rival anglais les 3 et 4 août 1347. Devenue proverbiale, la légende relate le siège de la cité calaisienne par le roi d'Angleterre, Édouard III, qui envahit le nord-ouest du royaume de France et s'empara de la ville portuaire le 4 septembre 1346. Après onze mois d'occupation ennemie, le souverain français, Philippe VI, capitula et retira ses armées. Faisant preuve d'audace, le capitaine de l'armée française, Jean de Vienne, demanda alors au monarque britannique d'épargner la vie des défenseurs de la cité, faveur qui lui fut accordée, en échange de quoi ils seraient faits prisonniers, aux côtés de ceux qui s'étaient le plus vivement rebellés. De retour à Calais, De Vienne fit circuler la nouvelle parmi la communauté, déchirée puisque contrainte à envoyer des boucs émissaires volontaires s'immoler pour sauver les habitants de leur ville. De hauts cris se sont fait entendre : on réclamait que ces hommes soient épargnés. Longtemps refusées, ces réquisitions furent finalement consenties par le roi anglais suivant l'intervention de sa femme, Philippa de Hainaut, qui réclama avec instance la libération des captifs français.

De toute évidence, le feuilleton des bourgeois de Calais est non seulement une édifiante manifestation de dévouement valeureux, il est aussi une marque d'héroïsme dans la défaite symbolisée par ces citoyens qui, avançant

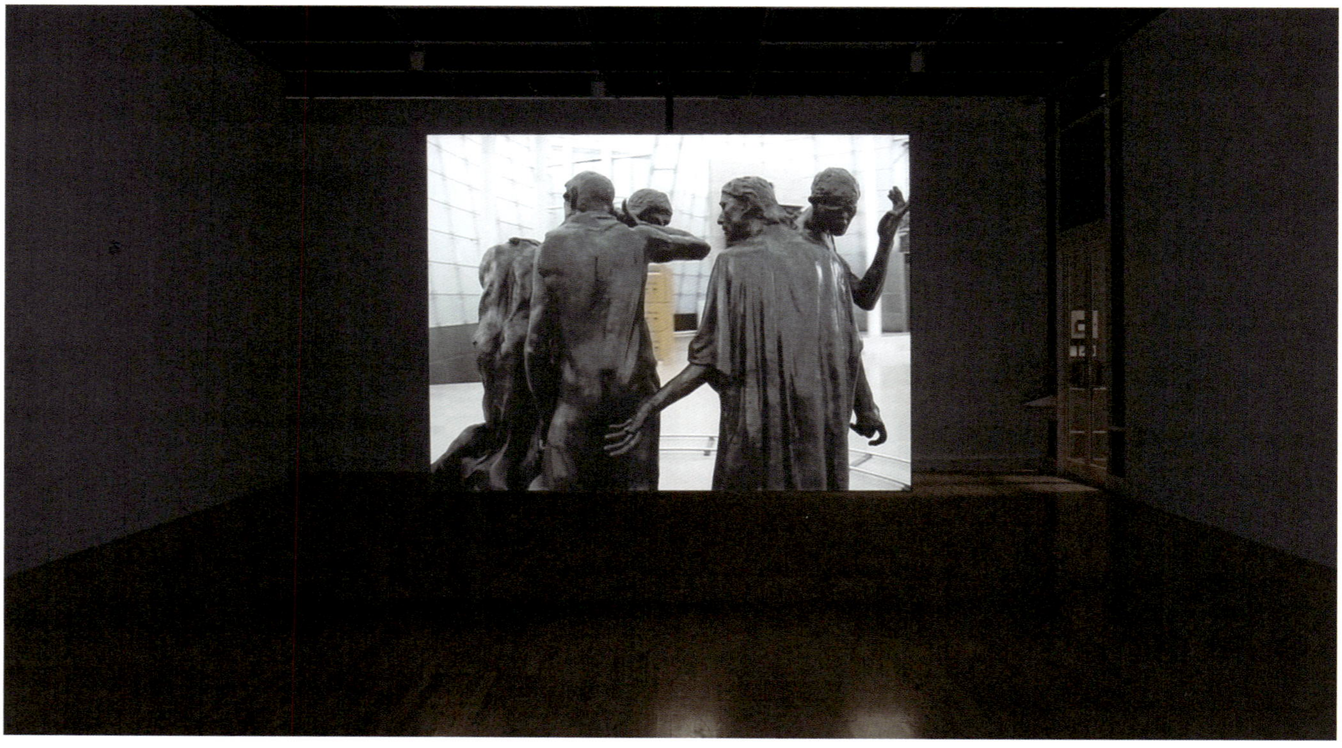

de concert, ont joué les sauveurs pour le bien collectif. Les héros de l'œuvre de Rodin ne sont pas des individus uniques et extraordinaires qui prêtent le flanc aux défis de l'histoire et que l'on place au sommet d'un piédestal. Ce sont des hommes, certes pourvus, mais néanmoins proches des habitants de la cité formant un groupement solide, unifié pour le bien collectif et amarré au sol. Récusant le divorce art/société et faisant fi des commentaires des élus municipaux de la ville de Calais et des règles de présentation traditionnelles, Rodin avait d'ailleurs intentionnellement abaissé la hauteur du socle de son monument pour le rapprocher du peuple, affaissement qui n'a aucunement nui à rehausser la dignité de l'engagement des six bourgeois.

Cette mise à l'honneur des gens ordinaires est récupérée dans *Burghers of Seoul*. Lors d'un séjour en Corée du Sud, Adad Hannah approcha des coursiers à motocyclette, ouvriers aussi indispensables au fonctionnement de la vie urbaine de la capitale sud-coréenne qu'imperceptibles aux yeux de la population, leur demandant de contribuer à titre de comparses pour recréer la statue de Rodin en adoptant une posture similaire à celle des six bourgeois. En opérant cette substitution, l'artiste transforma non seulement ces travailleurs fantômes en figures « épiques », il intensifia en même temps la portée humaniste et la sensibilité historique de l'œuvre sculptée, tout en redoublant la fonction commémorative du monument intemporel.

Au-delà de son enthousiasme pour l'œuvre *Les Bourgeois de Calais*, Hannah est attisé par le sens inné du mouvement dont fait état la production de Rodin, avec qui il partage un intérêt pour la photographie et la mobilité corporelle. Le maître français était fasciné par l'animation du corps se déployant dans l'espace et désirait saisir sur le vif l'énergie des mouvements. Pas étonnant que, dès 1870, la photo guida son processus de création. C'est à ce moment qu'il commença à inviter ses modèles à se mouvoir aléatoirement dans son atelier pour tenter de reproduire en sculpture l'« instant photographique », quitte à introduire l'accidentel dans ses compositions. À noter qu'il fut l'un des premiers sculpteurs à faire photographier ses œuvres pour en faire la promotion et à user des clichés de sa vaste collection personnelle comme documents d'étude[15].

Il est vrai qu'il existe des parallélismes certains entre la photographie et la sculpture, dont les rapports historiques sont si vastes que nous nous limiterons à quelques observations. Le trait le plus saillant entre les deux médiums est l'impact majeur que la photo eut sur la présentation de la sculpture, en multipliant les prises de vue, les cadrages et les sources d'éclairage pour la théâtraliser. Les deux modes d'expression gèrent aussi des critères esthétiques communs, notamment le temps et l'espace, lesquels sont omniprésents dans la production artistique de Hannah, et particulièrement dans l'œuvre *Burghers of Seoul*, qui répond d'une intention sculpturale.

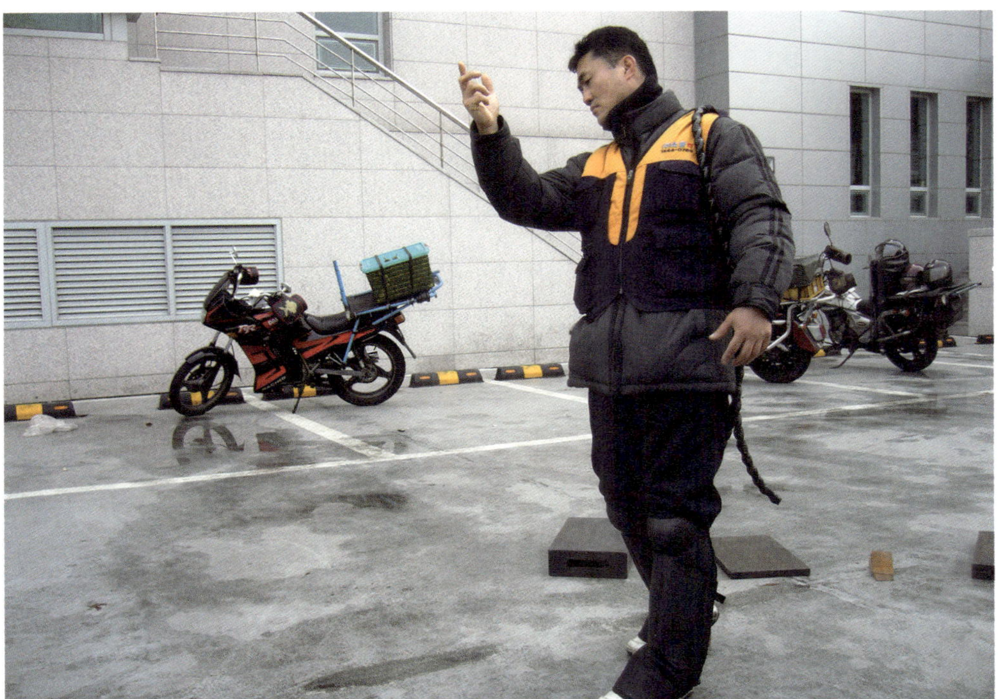

fig. 12 — p. 26
Burghers of Seoul, 2006
Vue d'installation

fig. 13
Burghers of Seoul, 2006

fig. 14 — p. 28 (détail)
The Burghers of Vancouver, 2015

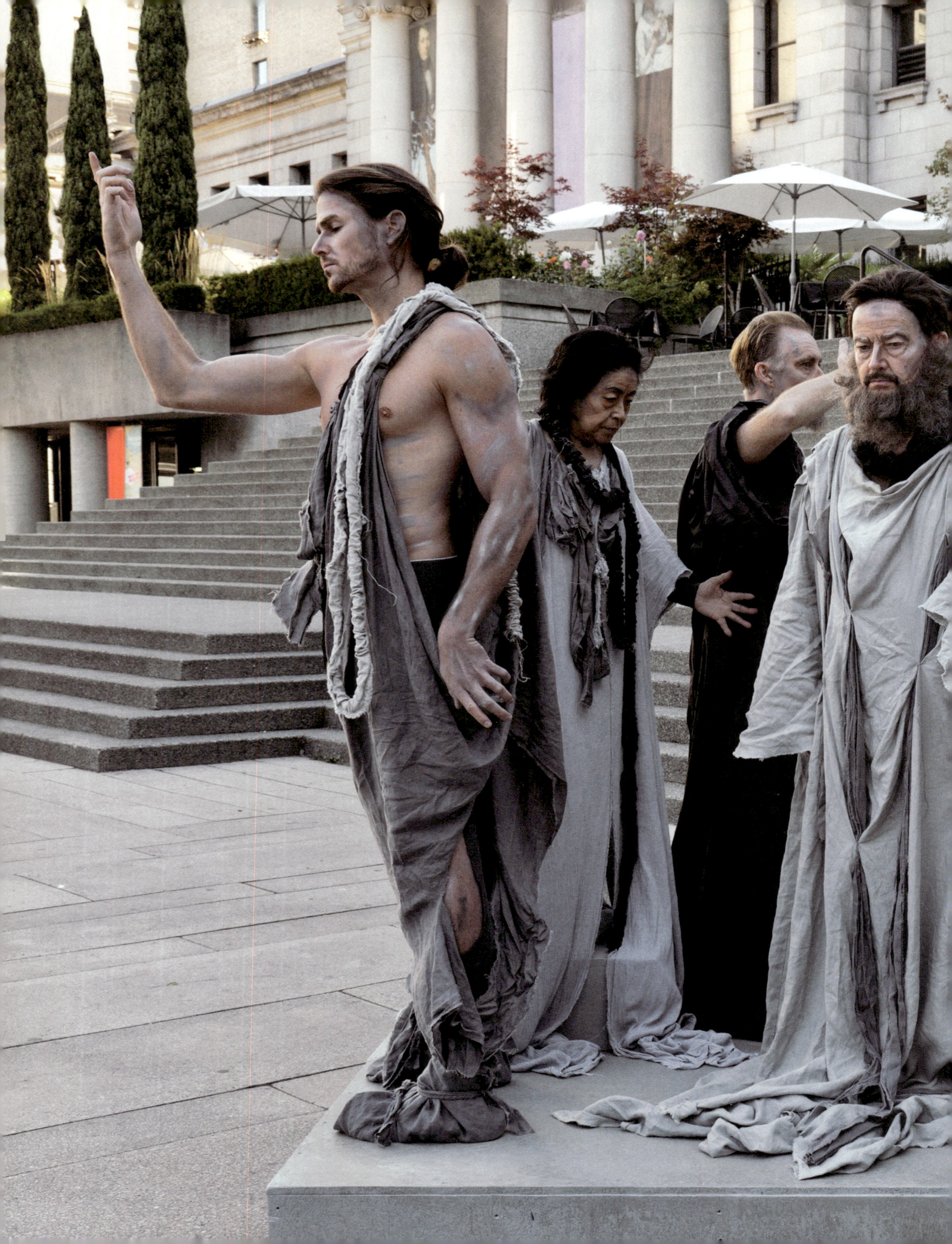

Partant de l'idée qu'il est impossible pour un photographe de présenter simultanément en un seul cliché la totalité des facettes d'une sculpture pour prendre pleinement possession de ses volumes, Hannah eut l'idée de fixer sa caméra sur un rail circulaire disposé autour des courriéristes pour les filmer suivant un parcours visuel rotatif. Il a ensuite répété la même démarche autour de la statuaire *Les Bourgeois de Calais* exposée à la Galerie Rodin à Séoul. Par le chemin du déroulement giratoire de la caméra qui anime les protagonistes immobiles en chair et en bronze, il est ainsi parvenu à évoquer l'effet de mouvement sur des écrans fixes et plats. Au surplus, il a réussi à contrecarrer la succession des plans que commande la photographie d'une sculpture en la montrant sous tous ses angles en un seul plan-séquence. Puis, en adossant les deux vidéos présentées sur deux écrans suspendus au plafond de manière à habiter l'espace (un écran donnant à voir les Sud-Coréens, l'autre les statues), il dota son installation d'une massivité étayée par le récepteur appelé à se déplacer devant et derrière l'objet biface.

L'amalgame entre le bidimensionnel et le tridimensionnel que Hannah parvint à faire dans *Burghers of Seoul* marque un tournant décisif dans son parcours de création, continuellement habité par cette fusion équivoque. En fait état sa série *Unwrapping Rodin* [Déballer Rodin] (2010) **(fig. 50-53)**, née après qu'il eut consulté les photographies d'un des six bourgeois (Pierre de Wissant), sculpté nu par Rodin avant la mise en forme du monument final, appartenant à l'architecte fondatrice du Centre canadien d'architecture, Phyllis Lambert. Ces photographies montrent la statue progressivement libérée de son étoffe protectrice pour le transport. Insufflé par de récentes lectures portant sur le travail d'Eadweard Muybridge, dont nous parlions précédemment, Hannah eut l'idée de prendre plusieurs photos du bronze, d'abord complètement recouvert de textile protecteur, puis effeuillé jusqu'à son dépouillement complet. En dernier lieu, il plaça les photographies côte à côte en respectant la chronologie du déballage dans le but de simuler, tel un zootrope, l'impression que la sculpture à la pose chorégraphiée pirouette sur elle-même, pivotement au terme duquel la statue retrouve sa nudité. Évidemment, cette illusion de mouvement est entièrement produite par les perceptions du regardant invité à observer successivement les photographies. Il s'agit d'une façon inventive de créer une sensation de mobilité par l'entremise d'images fixes.

Dans *Unwrapping Rodin* toujours, Hannah a délibérément opté pour un grand format (175 x 127 cm) dans le but avoué de rendre ses images plus volumineuses, plus « sculpturales ». Du même souffle, il approfondit ses préoccupations concernant la reproduction en deux dimensions d'un objet tridimensionnel, lesquelles il poussa plus avant dans l'installation *Les Bourgeois de Calais: Crated and Displaced* [Les Bourgeois de Calais : encaissés et déplacés] (2010) **(fig. 15, fig. 49)**. L'œuvre est constituée de caissons et de moniteurs projetant des images des six bourgeois du bronze du maître français, que Hannah a filmées indépendamment en plan fixe et rapproché, hissé sur une échelle. Fait rare dans sa production, les légers soubresauts perçus dans les bandes vidéo sont les siens et non ceux des modèles vivants qui s'intègrent dans ses mises en scène. Autre variation : la composition asymétrique de l'installation se démarque des perspectives frontales qu'il a coutume de favoriser.

Du fait de sa configuration irrégulière, *Les Bourgeois de Calais: Crated and Displaced* se prête au butinage et ne prescrit aucun point de vue spécifique. Le récepteur est libre de se déplacer à l'entour de la sculpture et d'envisager un à un les six bourgeois apparaissant sur les écrans, ce qui rappelle le tête-à-tête qu'engagea Hannah à Calais lorsqu'il filma le monument de Rodin enraciné dans l'histoire de la ville française. Ayant été filmées en plan rapproché, les vidéos de l'installation exacerbent les variations des traits et des attitudes propres à chacun des six personnages. En focalisant l'attention sur le faciès des protagonistes, Hannah, comme l'avait souhaité l'artiste français pour sa propre sculpture, accorde aux regardants la liberté de s'identifier à l'un ou l'autre des six bourgeois selon sa personnalité ou sa sensibilité, mais aussi il leur accorde le loisir de se projeter dans les personnages historiques, association facilitée par l'absence de socle.

On peut donc dire que son œuvre est « ouverte » au public et aux multiples lectures, comme l'est la statuaire source, dont il existe douze versions réparties dans plusieurs pays. En raison de cette réplication, on peut d'ores et déjà saisir la portée internationale du message que l'œuvre livre, en l'occurrence l'abnégation de soi pour le bien de la collectivité, et son degré d'appréciation quasi mondiale. Étonnamment, en aucun cas la sculpture expatriée ne semble en porte-à-faux par rapport aux réalités des localités où elle est implantée tant elle est ancrée dans la réalité humaine. C'est d'ailleurs ce qu'évoque l'intitulé de l'installation « ambulante » de Hannah qui, se déplaçant, réactualise en différents lieux le discours de l'œuvre de Rodin.

Hannah redonna vie au drame légendaire des bourgeois de Calais apparié à l'aune des réalités actuelles dans *The Burghers of Vancouver* [Les Bourgeois de Vancouver] (2015) **(fig. 14, fig. 54)**, la plus récente pièce inscrite dans sa réflexion sur la sculpture du maître français. Dans ce projet, accompli en collaboration avec le cinéaste québécois Denys Arcand, il décida de métamorphoser les braves d'antan en acteurs d'aujourd'hui, invités à raconter des récits prosaïques. L'idée générale était d'interroger les notions de faux-semblants et d'objectivité documentaire pour démontrer comment elles déjouent la

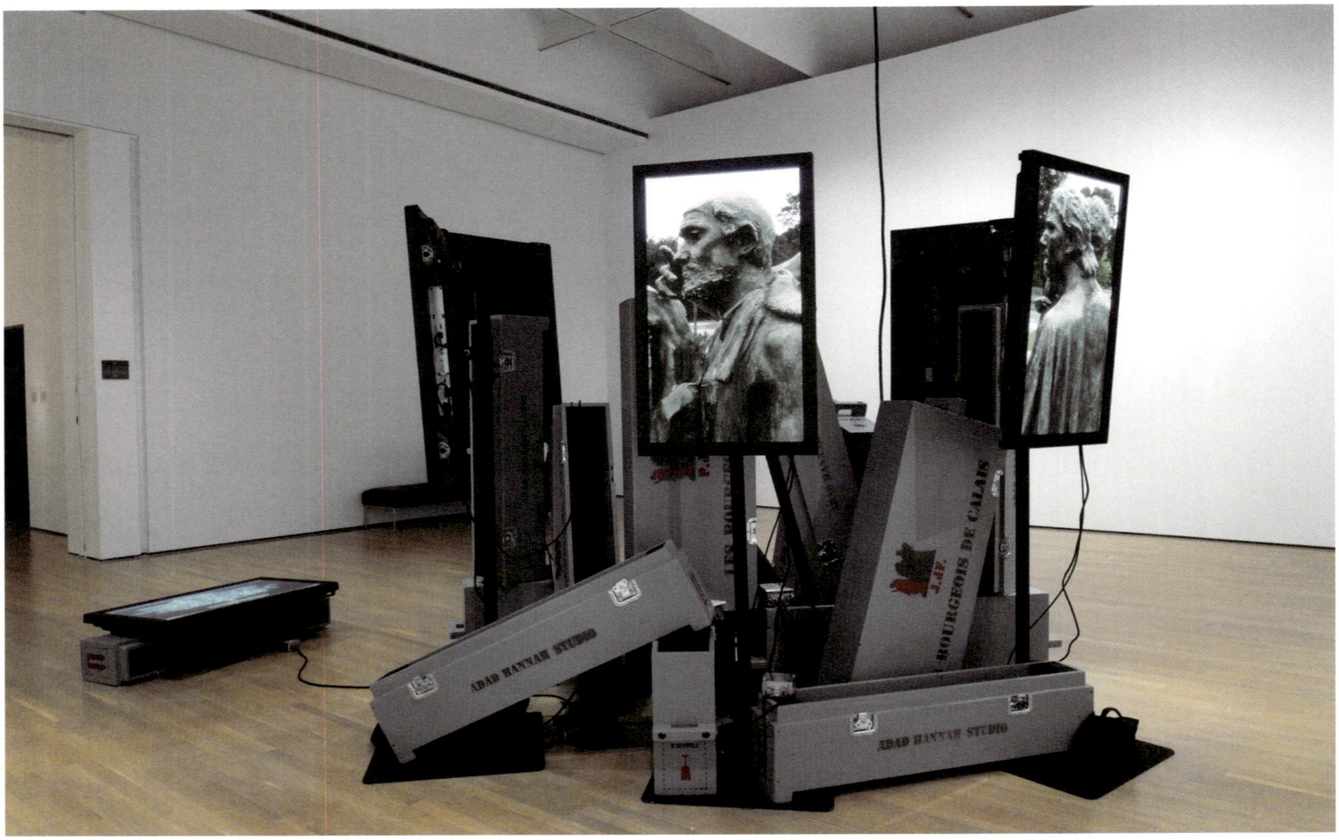

fig. 15
Les Bourgeois de Calais: Crated and Displaced, 2010
Vue d'installation

réalité. Les deux créateurs voulaient en outre sonder la société et l'individualisme à travers une mosaïque d'individus invités à reformer le monument urbain cité. Pour parvenir à leurs fins, ils engagèrent six comédiens pour leur faire jouer des personnages qu'ils voulaient représentatifs de l'hétérogénéité de la population de Vancouver.

Malgré la diversité de leurs destinées respectives, chaque protagoniste partageait une difficulté commune : se trouver un emploi temporaire. Ce besoin fut donc momentanément assouvi pour l'ex-détenu, la jeune femme en cure de désintoxication, la vieille dame, le skieur, le poète et le chômeur qui décidèrent de s'impliquer. Le travail offert consistait à se costumer pour mimer l'œuvre de Rodin (ré)incarnée devant la Vancouver Art Gallery. Dans un second temps, ils acceptèrent de se faire filmer par des documentaristes, en communiquant les causes qui les avaient motivés à accepter ce travail. Au bout du compte, ce qui découle de cette activité est l'interchangeabilité des existences : aux braves nantis dont le dévouement devint l'expression du patriotisme français[16] succèdent des personnes de condition modeste et au statut précaire. Si la situation de ces êtres humains n'est pas aussi inébranlable que celle des statues de bronze, leur envie d'exister n'en est pas moins inspirante.

Il faut convenir que les vidéos de Hannah ont ceci d'efficace qu'elles n'ont généralement pas besoin de trames sonores pour être loquaces. La composition, les protagonistes, les décors, les objets et les costumes dressent un arrière-fond parlant, comme c'est aussi le cas de la série d'estampes satiriques *A Rake's Progress* [La carrière d'un libertin] (1733-1735) du peintre et graveur anglais William Hogarth (1697-1764), que cite Hannah dans son projet *A Vulgar Picture* [Une image vulgaire] (2010)[17] **(fig. 16, fig. 55)**, accompli dans le cadre d'un épisode de l'émission télévisuelle *Mange ta ville* diffusée par la chaîne québécoise ARTV.

L'œuvre gravée de Hogarth raconte l'aventure hardie de Tom Rakewell, qui hérite de la fortune de son père rongé par l'avarice et qui emprunte subséquemment la voie des vices et de la destruction. D'une planche à l'autre, le regardant le perçoit succomber aux plaisirs du luxe, de la chair et du jeu, absorbé dans le labyrinthe de la déchéance qui le mène ultimement à l'aliénation. Sur le plan de la stylistique, la facture des satires graphiques est caricaturale et s'adresse la plupart du temps aux classes laborieuses; Hogarth opta ironiquement pour un dessin académique qui répondait aux idéaux de l'intelligentsia, dans l'objectif admis de

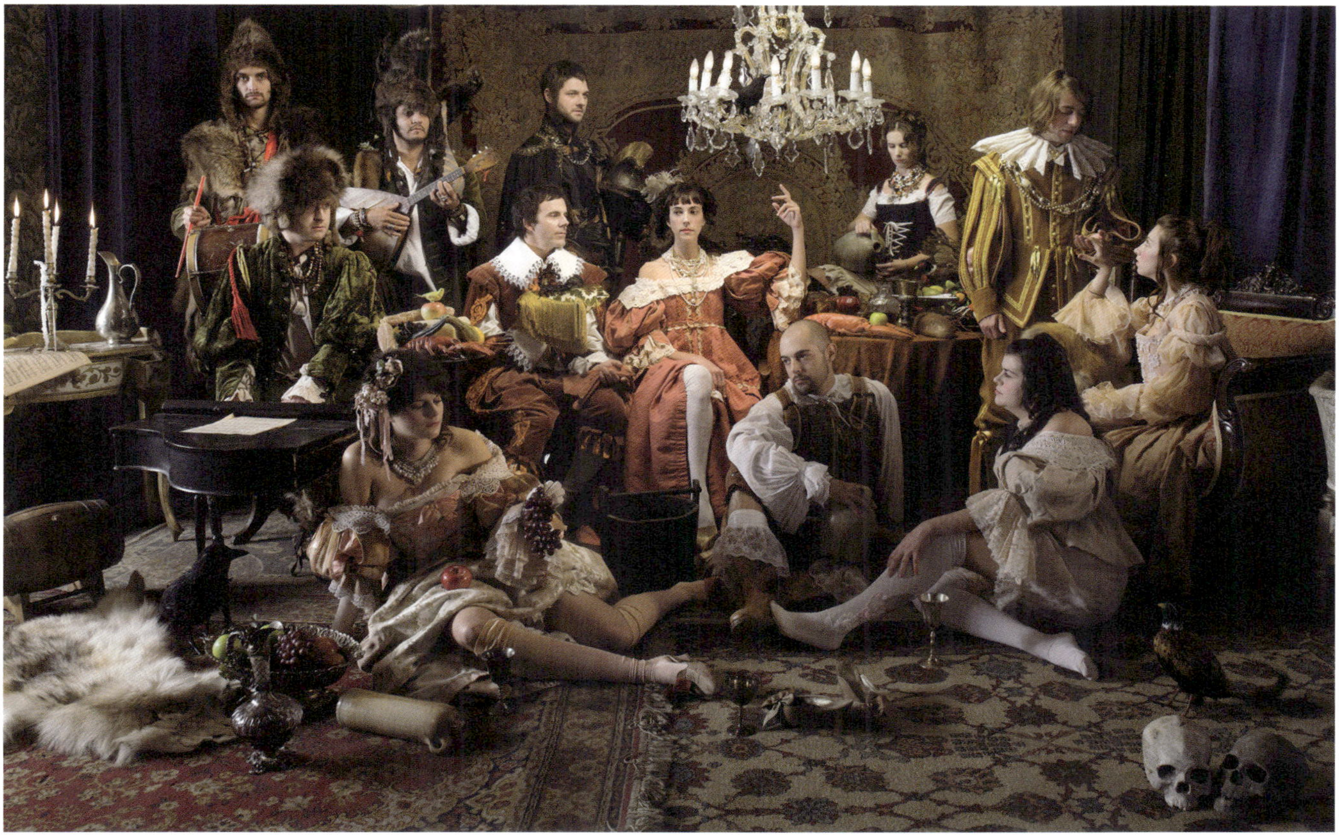

fig. 16
A Vulgar Picture, 2010

se moquer des principes de l'art savant. Il résulta de ce retournement la naissance d'un nouveau genre, les pièces morales, qui connurent un succès retentissant auprès de la population, toutes appartenances sociales confondues. De la sorte, le graveur anglais gagna son pari : prouver que le goût n'est pas une affaire de rang, mais de sensibilité.

Imperméables au passage du temps, les estampes de William Hogarth n'ont point perdu de leur lustre et continuent d'alimenter les esprits des contemporains, particulièrement celui de Hannah, qui s'en inspire dans *A Vulgar Picture*. De fait, les acteurs de cette *commedia dell'arte* des temps modernes appartiennent au monde des arts et de la culture : l'animatrice de la série télévisuelle Catherine Pogonat, située au centre de la composition, entourée de l'acteur Éric Bernier, des membres du groupe We Are Wolves et de l'auteur-compositeur-interprète Pierre Lapointe.

Alors que l'opulence du décor des gravures d'Hogarth met en évidence par contraste le peu de raffinement des actes répréhensibles posés par Rakewell, dépourvu de savoir et de culture, Hannah imbrique les protagonistes connus du grand public dans un environnement bourgeois. Il égratigne par la même occasion le cliché selon lequel les artistes populaires vivent dans un monde à part, étriqué, ouaté et luxueux, conception renforcée par les médias qui exaltent la splendeur des vedettes. Mais pour peu qu'on y porte attention, les photos et la vidéo de la série *A Vulgar Picture* font contrairement ressortir le fait que ces individus, aussi populaires soient-ils, sont des gens bien ordinaires, assujettis à la volatilité de leur notoriété, qui dépend du goût populaire, précarité évoquée par les objets de vanité dispersés dans la salle de séjour, particulièrement le crâne humain.

Doté d'une dimension eschatologique évidente, le motif emblématique de la fugacité de la destinée humaine est associé depuis des lustres au thème de la vanité, et ce, bien avant sa codification au XVIIe siècle. Également appelée *vanitas*, cette thématique reconduit des schèmes liés au passage du temps et à la déchéance inéluctable. Elle éveille la conscience de la finitude de soi; elle est un *memento mori*. En cela, la *vanitas* se démarque résolument de son pendant contraire, la *voluptas*, qui réfère à la permanence, à la stabilité et, par extension, à la prolongation de la vie. Cela dit, les objets de vanité dans *A Vulgar Picture* pointent avec force l'idée qu'être un artiste, c'est devoir mettre sa valeur à l'avis d'autrui, que la gloire est sujette à fléchir avec le temps et que ces personnalités célèbres sont soumises au même destin que le commun des mortels. En définitive, ce que Hannah place aux premières loges dans cette série, c'est l'humanité des créateurs qui l'emporte sur le jeu des masques.

L'artiste contemporain nous immerge dans un autre bain de culture avec son projet *The Russians*, qu'il exécute durant l'été 2010 lors d'un séjour à Saint-Pétersbourg. Sans être citationnelle, cette série s'inspire des travaux menés par l'artiste russe Sergueï Prokoudine-Gorski (1863-1944), pionnier de la photographie couleur qui a documenté les changements technologiques que subissait la Russie au crépuscule du XIXe siècle et à l'aube du XXe siècle. Après l'obtention d'un soutien financier de la part du gouvernement, le photographe plia bagage et parcourut le territoire russe de 1909 à 1912 pour y effectuer un reportage documentaire qu'il voulait consacrer à l'éducation de la jeunesse. Cette aventure exploratoire lui permit d'immortaliser le paysage architectural de l'ancienne Russie, d'offrir un tableau du monde rural progressivement grêlé par la machinerie moderne, en plus d'esquisser un panorama de la population qui s'avéra emplie de nostalgie.

Des visées similaires propulsèrent Hannah à sillonner ce coin de pays pour y faire des rencontres fortuites avec des individus interpelés durant ses pérégrinations; la spontanéité constitue de ce fait la singularité de cette série dans l'œuvre de l'artiste. Lui qui a pour habitude d'accorder beaucoup d'attention aux aspects qui touchent le contexte matériel de la production de ses créations, le photographe et vidéaste s'est engagé dans des chemins de traverse en privilégiant cette fois l'exploration et le hasard. C'est que pour atteindre son objectif, il constata que les voies tortueuses sont parfois nécessaires, surtout quand fut venu le temps d'apostropher les personnes qu'il croisait et qu'il invitait à se faire photographier et filmer. Au bas mot, la tâche fut fastidieuse, car il dut affronter plusieurs obstacles, avant tout la barrière linguistique. Malgré sa mansuétude, Hannah peina à convaincre les gens de s'impliquer. Ceux-ci demeurèrent longtemps imperméables à ses idées. Méfiants, soupçonneux ou incrédules, plusieurs préférèrent décliner son invitation.

L'entreprise reposait sur l'envie d'infiltrer le labyrinthe du réel des acteurs de ce pays, le plus vaste de la planète, mais surtout sur l'ambition de remettre en question les notions d'authenticité, de pose et de performance associées à la photographie documentaire. Bien que moins planifiées, les photos et les vidéos de *The Russians* attestent la présomption de l'artiste selon laquelle les personnes qui se savent sur le point d'être photographiées préparent leur posture, se positionnent, « performent » consciemment devant la caméra, passant ainsi de *sujets* à *objets*. Conjointement, Hannah cherchait à confirmer que toute représentation est une interprétation provenant de l'intention imageante[18] (choix du sujet, du cadrage, de la lumière, etc.); ces aspects étant historiquement oubliés en photographie en raison de ses capacités à archiver un « ça-a-été », pour emprunter le terme barthien[19]. Autrement dit, Hannah réinterrogeait de manière critique l'objectivité photographique, rappelant que la photographie n'est jamais objective, puisque toute image est conçue à partir de la vision de l'artiste.

Difficile de dresser un portrait exhaustif de toutes les couches sociales de cette région du monde. Quoi qu'il en soit, Hannah avait dans sa mire des personnes sans histoire et non des acteurs ayant fait les manchettes pour leurs hauts faits d'armes : une jeune famille, un grand-père jouant aux échecs avec son petit-fils, une vieille dame, un groupe de soldats sur un terrain d'entraînement, un couple, des travailleurs, des personnes rassemblées autour d'un verre. Dans l'ensemble, les images dressent tout de même une silhouette de cette région du globe. Ce n'est ni le lieu ni le temps de revenir en détail sur l'histoire passionnante, tragique et tourmentée de force par le pouvoir politique qu'a vécue la Russie au XXe siècle. Retenons simplement qu'il semble que consensus se fasse à savoir que la transition de la révolution prolétarienne à la révolution bourgeoise, qui s'est soldée par l'entrée de cet état fédéral transcontinental dans la civilisation mondiale, fut – et demeure – relativement ardue, et cela contribue à nourrir la perception du retard russe[20].

Ceci transpire dans la série *The Russians* de Hannah, spécialement dans les images exposant des intérieurs privés dénués d'aisance et d'éclat. En fait preuve la photographie *Mother Holding a Plum*, dans laquelle une femme exhibe le fruit tel un joyau. Ce geste ne suffit pas à dissimuler la pauvreté du logement. Pour autant, la condition d'existence modeste de tous ces gens ne diminue en rien leur qualité, eux dont la personnalité crève l'écran. Dans la vidéo *Russian Woman at Home* [Femme russe à la maison] **(fig. 56)**, l'attitude et la pose de la dame au regard absorbé révèlent une sorte d'indifférence, une résignation face à la vie. Et que dire du sourire fugace ou des mines sérieuses des jeunes modèles qui sont autant d'indices de leur tempérament ?

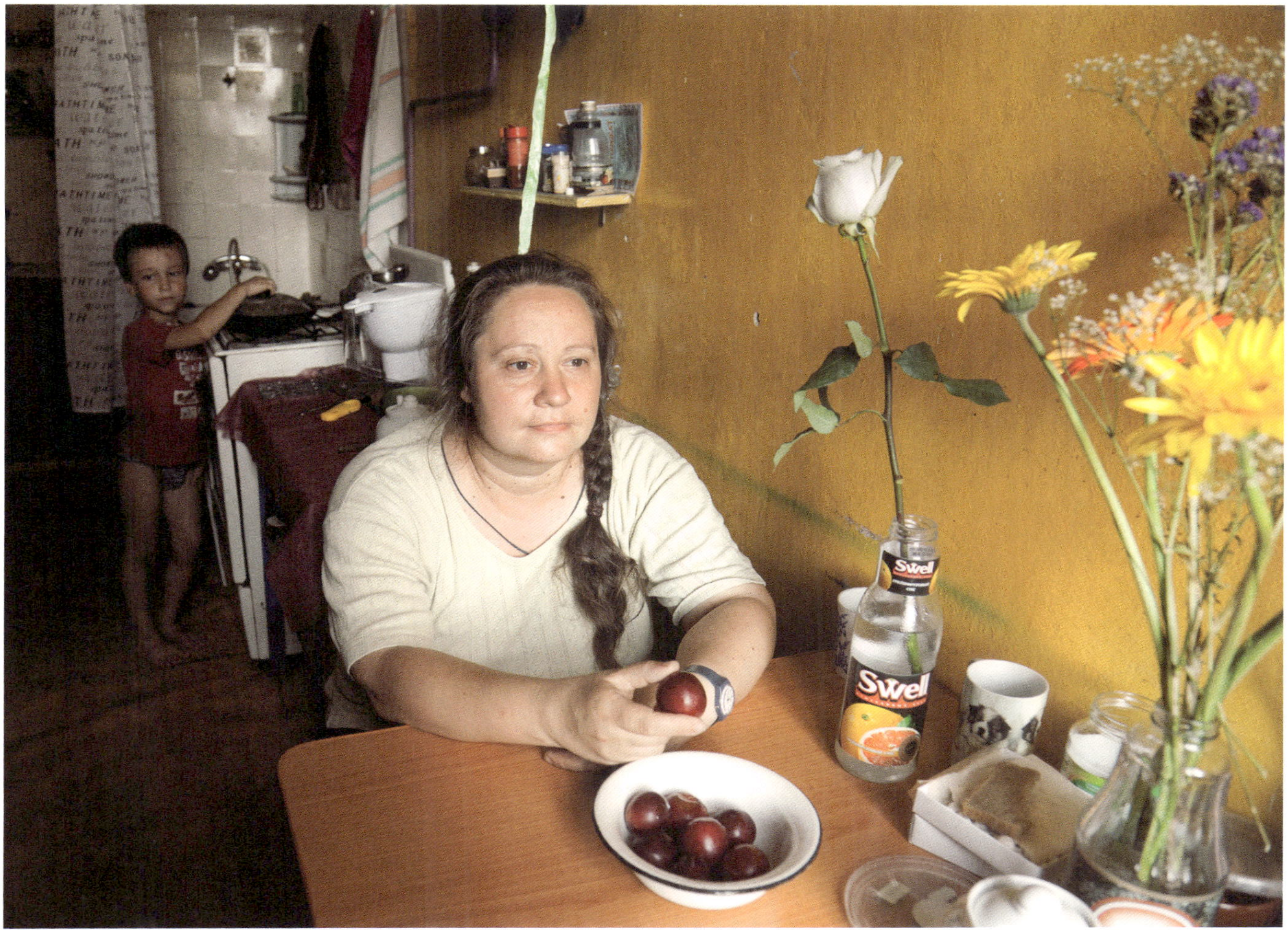

fig. 17
Mother Holding a Plum, 2011

Au terme de ce parcours du travail créateur d'Adad Hannah, nous constatons que l'association historique à l'art du passé qui fédère l'ensemble de sa production ne porte pas atteinte à l'originalité de ses œuvres. Novatrices, elles le sont d'abord par la technique du *still*, fondée sur un jeu équivoque entre le stationnaire et l'animé. Le *still* libère la photographie de la logique immobilisante qu'on lui reconnaît en la couplant à la vidéo, laquelle génère une illusion de vie, perceptible par la pose fébrile et tremblotante des figurants. Innovantes, ses créations le sont aussi par leur contenu, dans la mesure où la réalité que l'artiste photographie et filme en est une imaginée par lui. De la sorte, Hannah affranchit ses images de la fonction de témoignage associée aux outils d'enregistrement qu'il emploie. De ce fait, il place son inventivité au premier plan, et cela, même lorsqu'il réitère des créations artistiques antérieures qu'il refait entièrement. La pertinence de cette activité citationnelle tient d'ailleurs tout entière dans son habileté à s'abreuver de motifs empruntés aux anciens et à les arrimer à des événements contemporains.

Nous avons vu qu'aux notions liées de près au champ des arts visuels qui ponctuent son univers artistique, Hannah adjoint des préoccupations de nature sociologique. Plusieurs de ses projets abordent différents pans des rapports interhumains, parfois discrètement, parfois avec aplomb, mais toujours avec l'objectif de comprendre la réalité de communautés variées. Dans certains cas, ses œuvres nous interpellent individuellement, en ce qu'elles s'offrent comme des miroirs dans lesquels nous sommes invités à nous immiscer, à expérimenter les scènes perçues, tout autant qu'à envisager notre propre réalité. Parfois, ses photos et ses vidéos apostrophent plus amplement la collectivité alors qu'elles traitent des conditions d'existence de divers groupes sociaux, témoignant par là même d'une pensée persistante sur le concept d'être-au-monde. Parallèlement, ses œuvres autorisent une méditation sur notre implication dans les images et au temps que nous leur consacrons, sur nos comportements face à l'art en général, sur nos perceptions et nos conduites à l'égard des musées qui préservent et promeuvent les œuvres.

Si la production de Hannah corrobore une attention assidue à la société, il se montre habile à transgresser le banal et à éviter les pièges de la redondance en révélant à chaque occasion les infinies nuances de l'existence humaine, son côté lumineux comme ses aspects les plus sombres. Quoique majoritairement muettes, ses vidéos racontent la vie humaine telle que perçue par cet artiste au regard exempt de jugement ou de morale. Pourvu d'un intérêt pour les gens à l'âme chevillée au corps et d'un esprit naturellement ouvert, l'artiste approvisionne sa veine créative d'aventures circonstanciées susceptibles d'émouvoir ou d'impressionner.

Prises en bloc, ses images s'apparentent à une courtepointe d'influences brodées les unes aux autres pour établir des ponts continus entre l'art et la vie. Enfin, force est de convenir que plonger dans l'univers créateur d'Adad Hannah, c'est constater la profondeur de ses photographies et de ses vidéos lourdes de multiples strates de sens qui s'érigent *en dessous* d'elles et qui nous font voir bien *au-delà* de ce qui apparaît en surface.

1 Le «tableau vivant» est une forme de divertissement en vogue en Europe dès le Moyen Âge, qui consiste à imiter de façon théâtrale, immobile et costumée une œuvre d'art.

2 Yvonne Neyrat, *L'art et l'autre. Le miroir dans la peinture occidentale*, Paris, L'Harmattan, 1999, p. 119.

3 C'est le mot qu'employa le critique d'art Philippe Burty pour signifier l'influence du Japon en France entre les années 1854 et 1910.

4 Ce n'est que durant la seconde moitié du XIXe siècle que les instituts d'art (devenus des lieux d'étude et d'enseignement) enrichirent leurs collections d'œuvres artistiques grâce aux nouveaux philanthropes nantis ayant fait fortune durant la révolution industrielle.

5 Le titre peut également référer au commerce de l'opium sous-jacent à cette mode orientaliste, comme le souligne à grands traits l'ouvrage *Confessions d'un mangeur d'opium anglais* écrit par Thomas de Quincey en 1822.

6 Dürer s'inspira des théories précédemment divulguées par l'architecte Vitruve – qui vécut au 1er siècle avant l'ère chrétienne.

7 Ce jeu perceptuel causé par le décuplement du mouvement est aussi inspiré des psychologues industriels américains Frank et Lillian Gilbreth, dont le travail reposait sur l'étude du temps et du mouvement corporel des travailleurs.

8 Adad Hannah, *Extending the Instantaneous: Pose, Performance, Duration, and the Construction of the Photographic Image from Muybridge to the Present Day*, Montréal, Université Concordia, 2013, p. 19.

9 Il partage également avec son prédécesseur un appétit notoire pour ce qui a trait à la documentation des différentes phases préalables à la production de ses installations.

10 Le dessin du radeau réalisé par Corréard servit d'ailleurs à Hannah de source d'inspiration pour ce récent projet.

11 Ophélie est la fille de Polonius, que son amant, Hamlet, tue accidentellement, croyant assassiner son propre oncle, Claudius. En totale discrétion, Hamlet inhume dans l'empressement le père d'Ophélie. Affligée et indignée, d'abord parce qu'elle ne s'explique pas la distance que prend son amant vis-à-vis d'elle, ensuite parce que son père fut privé d'une sépulture décente, Ophélie sombre dans la folie et finit par se noyer.

12 Judith Wechsler, «Performing Ophelia: The Iconography of Madness», *Theater Survey*, vol. 43, n° 2 (novembre 2002), p. 201-221.

13 Révéler le dramatique dans la vie de tous les jours et rapprocher l'art de la vie, voilà le leitmotiv de la confrérie préraphaélite que fondèrent les peintres anglais John Everett Millais, William Hunt et Dante Gabriel Rossetti en 1848. Quoiqu'ils soient demeurés traditionnels sur le plan stylistique, la modernité de leur travail reposait sur leur désir commun de capter et de représenter les changements et les variations de la nature dans des compositions chargées de motifs et de détails.

14 Pour la petite histoire, lorsque *L'âge d'airain* fut révélé au public pour la première fois, le maître français dut prouver, photo à l'appui, que le modèle ayant posé pour ce bronze était bel et bien le jeune soldat belge qu'il figure, et non un quidam. S'il a de quoi faire sourciller, le démêlé eut fort probablement à voir avec la modernité de ses créations, qui ne répondaient pas aux critères d'idéalisation normée des corps.

15 Site du Musée Rodin, [www.musee-rodin.fr].

16 La première exploitation héroïque de ce récit historique eut lieu en 1558 après la reprise de Calais par François de Guise. Cependant, c'est au XVIIIe siècle que le récit se transforma en véritable mythe.

17 Du fait qu'elle représente le familier et convoque les notions d'espace culturel intériorisé et privé, la scène de genre répondait aux schèmes relatifs au *low art*. En raison de la banalité des lieux représentés et des actes accomplis par les personnages figurés, ces images ont donc été arbitrairement déterminées comme étant «vulgaires».

18 André Rouillé, «La photographie des artistes. Un autre art dans l'art», dans François Soulages et Marc Tamisier (dir.), *Photographie contemporaine et art contemporain*, Paris, Éditions Klincksieck, 2012, p. 89.

19 Roland Barthes, «Le message photographique», *L'obvie et l'obtus. Essais critiques III*, Paris, Éditions du Seuil, 1982, p. 9-24.

20 Georges Sokoloff, *Le retard russe (882-2014)*, Paris, Fayard, 2014, 206 p.

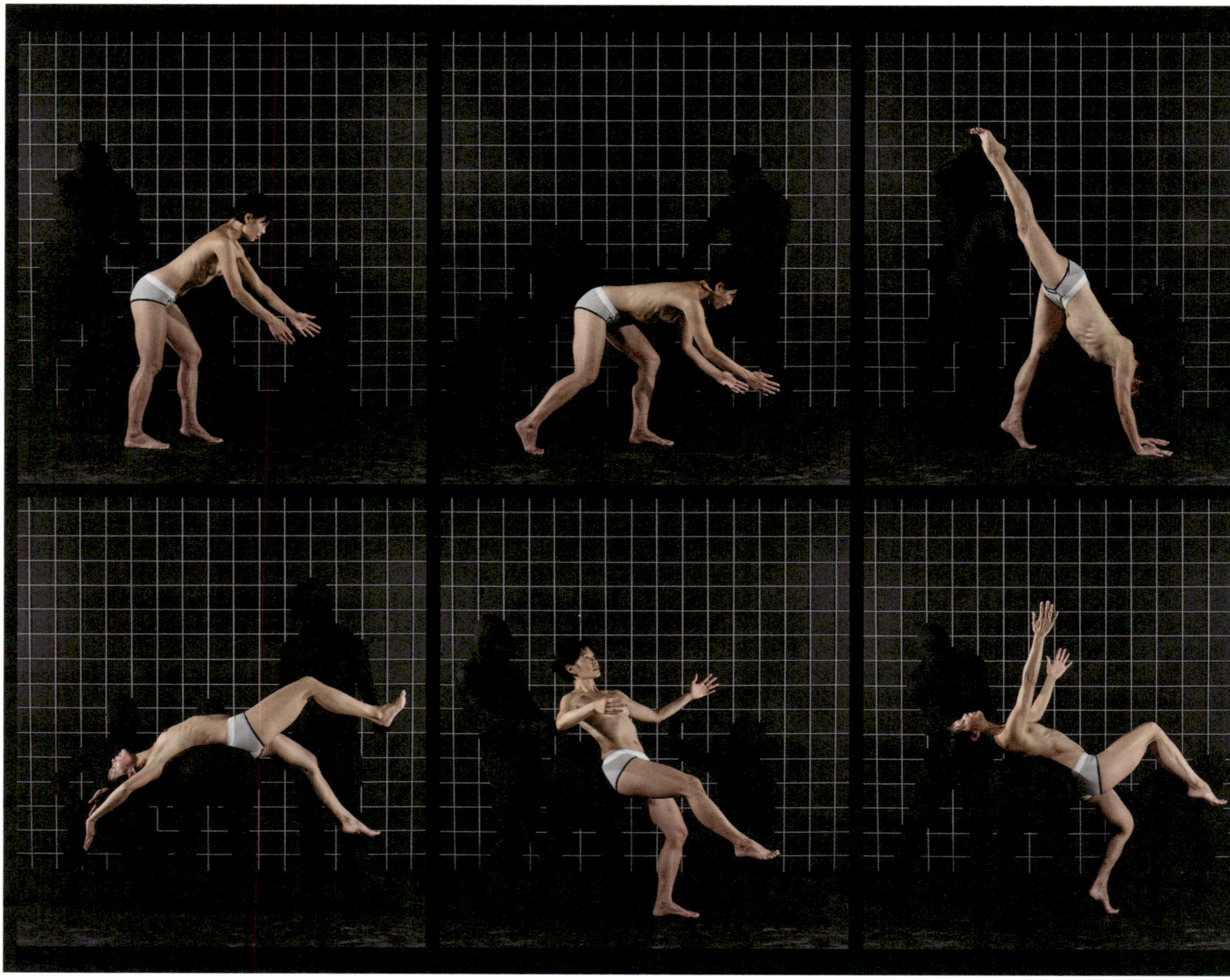

fig. 18
After Muybridge (Front Handspring), 2016

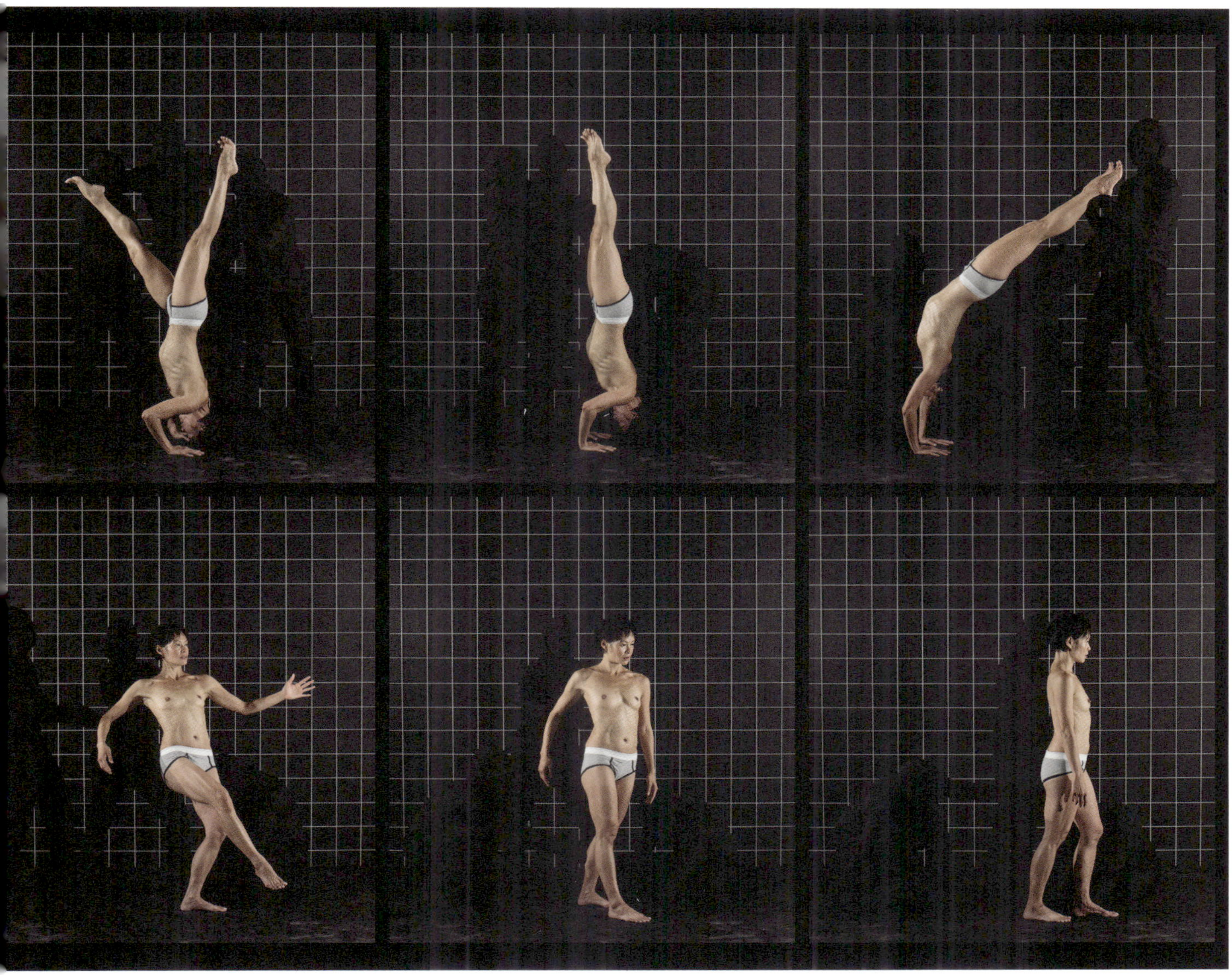

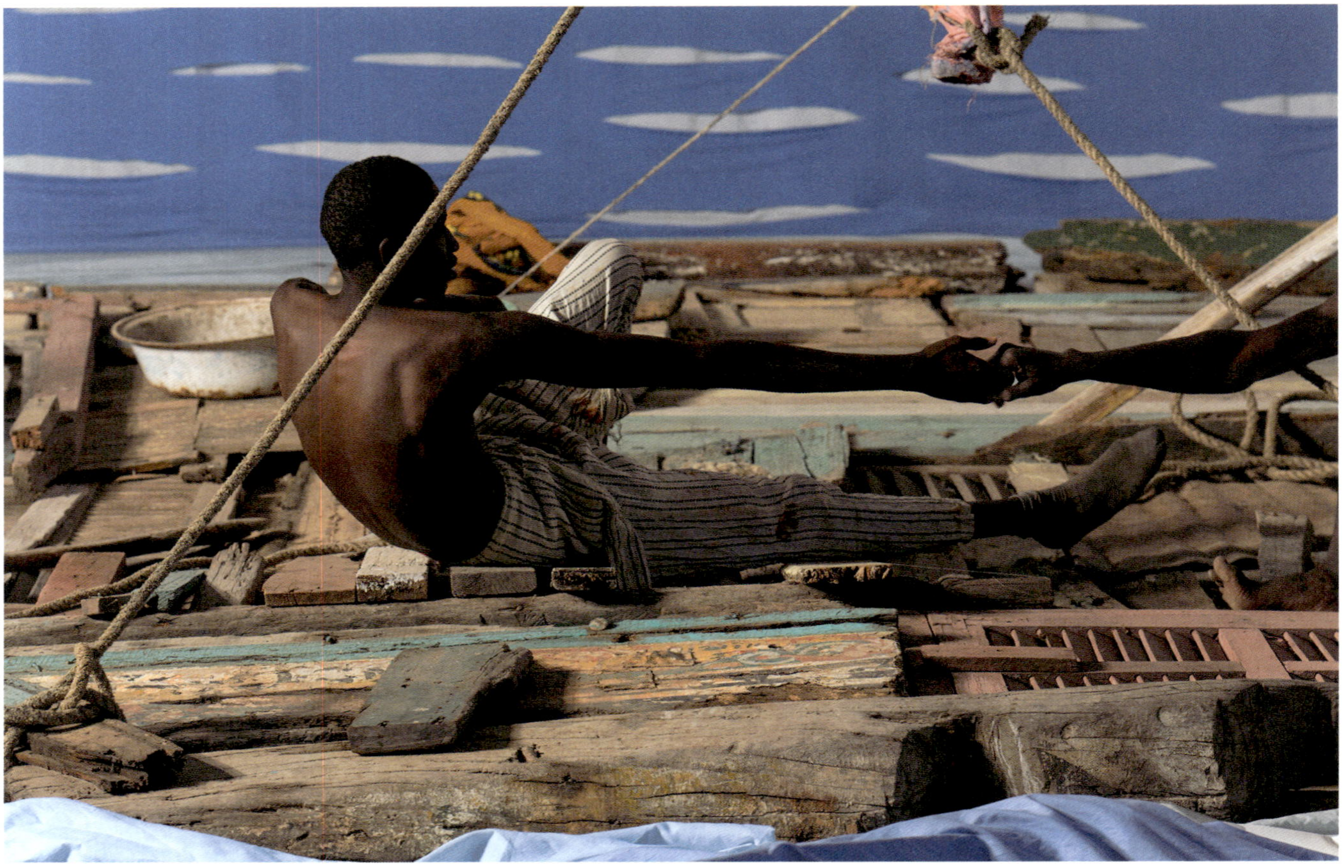

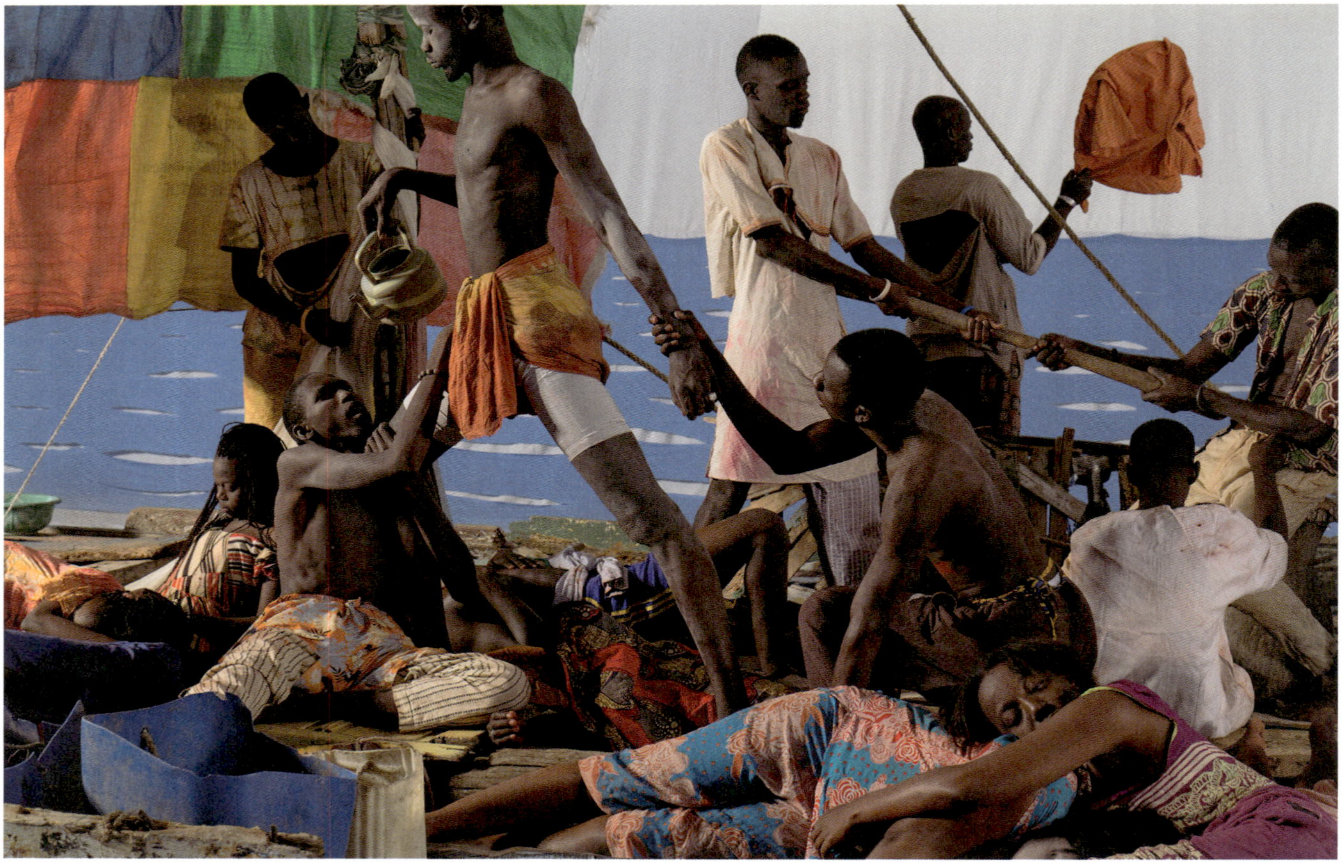

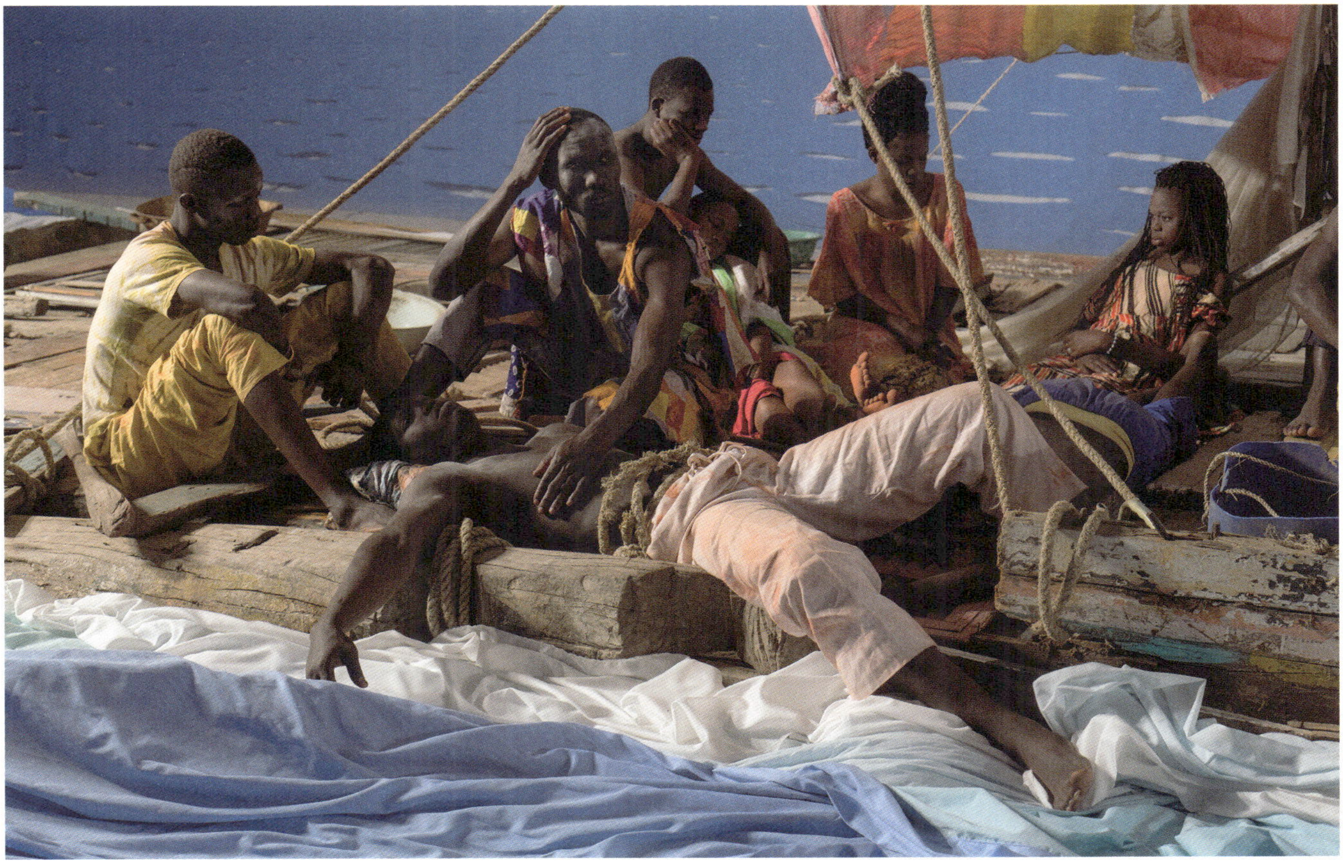

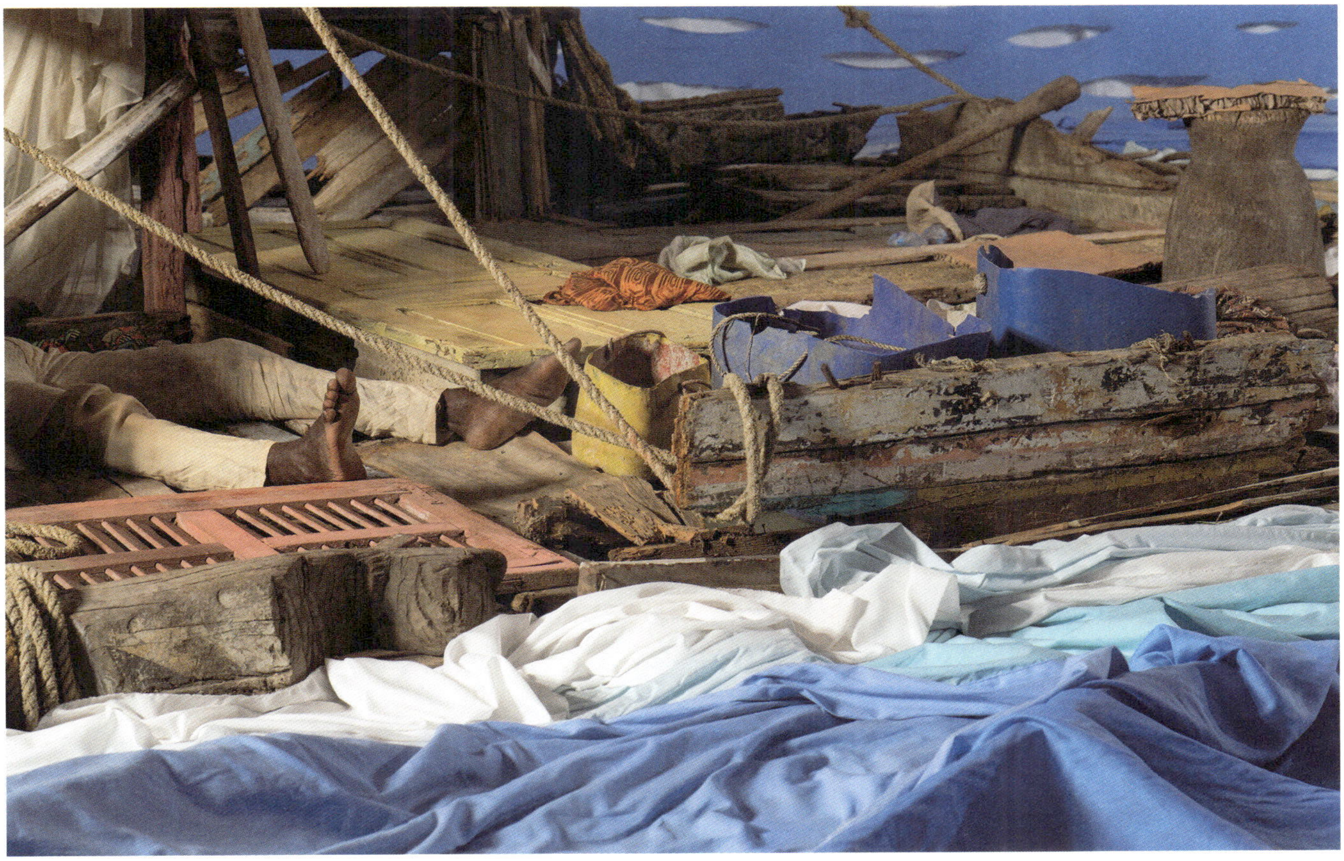

fig. 19-22 *The Raft of the Medusa (Saint-Louis)* 4, 2, 3, 1, 2016

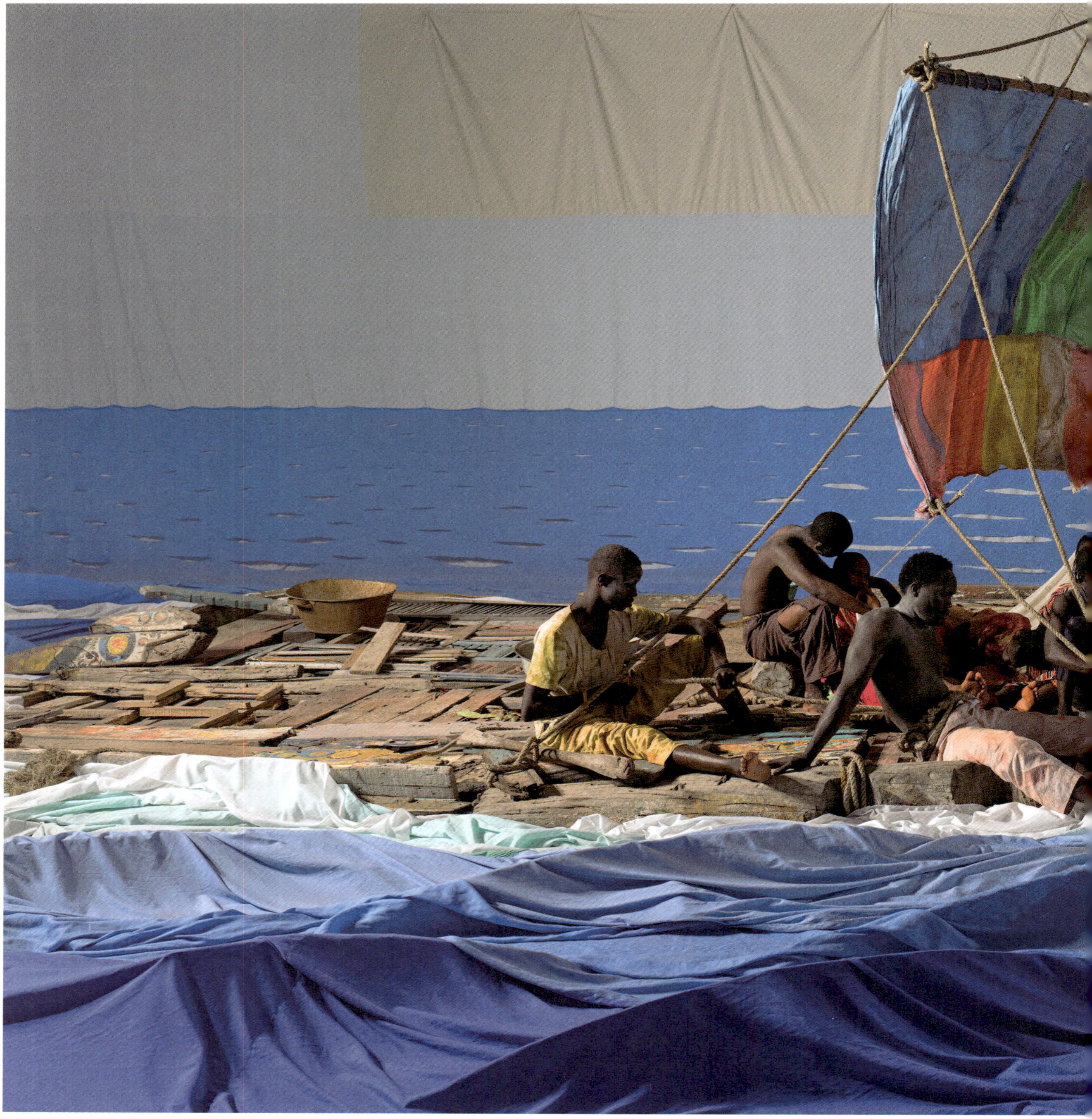

fig. 23
The Raft of the Medusa (Saint-Louis) 7, 2016

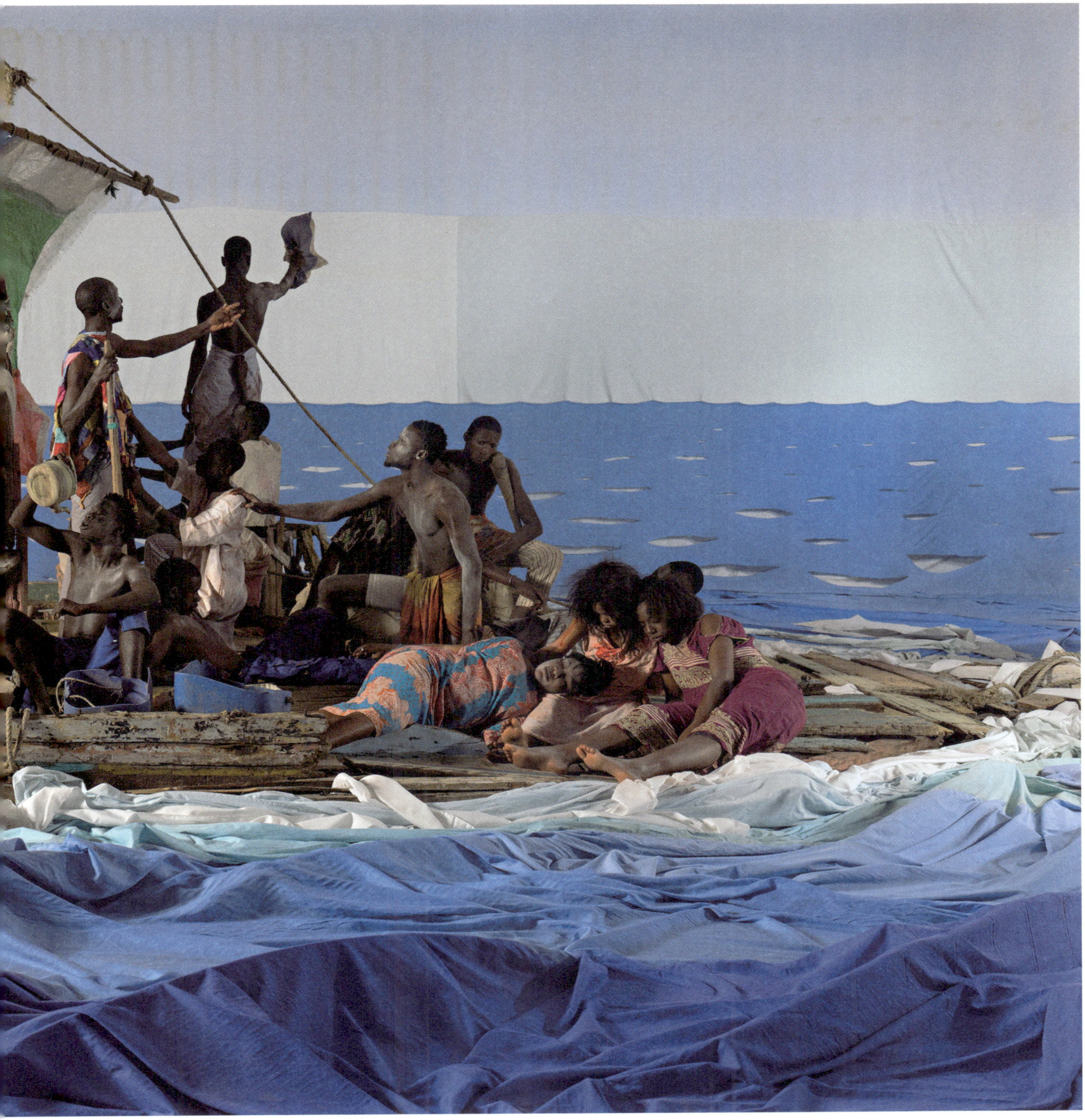

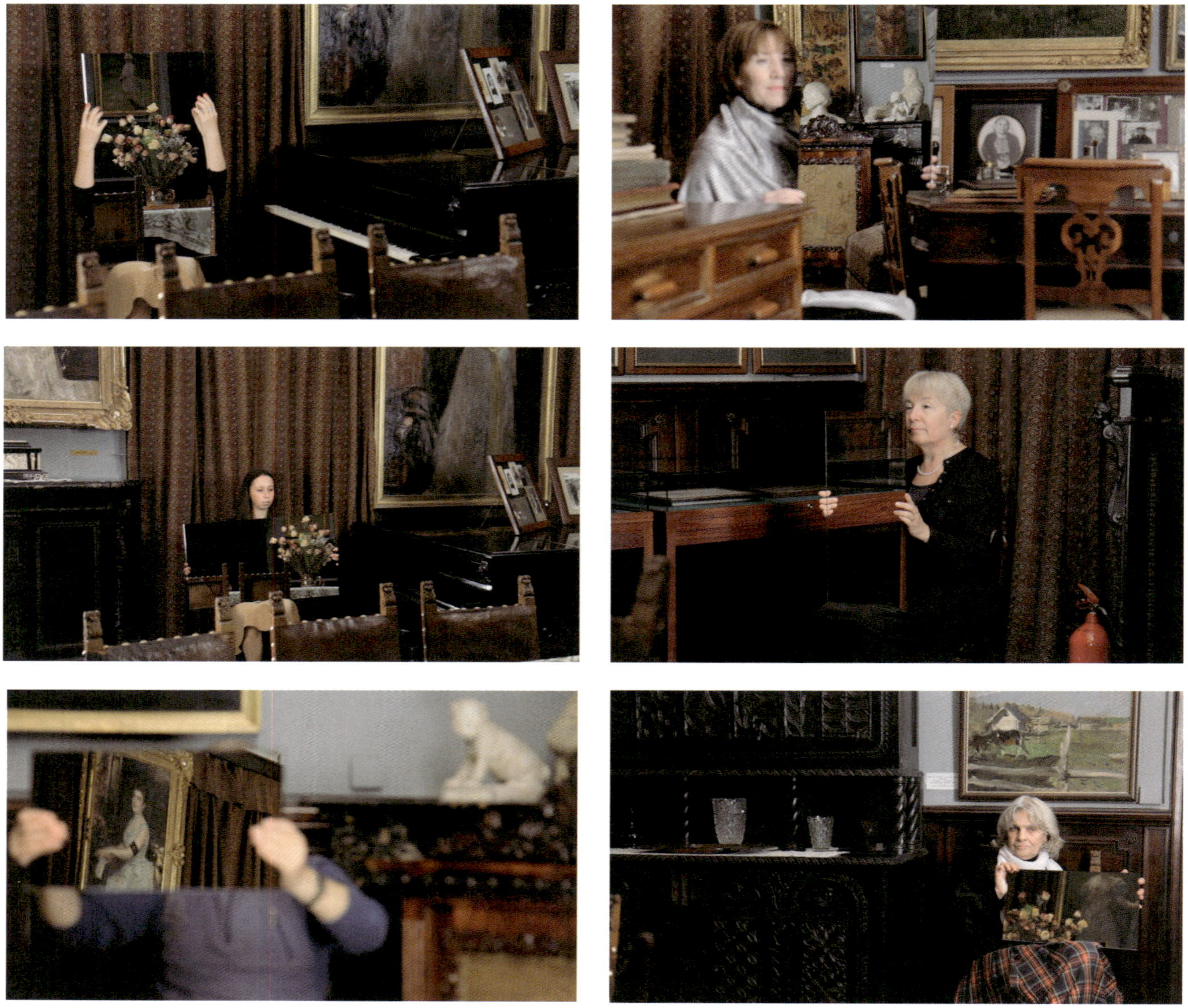

fig. 24-35
Mirroring the Brodsky, 2012

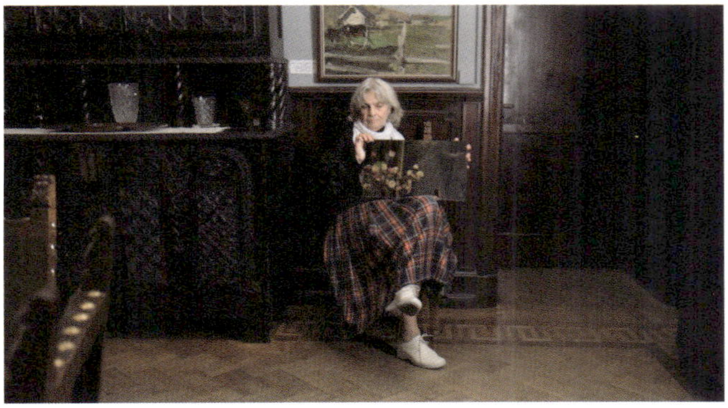
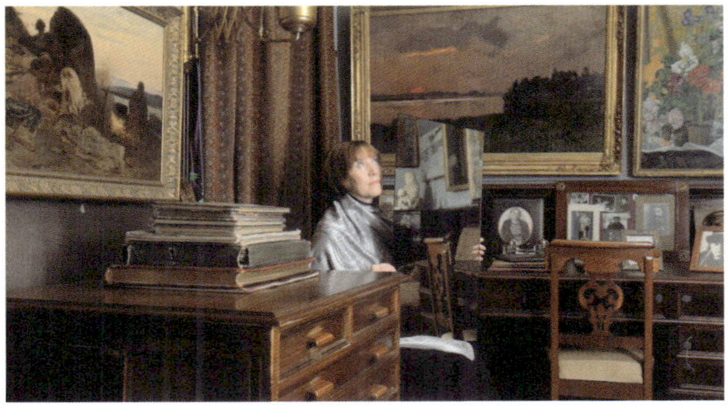
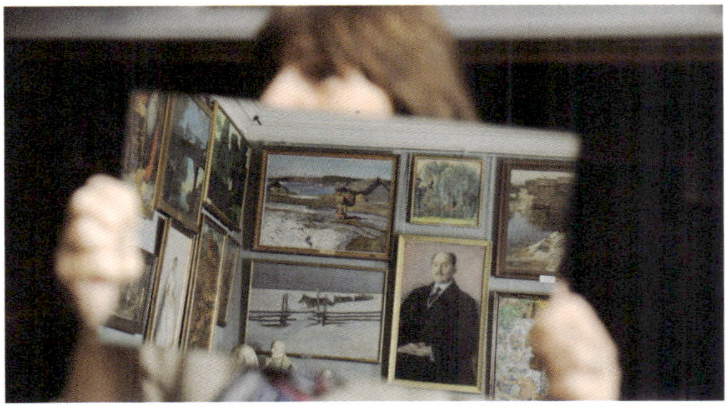
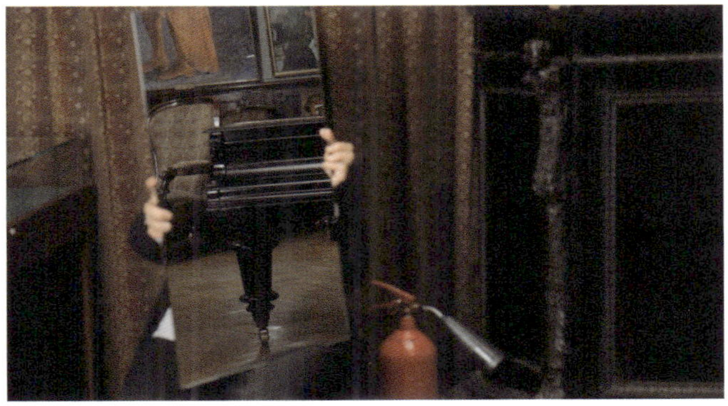
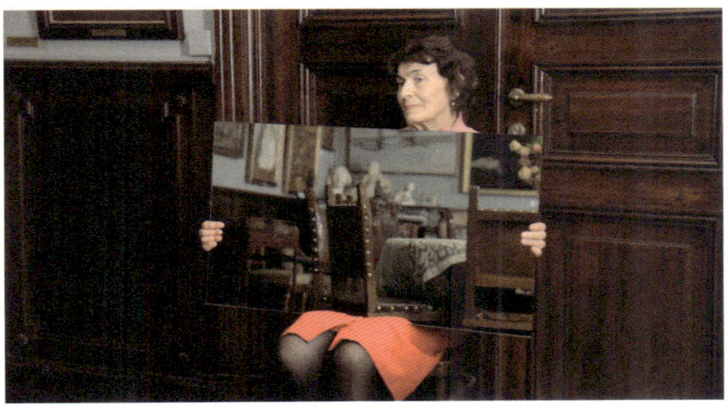
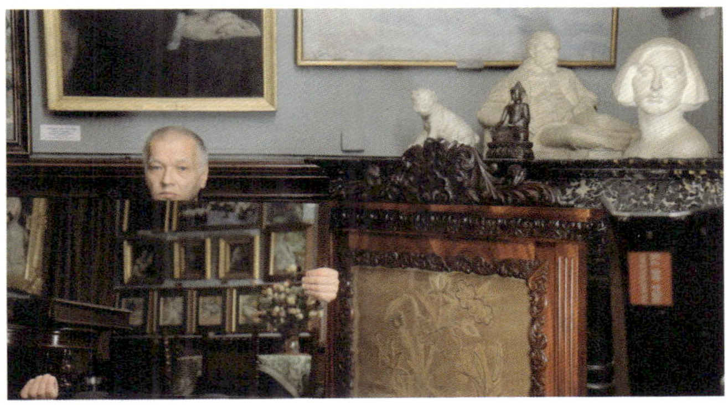

Glints and Reflections

Lynn Bannon
Translation by Jo-Anne Balcaen

Time, motion, reproduction. Three terms that synthesize the unifying notions behind Adad Hannah's artistic practice, both in the media he uses and the themes he addresses. But we should first underline how singularly this artist combines photography and video. From these interconnected media comes the *still*, an unedited, static video shot of a choreographed *mise en scène* where performers hold a pose for several minutes—a throwback to the length of time required to take a photograph with the early cameras of the 19th century.

Much like *tableaux vivants*,[1] Hannah's *stills* give an impression of stagnation that begins to falter once the performers' (micro)movements are perceived. Merging the live performance with the recorded document and exhibited as a recurring loop, the static nature of these videos is fascinating and encourages a long, slow reading halfway between pictorial contemplation and the cinematic gaze. For the viewer, caught in the temporal stretching of an image that is simultaneously seen and watched, continuity is experienced in a new, unexpected way. Through their hypnotic force, the *stills* blur our visual cues while helping us reflect on the nature of our engagement with art and the time we devote to it. Moreover, they entail a solitary meditation on our adherence to the present and, through their power of attraction, make us briefly alien to our everyday lives.

The *stills* have an additional durational aspect in that the performed installations are photographed, essentially freezing them in time. These theatrical compositions are thus the subject of *remakes*, where they are captured from different angles and multiplied in a series of copies. Similar, but not identical, these photographic editions form a chain of self-referential images that constitute each of Hannah's projects. The same can be said of his citational series, in which earlier images are reiterated as inexact copies. By adopting the perspective of the painters or sculptors who preceded him, Hannah uses citation to revisit and reconsider art history, and to recycle previous precepts and aesthetic schemes that he revives and reinterprets.

While Hannah takes on masterpieces by renowned artists, he also unassumingly returns to a theme once considered inferior within the traditional hierarchy of figurative subjects: the genre scene. Let us return for a moment to the 16th century, when the term "genre" was used to designate the main themes of art that were later institutionalized and hierarchized by the Académie royale de peinture et de sculpture de France. Shortly after its establishment in 1648, this leading institution of artistic education announced (through the voice of André Félibien in 1667) a rule ordaining that artists should distinguish themselves in relation to a favored theme and in accordance with their technical skills and empirical knowledge. In general, the more talented artists devoted themselves to so-called *major* themes, namely historical painting, portraits and "inhabited" landscapes, while lesser-skilled artists (sometimes willingly) chose subjects qualified as *minor*, such as genre and still life painting. The inferior status of these works came from the assumption that one need not be cultivated to understand and appreciate them since they represented anonymous individuals, situations, activities or objects from daily life.

It is precisely these previously underestimated themes that dominate Adad Hannah's production, thus stripping genre painting of its negative course while lessening the impression of elitism frequently associated with the visual arts. By combining art and the familiar, the artist foregrounds the powerful notion that art is never very far from everyday life. More broadly, he helps create a dialogue between artworks and society, namely within the institutions that preserve and showcase them. Hence his various museum interventions that reflect the exhibition spaces where they were created. These museum series serve as a prelude to our journey through the artist's work, which will be divided into three major themes: Mirroring the Museum, Reflections of Artworks, and Lives Captured.

Mirroring the Museum, or Working Through the Collection

The attention Adad Hannah brings to the museum world and its workers and patrons was first seen in his video series *Museum Stills* (2002) **(fig. 1)** and *Age of Bronze* (2004) **(fig. 36)**, created at the Montreal Museum of Fine Arts and the National Gallery of Canada, respectively. While these museographic projects were both created in situ and realized through the artist's own initiative, others came about through invitations from national and international museum institutions who wanted their collections revisited and interpreted by a contemporary artist. Common since the 1960s, the principle of delegation involves bringing the future archiving of artworks under the aegis of the "remake" (reuse, citation, subversion), which Hannah particularly favours.

There are many benefits to this collaborative process and they are reciprocal for all parties involved. For museums, it provides an opportunity to redefine their exhibition rooms as they become transformed into creative spaces and contexts for discussion. This activity allows institutions to designate themselves as constantly-evolving organizations without threatening their function as cultural sanctuaries. Moreover, viewers can re-experience the collection from a contemporary point of view. For Hannah, this exercise fast-tracks his creative work to museum status, which is no small feat given that museums are still considered to have the authority to legitimize the artistic status of works. It also provides the artist with a window to foreground his creative work, with no detrimental effect on the host museum's own

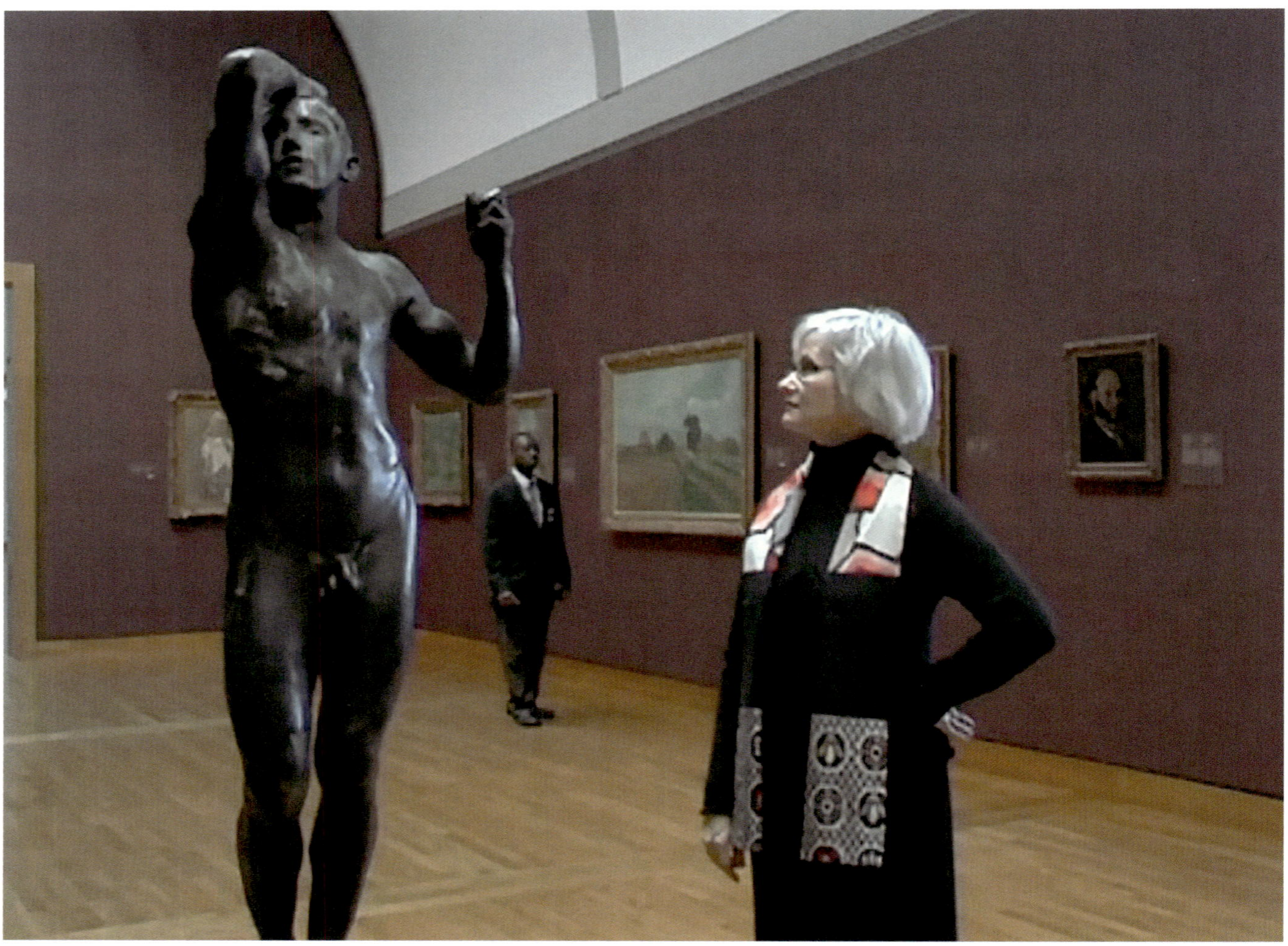

wealth of possessions. Hannah skillfully manoeuvers this by upending the conventional display of objects through the interplay of mirrors that reflect—and make us reflect upon—the content of the rooms.

In fact, the artist takes the word "reflection" quite literally—its etymological roots can be traced back to *reflecto*, meaning "to turn around, to return"[2]—by proposing reversed and unexpected views of the exhibited collection, as seen in the photo *A Man Mirroring I* **(fig. 2)**, and the video *Man in a Red Shirt*, both part of the series *Mirroring the Musée* (2008), created at the Musée national des beaux-arts du Québec. The images show a man standing in one of the museum's galleries, holding a full-length mirror. Both his image and the room behind him are reflected in the mirror's surface, and are lightly animated by the mirror's (and the man's) subtle movements. This inversion tactic is useful because it spotlights memorable and (re)valued art-historical works, while presenting original, surprising and memorable images to the viewer. Here, Hannah achieves his goal of revisiting the past under the magnifying glass of the present.

While the artist's process seems a bit complex, it is also ingenious because it adds to his photos and videos a semantic layer derived from a multiplication of implicit references. This connotative expansion is manifested, among other things, by the mirror. On one hand, it refers to the perception of the work of art as an imitation of the world, and on the other, to the age-old practice of the *mise en abîme*, two fundamental principles of figurative art that endured until the 19th century.
By extending the exhibition rooms and over-imposing multiple, diverted spaces, one can detect an upheaval of the rules of Euclidean perspective that occurred in the wake of photography's appearance in 1839. This new tool made it possible to depict reality from previously unfamiliar angles, for example obliquely, as shown in the photo *Mother Holding a Plum* **(fig. 17)**, from the series *The Russians* (2011), which will be discussed later on.
Far from insignificant, this "reframing" broke free from the fixed, frontal viewpoint as theorized by the humanist Leon Battista Alberti (1404-1472), which dominated painting during the 15th century.

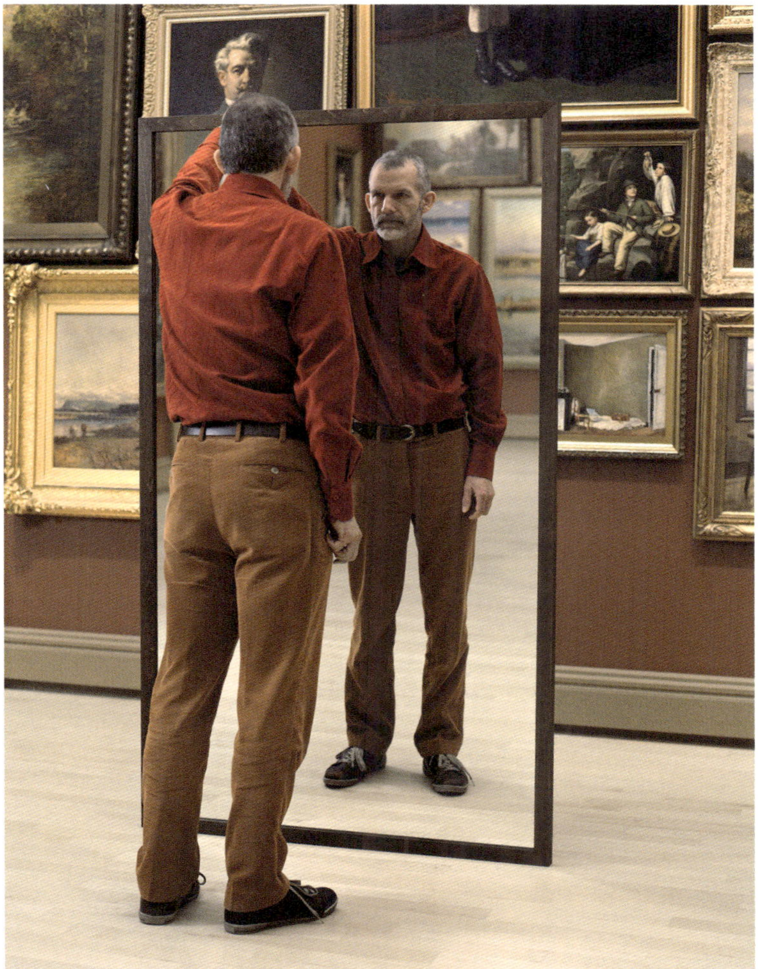

fig. 36 — p. 46
Untitled (Age of Bronze), 2004

fig. 37
A Man Mirroring II, 2008

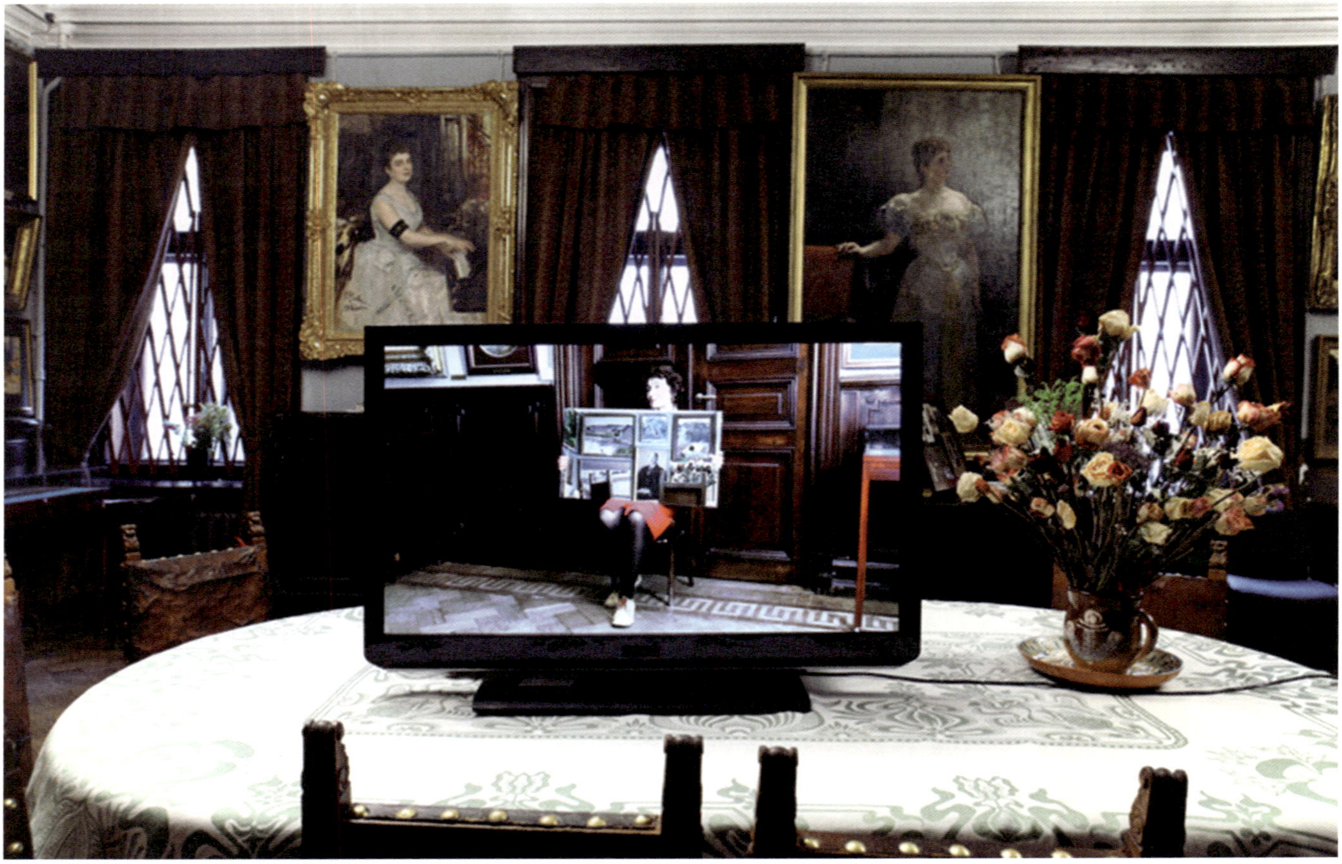

fig. 38
Mirroring the Brodsky, 2012
Installation view

fig. 39 — p. 49
On Location, 2008

As *re*-presentations of museum galleries, Hannah's images clearly address the presentation conditions of art objects. While the mirror causes a multiplying effect on the exhibited works, the photos and videos recall 19th century salons where paintings and sculptures were presented haphazardly, sometimes floor to ceiling, in rooms overflowing with artifacts. This reference to traditional hanging standards cleverly redirects the viewer's attention to the exhibition protocols of contemporary museum institutions, which are skillfully designed to display the sumptuousness of their collections, promote our rich heritage and encourage access to the works. In the end, Hannah's museum projects do not merely reflect art, they also make us reflect *on* art, on its history and its various parameters updated through a plurality of clues that a cursory glance may not always detect. His mirroring museum images are therefore not vitrines, but doors that lead to a discovery of the art world both here and elsewhere.

In 2012, Hannah travelled to Saint Petersburg and the Isaak Brodsky Apartment-Museum to produce a project entitled *Mirroring the Brodsky* **(fig. 3, fig. 24-35, fig. 38)**. In this video series, we are immersed in the former apartment of Soviet artist Isaak Brodsky (1883-1939), which was converted into a museum in 1949. Each room is filled with paintings, sculptures, furniture, folk art, and crafts. As a whole, the residence looks like a giant cabinet of curiosities, a type of room that was very popular from the 16th century onward and whose main purpose was to enhance the collector's status and demonstrate their love of beautiful objects.

The rooms of this Apartment-Museum reveal a rather extravagant portrait of Brodsky, a known nationalist whose career spanned the Neo-Russian period bounded by the 1867 Pan-Slavic Congress in Moscow and the Romanov Tercentenary celebration in 1913. A representative of Socialist Realism and professor at the Saint Petersburg Academy of Fine Arts, Brodsky endorsed the revolutionary ideas of Vladimir Ilyich Ulyanov, better known as Lenin (1870-1924), the political figure whose portrait he painted a number of times. Brodsky aspired to participate in the development of the national sentiment fueled by the changes Russia had undergone at the turn of the 20th century, mainly the end of the peasant class's serfdom and the emergence of a workers' society and proletariat. It is not surprising then to find

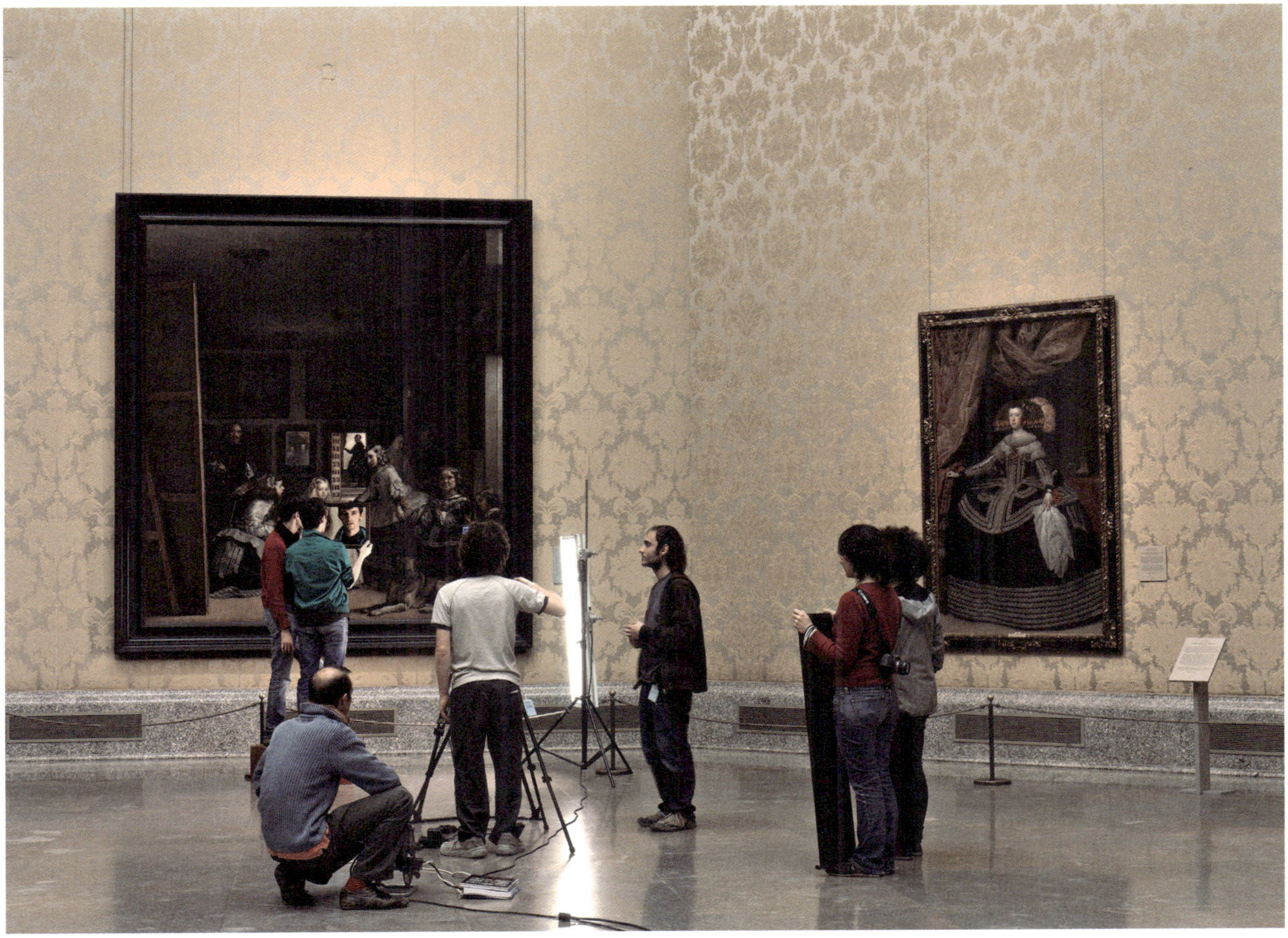

in this collection a juxtaposition of objects that meet the standard criteria of fine art with other more artisanal objects, a mixture that ostensibly levels the formerly consecrated classification of different mediums.

Established within art academies as early as the 16th century, this categorization became the standard system until the 19th century, when breaches began to appear in the fixed order of conventional medium classification. This legitimate ordering was primarily aimed at dissociating Major Art, defined as being an art (in the singular) of the beautiful, inventive and enlightened by knowledge of rules, dedicated to contemplation and not lending itself to enumeration, from the Minor Arts (pertaining to the arts and crafts), which were defined by their use, potential reproducibility, and intimate relationship to the world, each of these characteristics adding to their lower status.

But Brodsky ignored these categorical divisions. His collection was partly intended to protect national culture and to bring art closer to ordinary life—an important relationship in Russia at that time. One might even hypothesize that the non-hierarchical organization of objects and their placement in unsegregated groups was meant to reflect the image of an egalitarian Russia that the Soviet painter praised, and which Hannah's videos duplicate. By using his "reverse" mirroring process, Hannah highlights partial views of the vast heritage built and augmented by the former owner's ethnographic concern for cultural preservation. At the same time, he reactivates Brodsky's plea that art is by no means produced in isolation from society, a notion that is expressed by members of the Apartment-Museum's staff, whom the artist invited to hold a mirror and pose for his camera. And because his videos are set within the museum, Hannah once again insists that the major and the minor can comfortably co-exist, that these two registers respond to each other as generators of meaning, insofar as they combine forces to mutually transgress and criticize the conventional hierarchical order of artistic mediums.

For those who argue that a hybridity of genres and mediums is the new model for contemporary art, Hannah's series *Daydreams of the Drunken Scholar* (2012) **(fig. 4-5)** makes an eloquent case. Once again, the artist examines the overlap between the fine and minor arts, this time turning his attention to Asian art. Hannah used objects from the Lenora and Walter F. Brown Asian Art Wing at the San Antonio Museum of Art, Texas, to create interior scenes inspired by erotic Japanese prints. During the 19th century, these prints fascinated many Western artists, such as Edouard Manet, Mary Cassatt, Vincent Van Gogh, Auguste Rodin; so much so that the appetite for all things Japanese, known as Japonism,[3] contributed to the modernization of the aesthetic principles of European art.

Generally speaking, during this period the West was shaken by a myriad technological and societal transformations. Feeling pressured by this wave of change, society sought escape and found it in part through its attraction to exotic cultures, especially from Asia. The craze for Eastern countries culminated with the Paris Universal Exposition of 1867, an international gathering where people bought and exchanged a variety of images and objects from Asian countries. Many artists, patrons, collectors, and amateurs from all over the world took advantage of the opportunity to enrich their collections, especially Americans in search of artworks to furnish their newly built museums.[4]

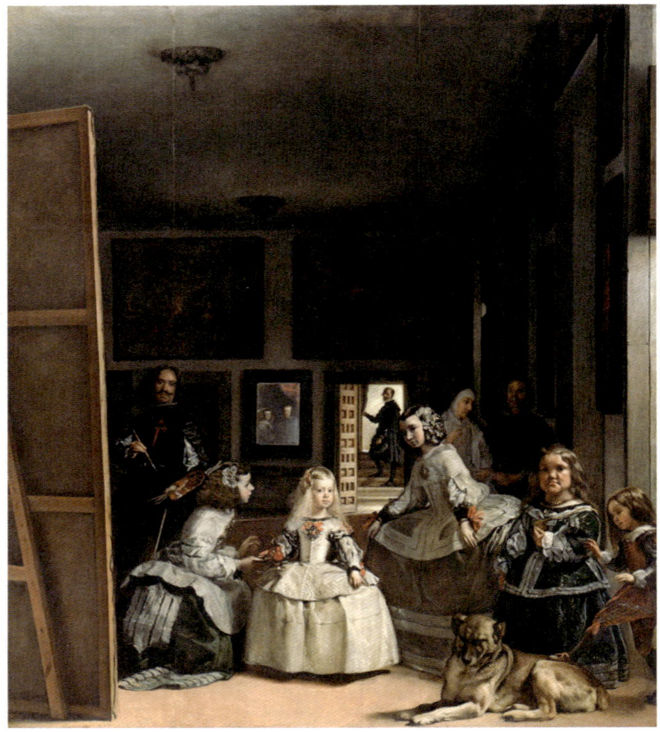

The first American museums were initially focused on ethnography and anthropology, and their role consisted of recreating the past from materials used in everyday life. To achieve this, they invested heavily in the creation of period rooms, namely, the staging of historical rooms where many objects collected from a given society and precise moment in its history, were gathered for display. Reconstituted from reliable documentation, these restored private spaces had (and still have) a mission to present a realistic glimpse into a bygone era through interior decoration. Similar to apartment-museums, period rooms act more or less as backdrops for the narration of social history and art history, and to raise the public's interest in different cultures.

The setting for *Daydreams of the Drunken Scholar* was built with objects from the San Antonio Museum of Art's Asian art collection. In it, Japanese-inspired scenes play out in relation to the period objects, although without the same concern for authenticity. Instead, these compositions could be described as stylistic references or pastiches of the Asian craftsmanship and iconography they seek to imitate. The Japanese silk fabrics decorated with floral motifs, the kimonos, folding screens, fans, paper umbrellas, tea sets, vases, fruit and flowers that saturate these recreated domestic spaces unmistakably evoke the asymmetrical, decentered, and non-linear scenes filled with arabesques and diagonal lines typical of Japanese woodblock prints.

The scenes that take place in this simulated boudoir are played out by local volunteers dressed in revealing clothing and with dramatic hair and make-up. They daydream, strike lascivious poses and generally lie about in near-comatose lethargy. The harem atmosphere and the sensuality of the photos and videos reflect the *Ukiyo-e*, an art movement characterized by engraved representations of courtesans (*oiran*) and elegant scenes (*shunga*) that were popular during the Edo period (1603-1868). Despite their apparent banality—given their familiar themes and wide distribution—the prints were enormously popular, enough to be later considered works of art in their own right. As Hannah's title suggests, their influence shaped an Eastern mythology that Westerners interpreted as a world of escape, where people lived in happy harmony, absorbed in the gentle euphoria of recreational narcotics.[5]

Daydreams of the Drunken Scholar is characteristic of contemporary art's fragmentary, heterogeneous nature, which favors a blending of media and art movements and blurred temporalities. This blurring is at the heart of Hannah's residency projects. Like Janus, the two-faced god, Hannah looks both to the past—the traditions, heritage and conservation of art—and to the future—the changes and necessary reforms that will allow art to thrive. But the artist squarely faces Diego Velázquez (1599-1660) in the photograph *On Location* **(fig. 39)**, created at the Museo del Prado, Madrid, as part of the series *Prado Project* (2008), which takes on the Spanish painter's famous work, *Las meninas* (1656) **(fig. 40)**.

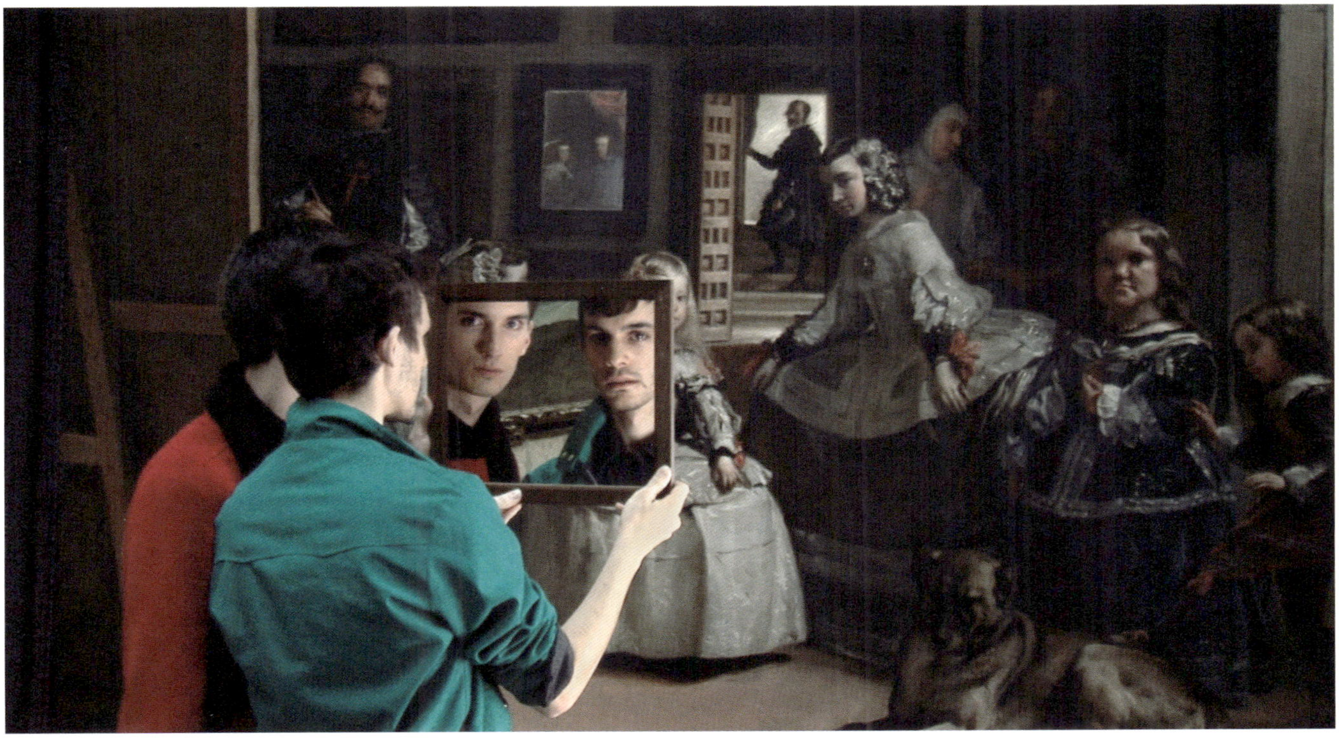

fig. 40 — p. 50
Diego Velázquez, *Las meninas*, 1656

fig. 41
Two Mirrors, 2008

Las meninas, probably Velázquez's best-known work, owes its fame to the reflexive thought on painting that it implies, and to its search for verisimilitude as embodied in the pseudo-portraits of King Philip IV of Spain (1605-1665) and Queen Maria Anna of Austria (1634-1696), who are seen in the mirror in the background. A key symbol of representation, the mirror continuously leads toward otherness, and acts as an exchange point between the image's interior and exterior space, much like in the artist's own gaze. Here, Velázquez has painted himself standing in front of his large canvas, which is turned away from the viewer and positioned on the far left of the painting to mark the threshold between the visible and the invisible. The ingeniousness of this positioning is that it places the artist at the centre of the composition over which he has full control; real-life Velázquez is the only person (along with the Queen's servant seen in the doorway in the background) who can see the front of the canvas. In doing so, Velázquez proves that as an artist, he is free to portray reality as he alone sees and conceives it, and that it is our imagination that completes the trick of the mirror's reflection.

In *On Location*, Hannah occupies the position hypothetically held by the royal couple, and therefore becomes the focal point for the characters in the painting who look out beyond the frame. To these multiple viewpoints, Hannah adds another, more recessed one: that of the person who photographs him from a distance.

This extended perspective has two significant effects. First, it shows Hannah at the centre of the composition, in the same position as Velázquez. Second, it depicts him at work, like his predecessor, hiding the image he intends to capture. Hannah engages in a dialogical relationship with *Las meninas* and its illustrious harbinger, from which he extends the debate on the limits of mimetic figuration through the use of technological instruments that allow the plausible reproduction of reality.

In *Two Mirrors* **(fig. 41)**, Hannah again toys with spatial distortion, much like Velázquez, by having two young men (evoking the observing royals) hold a mirror in front of *Las meninas*, and as such, duplicating the reflection of faces in the painting. What is different is that instead of observing their reflection, the men focus on what is behind them, where the viewer is, presumably occupying the position held by the royal couple. By creating this conversion, Hannah engages the viewer's relationship with the work of art by asking *Who sees? Who is seen? Who sees themselves being seen?* This visual ambivalence is repeated in the photograph *Sitting in the Great Hall* **(fig. 6)**, which recalls another painting by Velázquez, *La Venus del espejo*, also known as *The Toilet of Venus* (1647-1651) **(fig. 7)**. From it, Hannah borrows the position of the mirror and the splitting of each gaze, one turned to the foreground, the other toward the background, in keeping with the doubling of gazes already seen in *Las meninas*.

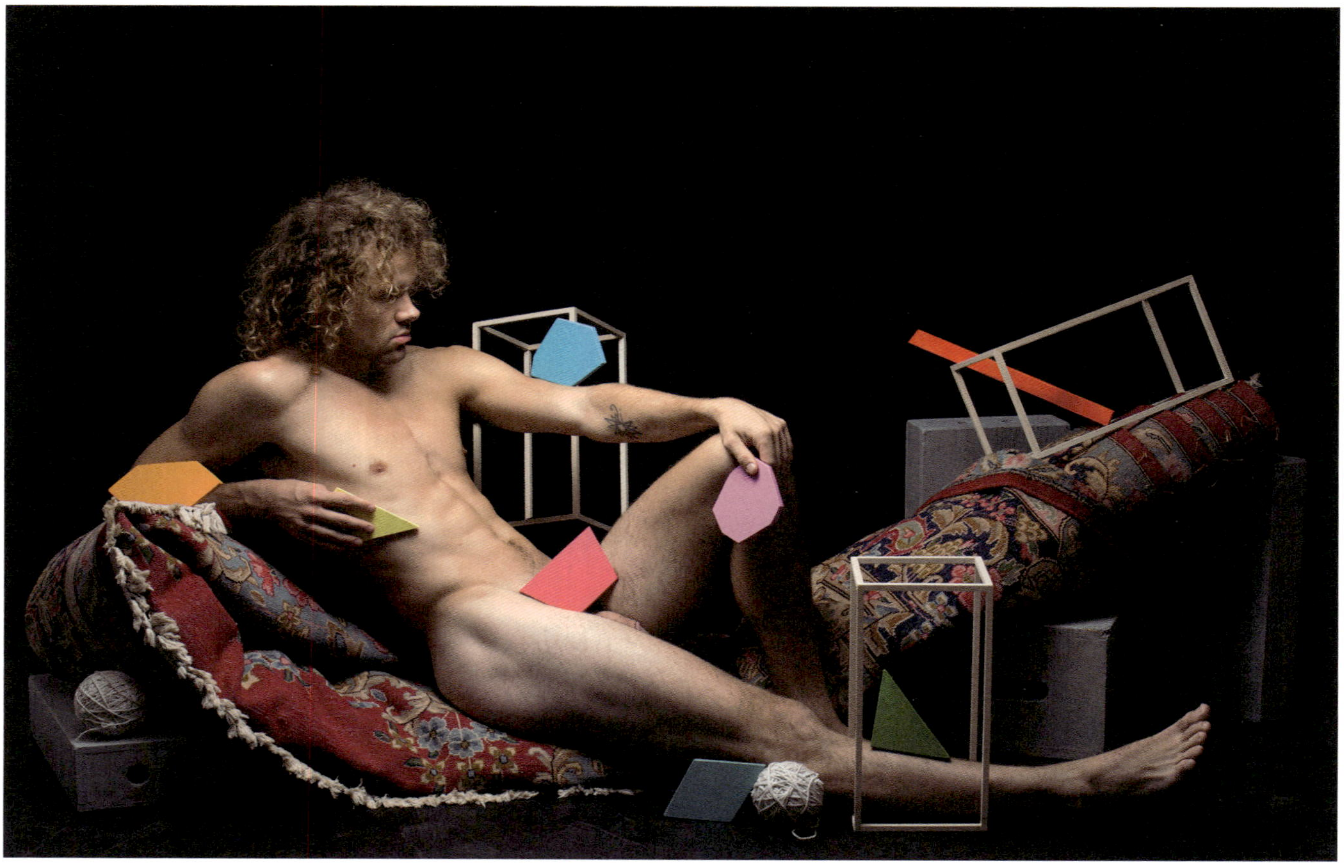

fig. 42
Untitled (After Dürer), 2015

fig. 43 — p. 54 (detail)
After Muybridge (Handstand With Chair), 2016

This is an opportune moment to remember that in the visual arts, the idea of beauty is inextricably linked to representations of the female nude. Two figures in particular incarnate the abstract notion of the female body and personify the canon of female beauty: Eve and Venus. As the central protagonist in the Judeo-Christian West, where nudity is inseparable from guilt and shame, Eve gave rise to the concept of seduction and temptation. For her part, Venus conveys symbolic connotations of an idealized, inaccessible beauty. The goddess of Love, however, saw her sexuality cloaked under the thick veil of aesthetic conventions and moral codes, especially in Spanish art of the 17th century, then subject to religious puritanism. It is not surprising then that Venus was the subject of only one painting in Velázquez's entire oeuvre. In it, we see a reclining, nude Venus contemplating her reflection in a mirror held by her son Cupid, and in turn, examining us as well. As the goddess is turned away from us, our attention is drawn toward the mirror, which becomes the painting's focal point. In fact, *La Venus del espejo* may not have been motivated by a deep meditation on the principles of feminine beauty. Rather, it appears to serve as a pretext to further examine the idea of looking and being looked at, which Hannah appropriates in *Sitting in the Great Hall* via the axis of the mirror held by the two young men and their opposing gazes.

As a follow-up to the above, it is important to highlight the historical distinctions between nudity (the state of a person with no clothing), often female, and the male nude as an indelible form with positive connotations in Western art. The nude male figure perfected by the Greeks during the 5th century BC became a canonical model during the Western Renaissance (14th and 16th century AD). Its figuration became a source of anatomical knowledge and an academic exercise for artists to perfect their skills and understanding of the body's articulation and musculature. Indeed, the study of male physiognomy combined the greatest propensities for painters and sculptors: intelligence and technical skill. As a result, representing the male body was a long-held subject of fascination for artists, including Albrecht Dürer (1471-1528). The German artist spent more than twenty years (1507-1528) writing four treatises on the nude, ideal beauty, and the rules of correct proportions, a colossal work which Hannah references in his piece *Untitled (After Dürer)* (2015) **(fig. 42)**, where the photographed model, through his morphology, crystallizes the atemporality of the concept of the nude as a harmonious object and the quintessence of physical beauty.

This quest for bodily perfection gave Dürer a motive to adapt this model to his artistic aspirations, fueled by the same passion for numerical and geometrical harmony and measurable proportions held by creators from Antiquity. According to the morphometric expert, the human body was as much an archetype of measurement as were geometric shapes.[6] This perception was largely inspired by Plato (427-348 BC), for whom the square, the triangle and the circle were perfect abstractions capable of leading us to the contemplation of pure ideas. For many years, Dürer pursued the idea of enclosing the body in a geometric form (square or circle), as suggested by the polyhedrons, pentagons and magic squares that accompany Hannah's model.

Historically, moreover, the interest in representing the nude is inseparable from the idea of energy as a source of aesthetic pleasure as embodied in the figure of the athlete. Present since the age of Antiquity, images of human anatomy in movement have fascinated countless artists ever since, including Eadweard Muybridge (1830-1904), to whom we owe the invention of chronophotography. This technique enables the photographer to take multiple frames of a moving body and to arrange them in sequence, a process referred to by Hannah in his photo series *After Muybridge* (2016), in which a succession of frames suggest the past and future of a movement.[7]

Let's not forget that during Muybridge's time, at the dawn of the twentieth century, the modern world boomed with the discovery of new technologies. Photography, cinema, and more powerful versions of the telescope and microscope each appeared, provoking a considerable transformation of the gaze and a new concept of space-time—a metamorphosis that underlies Hannah's images. An observant eye will notice that the models' movement is artificial; their gestures are "frozen" with the help of individuals dressed in black leotards who disappear into the dark gridded background. The variation of movement is therefore not the result of the gymnast's physical propulsion, but rather the strength of the hidden carriers who hold and stabilize the model's posed body, captured in one image after another as an evocation of stop-motion technique.

Unlike Muybridge's projects, in which the moving body is fixed by the camera's instantaneity, the bodies in Hannah's photographs hold still for long periods before being captured on camera. The effect of motion and time expansion are achieved solely through the juxtaposition and alternation of images. Beyond its subtlety, this conversion exemplifies Hannah's constant innovation in replicating works from art history, a practice that is a common thread in the series of citations that punctuate his production.

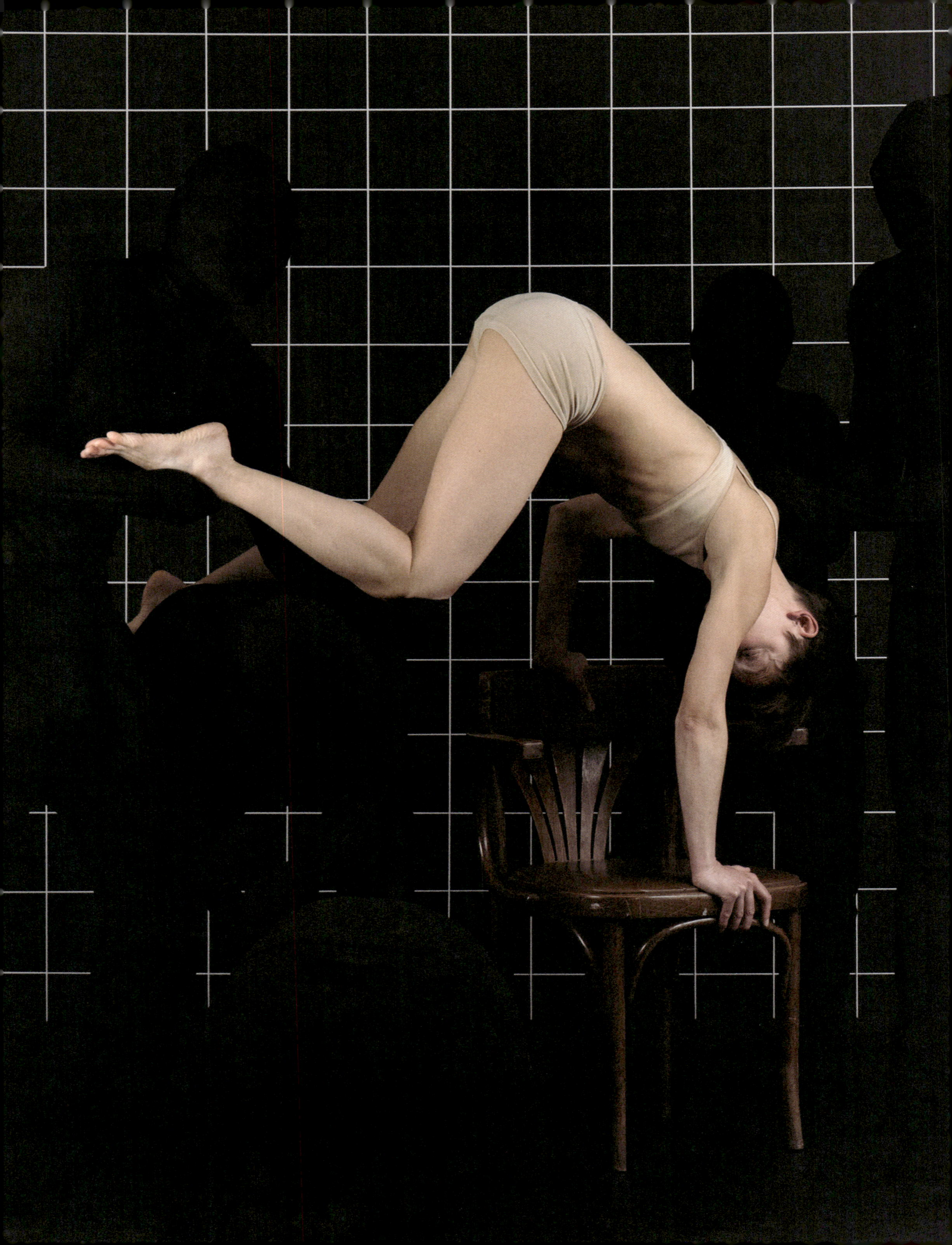

One look at Adad Hannah's work reveals his predilection for visual citation. In its broadest sense, citation is a self-reflexive process aimed at reproducing and updating previous works, and re-contextualizing them in a new space-time relationship. It is not a matter of perfectly imitating a pre-existing image, but of proposing a reminiscence of it through reconstruction. Distinct from the copy, which is essentially an exercise in technical virtuosity aimed at faithful reproduction, citation is a process whereby a source work is appropriated and remodeled in the style of the one who cites. Therefore, it must be understood as an act of rewriting that seeks to present an existing work *in another form*, to subject it to formal, stylistic or thematic modifications through which artists express themselves (pay homage, renovate, criticize, parody, ironize, etc.) on certain aspects of art's past. As a result, every cited image is endowed with a potential meaning that is distinct from the original motif in accordance with the historical, material, physical, and socio-cultural conditions of its re-emergence.

At first glance, visual citation as a method of reproduction unquestionably refers to basic historical principles of artistic discipline, more concretely to the Platonic theory of mimesis based on the representation of reality in simulacrum. From the Renaissance to the end of the 19th century, figurative art maintained a relationship of resemblance or verisimilitude to the object it referred to; of resemblance because it showed traits that were associated with the motif(s) it reproduced; and verisimilitude because it had the appearance of truth in relation to what it was meant to represent. It should be noted that the doctrine of imitation was the foundation of Western art instruction, which was based on two principles established as norms: imitation of nature and copying the masterpieces of the past. The faithful representation of reality and the analog reproduction of works by artists who had excelled in this task became the rules of elementary art instruction. Artists in training drew their inspiration from canonical paintings and sculptures that served as repertoires of form and models to aspire to. Ideally, they would even exceed their flawless predecessors. Far from being seen as a sign of unoriginality, copying was considered a healthy form of rivalry and a source of motivation that allowed young artists to refine their creative work and, at best, to personalize it.

This is essentially Hannah's objective in restaging historical works. His installations hint at but never completely duplicate his source images. Their differences make each of his projects autonomous and are indicative of the artist's discourse on so-called photographic objectivity. On this point, Hannah argues that photography, beyond its ability to reproduce reality, is necessarily constructed in that it proceeds from particular choices (composition, framing, lighting, etc.) that generate fiction and participate in creating a narrative.[8] These shifts also allow him to highlight his own way of reimagining a pre-existing work in accordance with modern-day reality.

Time is inseparable from history and is punctuated by events strung together like pearls on a necklace. While some incidents fade into unimportance, others leave lasting memories for those who lived them, or for those who, like Hannah, revive them. For example, his project *The Raft of the Medusa (100 Mile House)* **(fig. 10, fig. 44)**, was created in 2009 in response to an invitation by Gus Horn, an art collector and community activist. Horn asked the artist to reproduce French painter Théodore Géricault's massive painting *The Raft of the Medusa* (1819) **(fig. 45)** in the city of 100 Mile House, in British Columbia. It was an ambitious commission, given that the "visual document" depicting the tragic human drama of the sinking of the frigate *Méduse* is among the most important works in the annals of Western painting. The work's status, combined with the magnitude of the project and its estimated costs, was initially enough for Hannah to turn down the proposal. But he soon reconsidered and accepted the offer, inspired by a desire to connect with the residents of this small, remote town in central British Columbia, left "adrift" by the devastation caused by the declining beef and forestry industries, the region's main economic engines.

The story behind the original work began on November 20, 1815, when England returned control of Senegal to the French, who had occupied it until 1809. In July 1816, the French government, anxious to recolonize its property, invited a governor, soldiers, and other specialists to travel to Saint-Louis as part of a naval division, to which the escort vessel *Méduse* belonged. The trip certainly involved an element of risk, but nothing was more damaging than the rashness of its captain, Hugues Duroy de Chaumareys, who recklessly ran the boat aground into a rocky bank. Faced with navigational errors and a lack of rescue boats, the passengers built a makeshift raft with the masts and broken boards of the damaged frigate. They drifted at sea for 13 days

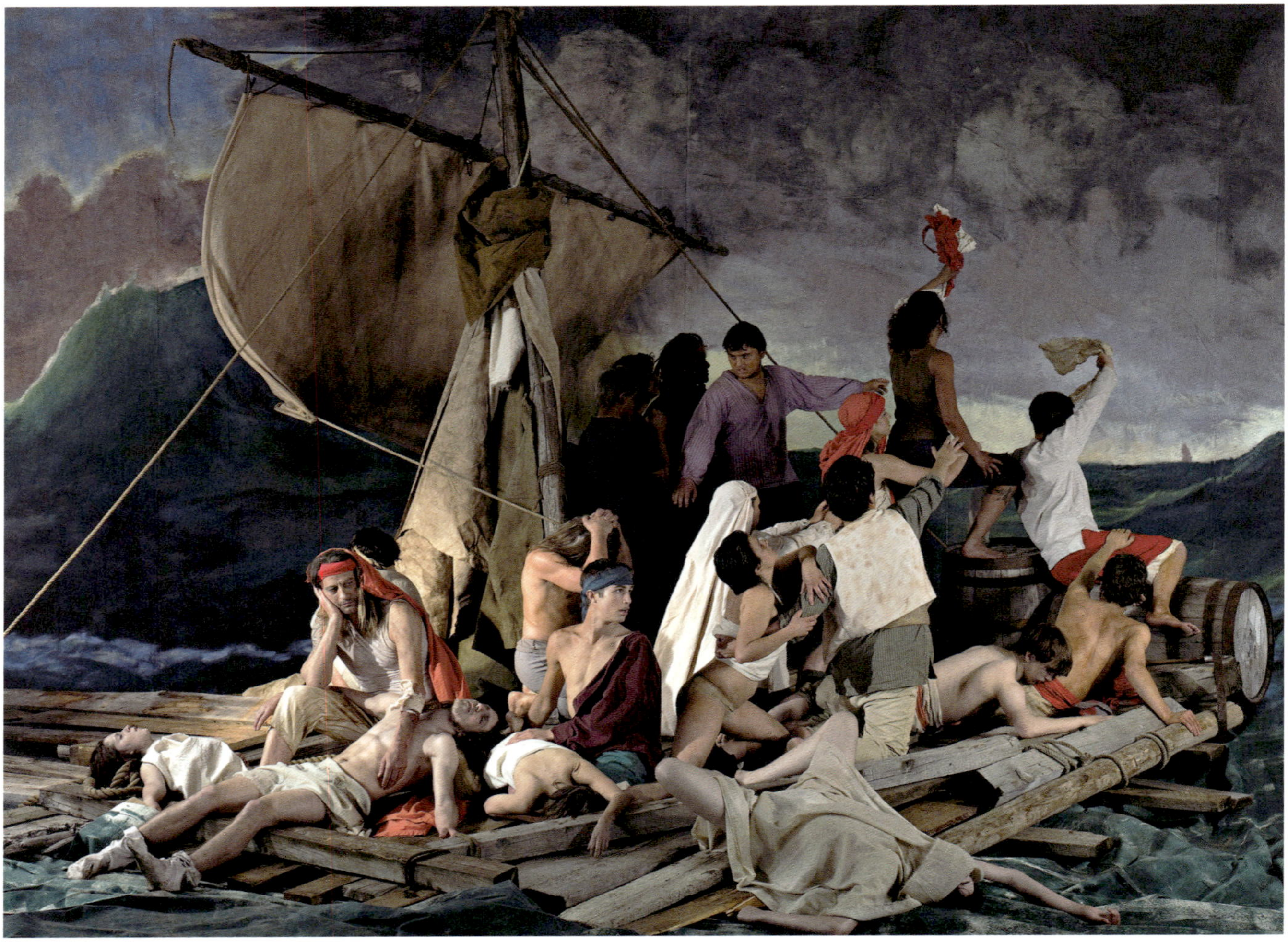

before being rescued on July 17, 1816, with only 15 of the raft's 150 passengers still alive. The rest had either committed suicide, died of exhaustion, starvation or suffocation, or had been murdered by the crew.

Moved by this tragic event, Géricault chose to depict the moment of rescue in a raw, meticulous style that transcends the laws of neoclassicism (simplicity, sobriety, patriotism) that dominated that period, both on a factual level and with regard to painted subject. Driven by his concern to expose the atrocious truth behind the sinking of the ship, Géricault scrupulously depicted—and decried—this Dantesque episode, which the French state had sought to silence in order to protect the nation's prestige. In his quest for authenticity that he believed could only be achieved through sensory experience, Géricault rebuilt the raft to scale. He made countless sketches, visited morgues to draw corpses, and had live models pose in front of his gigantic painting (491 x 716 cm) throughout the duration of its execution (1818-1819). Although Géricault was criticized for producing a romanticized version of the event, either to spare his audience the horrific details of the disaster or out of concern that the painting would be refused at the Salon, thanks to him, the shipwreck of the *Méduse* is widely known and has endured for generations.

Building on the impact of this landmark work, Hannah modernized the disaster to further anchor it in our memory. In his installation, the shipwreck's companions of misfortune are portrayed by a group of approximately 20 high school students, the town's young talent pool. The students posed on a raft erected in an empty hangar. Immense canvases depicting an ocean horizon were suspended on the back wall, and emerald green drapes covered the floor to imitate seawater. Well-acquainted with the mechanisms of Géricault's monumental painting, Hannah followed the work's pyramidal composition of two diagonals that divide the raft into two sections: in the lower part, despair and death, and in the upper part, hope and deliverance. The artist kept the same number of characters as the original, but modified their positions slightly. In some cases, men are replaced by women and vice versa; the colours are purer, relieving his installation from the original canvas' dark atmosphere. Every accessory used in the project was made

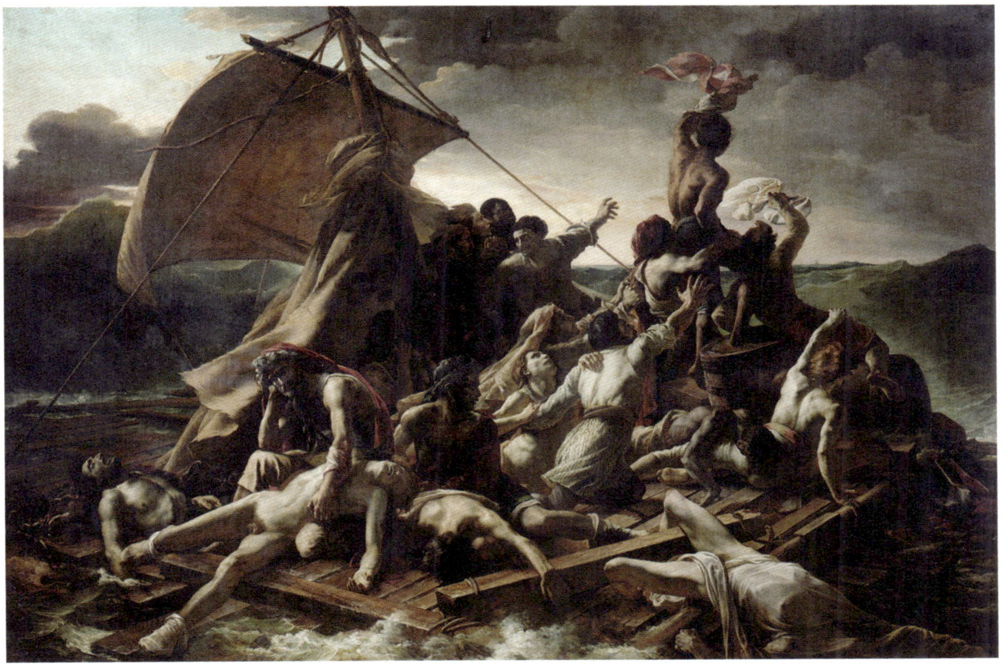

fig. 44 — p. 56
The Raft of the Medusa (100 Mile House) 8, 2009

fig. 45
Théodore Géricault,
Le radeau de la Méduse, 1819

by people from the community who worked to bring the artist's reinvented scene to life. Incidentally, Hannah regularly solicits the cooperation of local residents in the communities where he stages his projects.

While measured, the distinctions between *The Raft of the Medusa (100 Mile House)* and Géricault's painting outline Hannah's "hand" in appropriating and reworking the source image. Yet Hannah maintains Gericault's efforts to pull certain current events out from the shadows of history.[9] In this way, Hannah became the promoter of the students' re-engagement in society, through art, by converting teenagers into cultural agents. In the end, the series *The Raft of the Medusa (100 Mile House)* restages as much as it relates.

Emboldened by his desire to work collaboratively with the various communities he visits, Hannah launched the production of a second edition of *The Raft of the Medusa* in 2016, exactly 200 years after the shipwreck of the *Méduse*, during an artist residency at Keur Laminaire, in Saint-Louis, Senegal. This time, the artist sought to revisit the issue of slavery addressed in the subtext of Géricault's painting by giving precedence to a vernacular aspect of the frigate's sinking, i.e., the political underside of this historical episode, which two of its survivors, Henri Savigny, a surgeon, and Alexandre Corréard, a geographic engineer, sought to divulge.[10] These men strove to lift the veil on another tragic aspect of this horrible marine accident, namely the newly established French monarchy's (1814) attempts to hide the existence of a slave trade that had not yet been abolished in the French colonies. Although an ocean of distance separated their alarmist account from that held by the State, they were determined to make the truth known. Undaunted, they published a polemical paper which, to their tremendous satisfaction, caused an uproar throughout Europe and finally delivered the necessary endorsements. Corréard's pamphlet featured some of his sketches of the frigate, on which Hannah based the construction of his own raft, and which also justify the rather stark differences between it and Géricault's version, as well as Hannah's *100 Mile House* edition.

For the Senegal project, titled *The Raft of the Medusa (Saint-Louis)* **(fig. 9, fig. 19-23)**, the artist hoped to demonstrate the existing parallels between historical facts and their still-tangible impact on today's local communities. To achieve this, he insisted on revealing the risks and shortcomings that occur when a government ignores the decline of its own society. He hoped to highlight the still-palpable impact of colonization in Africa, a continent still suffering the effects of previous political decisions that contributed to its precarious social, political and economic state, and whose main victims are, again, young people who are continuously subjected to the vagaries of an uncertain future.

The Senegalese installation was carried out in an old warehouse and was built from fragments of pirogues and random pieces of wood the artist collected during his stay on the island of Saint-Louis, in the fishing district of Guet N'Dar, on the Langue de Barbarie (conquered by the Portuguese navy as early as the 15th century). The materials themselves reflect the area's poverty. Convincing locals to participate proved more difficult with this project, but despite their initial reservations, the community eventually embraced the project. The maritime-themed décor was produced with luminously coloured, large cotton curtains. The chromatic palette lends an optical vibrancy to the photos and videos that in no way obscures the sinister side of this tragic shipwreck or that of the difficult living conditions in post-colonial Africa. By reinterpreting a historical fragment that remains formidably relevant today, Hannah reveals how a work's meaning can fluctuate when it is subjected to multiple interpretations that fold into the changing realities of time, context and people. At the same time, he demonstrates how each new edition in no way exhausts the discourse around the original work.

Hannah restages another melodrama with *Blackwater Ophelia* (2013) **(fig. 46)** where new life is given to the character of Ophelia, the icon of melancholia from *Hamlet*, written in 1601 by Shakespeare (1564-1616). In act IV, scene VII, we encounter the young Ophelia who, believing she has lost her lover Hamlet, descends into madness and drowns in despair.[11] Although a relatively marginal character in Shakespeare's play, Ophelia has acquired a certain amount of autonomy over the years. In 19th century criticism, Ophelia is increasingly separated from the text and becomes somewhat of a mythological figure. The representation of a young woman's body lying in the water, scattered with flowers, has become a visual touchstone, a reference for artists who want to symbolize the morbid enigma of female adolescence.[12]

While our understanding of *Hamlet* has changed over time through countless re-readings, what persists is the tragic heroine's distinctive features of pale skin, frailty, and muteness, especially when portrayed by Pre-Raphaelite[13] artists, such as John Everett Millais (1829-1896). In the imagination of many artists and writers, Millais' painting *Ophelia* **(fig. 47)** crystallized the effigy of this mystical character who has since been irreducibly associated with water, death, and women. He also laid the myth's founding principles by reducing her story to two elements: madness, and death by drowning.

Visually, Millais' painting sets a precedent in that it materializes and cements the symbiosis between nature and the young woman as evoked in Shakespeare's play. Millais paid special attention to the natural landscape that frames the painting, like flowered wallpaper surrounding an abyss. He meticulously represented every variety of flower (and the willow) identified in Shakespeare's text. Buttercup, nettles, daisies, purple willow, roses and poppies form two floral bands that encircle Ophelia, who lies partially submerged in the water and vegetation. Millais' concern for the accuracy of his natural setting is all the more significant when considering the canvas was executed in two stages: first the landscape (1851), then Ophelia the following year (1852).

Hannah references this chronological production in *Blackwater* **(fig. 11, fig. 48)**, where the verdant backdrop frames an empty pool; he reproduces the Ophelia myth, in which water is not considered a reflective surface, but a stillness that leads to the abyss. By removing the female figure, Hannah allows us to reconsider the role of landscape in pictorial art, long conceived as a sort of theatrical backdrop that serves to locate the action. Since their first appearance in the 16th century, painted landscapes did not represent nature, but rather *a nature*, which could be modified at will through the inventive shaping of its subjects, the application of colours, and especially in the technique of perspectival drawing. It was not until the 19th century that the representation of landscape freed itself from these conventions, but not from an artificial nature, which never ceased to delight certain painters, including Millais, and to capture the imagination of the first photographers.

The artificiality of natural pictorial and photographic settings is at the heart of the *Blackwater Ophelia* series. Like Millais' painting, the natural backdrop in Hannah's piece is finely adorned. It is decorative, poetic, and not at all mournful. The greenery rustles slightly in response to Ophelia's movements, underlining the ambiguous zone between sleep and death that Millais attempted to portray. Immersed among the blossoming flowers, like Millais' model who lay fully dressed for hours in a tub of water, the model in Hannah's video appears more languid than dead. Millais' Ophelia is lifeless, carried away before having been deflowered; Hannah's seemingly inert Ophelia, meanwhile, is metamorphosed into a kind of "living dead." By setting her in an artificial stream, Hannah underscores the Shakespearean character's ambiguous fate, which is neither confirmed as accidental nor as suicidal, and perpetuates the enigmatic tragedy in a singular way. Yet more proof of the clever ways in which the artist reinvents old works. In doing so, Hannah asserts his fondness for tradition while remaining firmly planted in the present.

A case in point: *Backyard Guernica (Georgia)* **(fig. 93, fig 98)**, created in the summer of 2017 in the wake of the American presidential election in November 2016, joins other art-historical "monuments" revisited by the artist. And monumental, indeed, is the source painting *Guernica*, painted by Pablo Picasso (1881-1973) in 1937. Its vast size (351 x 752 cm) reflects the magnitude of the devastation to the lives and buildings in the small Republican Basque town bombed by Nazi Germany and the Fascist Italian Legionary Air Force on April 26, 1937, in support of the Spanish Nationalist government.

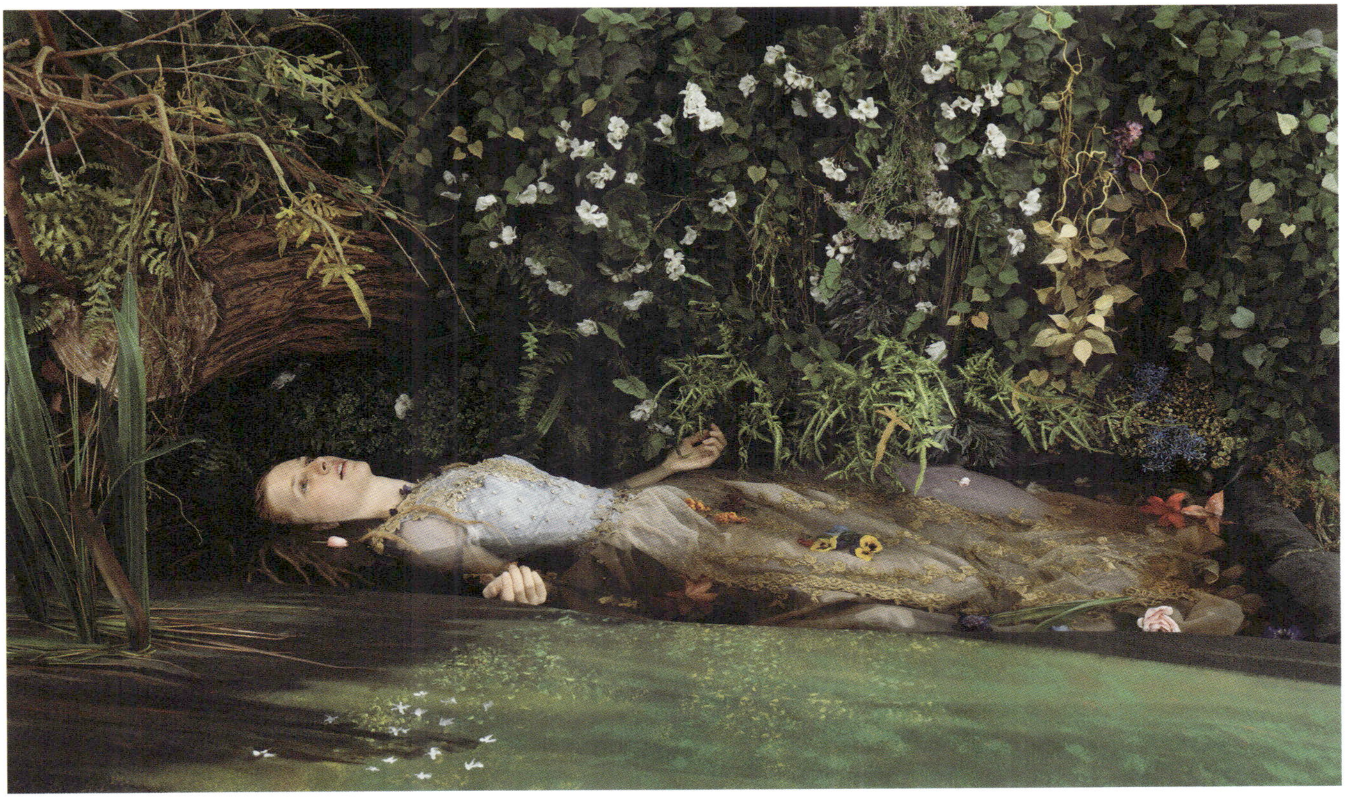

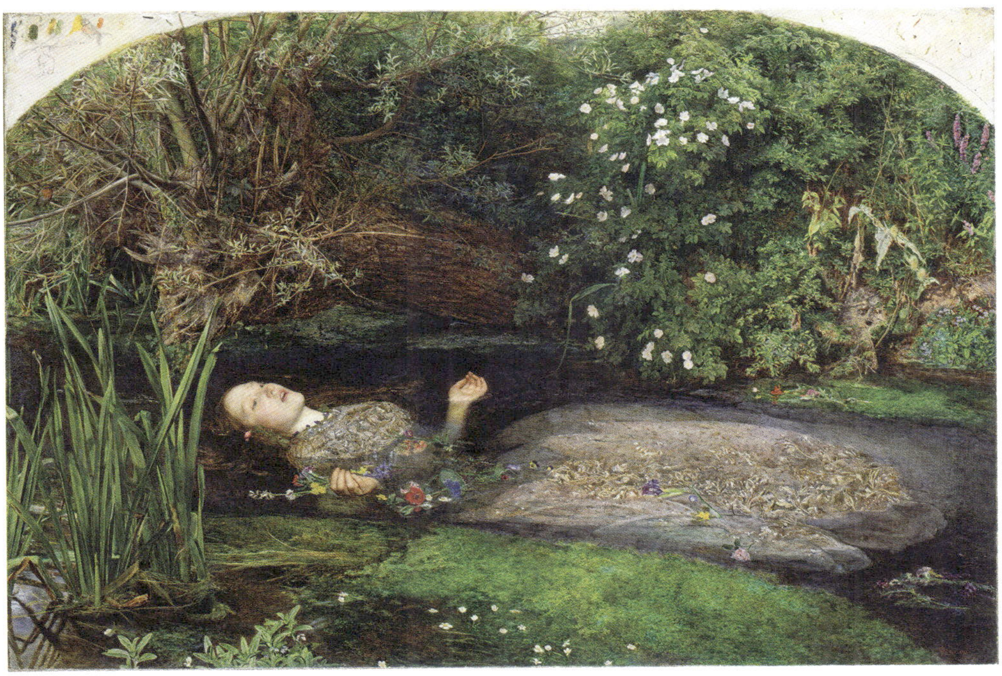

fig. 46
Blackwater Ophelia, 2013

fig. 47
Sir John Everett Millais,
Ophelia, 1851-52

fig. 48 — p. 61 (detail)
Blackwater, 2013

fig. 49 — p. 63 (detail)
Les Bourgeois de Calais: Crated and Displaced, 2010

In *Backyard Guernica (Georgia)*, Hannah shares Picasso's concern for the world's current political state: the disaster caused by the unexpected ascension to the White House of real estate tycoon Donald Trump (1946-) on November 8, 2016. Not usually one for making overtly political work, Hannah chose to reinterpret Picasso's psychodrama as a reflection of a chaotic government that no longer seems to mesh with a normal definition of politics. To achieve this, he had several individuals hold placards bearing life-size reproductions of sections of Picasso's painting.

Much has already been written about *Guernica*, and no further analysis will be made here. Suffice it to note that many elements in the original work are crucial, if only because their symbolic weight resounds so deeply within Hannah's installation. For instance, the lamp (symbol of knowledge, vigilance, but with highly flammable kerosene) which illuminates the underlying truth of this apocalyptic incident; the reared-up horse, referring to the Republican people and to innocent victory; the candle, symbol of hope; the half nude woman, an icon of motherhood holding her dead child; the bull, pierce with a lance, wide-eyed with dilated pupils and outstretched tongue, symbolic of a troubled Spain.

Through *Backyard Guernica (Georgia)*, Hannah relays and bears witness to the national (and international) dismay at witnessing an inexperienced, volatile and egocentric man achieve the height of world power. It can also be read as a peaceful protest against foreseeable disaster, namely the current state of American policy. Much like Picasso, Hannah conceived a piece that reflects the concerns of his time and the country of his birth.

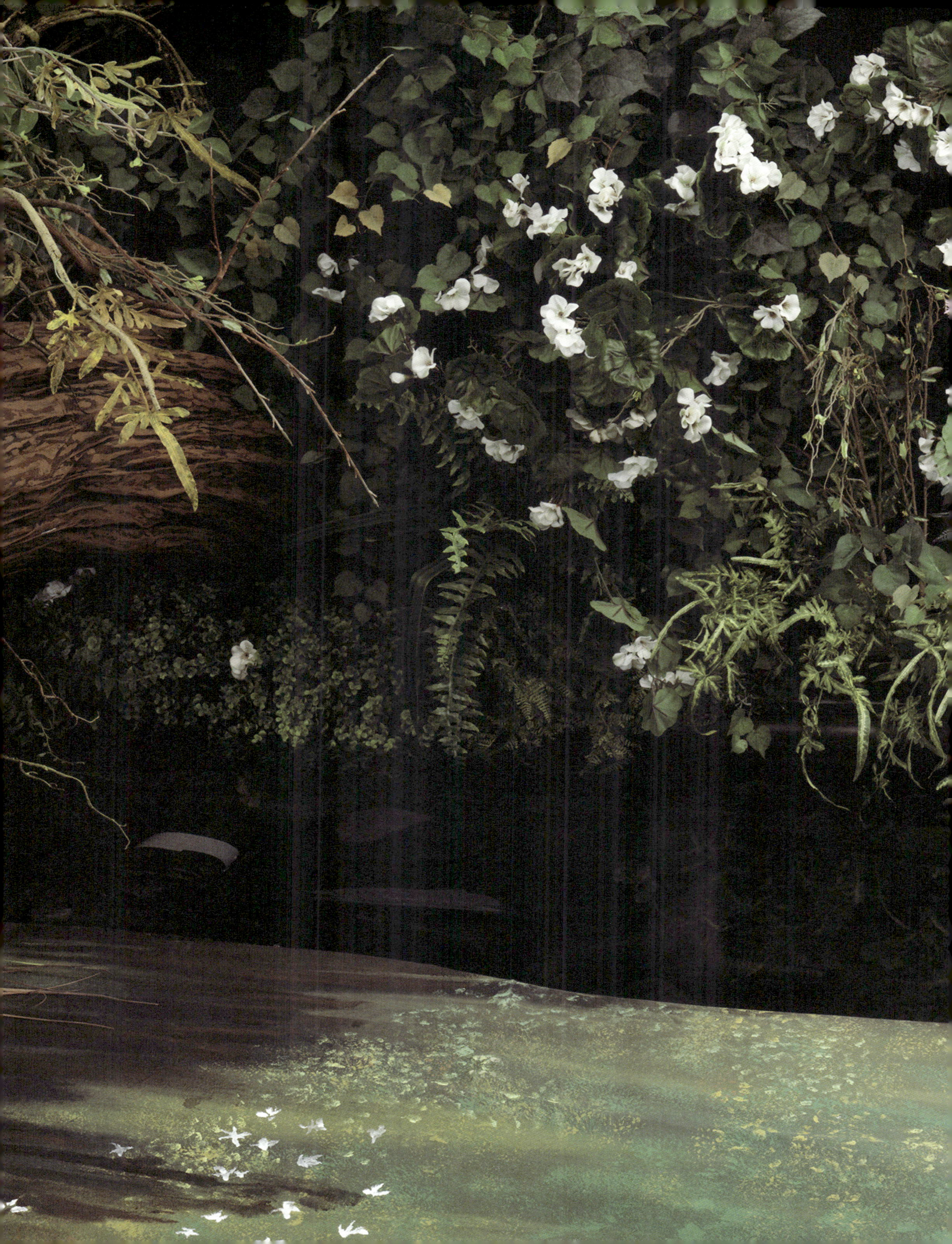

Lives Captured: Monumentalized Human Action

Among the many artworks Hannah cites, one stands out for its reiteration: *Les Bourgeois de Calais* [The Burghers of Calais] (1895) by Auguste Rodin (1840-1917). Hannah first revisited the French sculptor's work in 2006, in his piece titled *Burghers of Seoul* **(fig. 12-13)**, a work that launched the artist's deep fascination with the piece that endures to this day. Hannah's interest in Rodin's work was first evident in his video *(Untitled) Age of Bronze* (2004), which features Rodin's *L'âge d'airain* [The Age of Bronze] (1877).[14] But his attraction to the French sculptor's work really took shape in his South Korean project two years later. Since then, Hannah has repeatedly delved into Rodin's creative universe, first re-imagining the medieval French episode to which *Les Bourgeois de Calais* refers: the portrayal of six wealthy men sacrificing their lives in exchange for the liberation of their besieged city.

Let us go back to the beginning of the 14th century in Calais, at a time when the city was preparing to surrender to the English on August 3rd and 4th, 1347. The now-proverbial legend recounts the siege of Calais by King Edward III of England, who invaded the north-west of the kingdom of France and seized the port city on September 4, 1346. After eleven months of enemy occupation, the French sovereign, Philip VI, capitulated and withdrew his armies. The captain of the French army, Jean de Vienne, boldly asked the British monarch to spare the lives of the city's defenders. The favour was granted, but only in exchange for a few citizens, namely the most ardent rebels, who would be taken in as prisoners along with those who had most strongly rebelled. Upon his return to Calais, De Vienne made the announcement to his community, and six men volunteered to sacrifice themselves to save the city. The inhabitants called for the men to be spared. The request was finally granted by the English King after his wife, Philippa de Hainaut, intervened, insisting the French captives be released.

Clearly, the saga of the burghers of Calais is not only an edifying manifestation of valiant devotion, but also an act of heroism in defeat symbolized by citizens who, united, became saviours for the collective good. Rodin's heroes are not unique, extraordinary individuals who lent themselves to the challenges of history to then be placed on a pedestal. They are men, certainly wealthy, but nevertheless close to their fellow citizens with whom they formed a powerful group, anchored to their land and united for a greater cause. Rodin intentionally lowered the height of the monument's base, bringing it closer to the people, and thus sharply rejecting the usual division between art and society, its rules of presentation, and comments from the city's elected officials. The decision in no way diminished the dignified commitment of the six men.

This honouring of six ordinary people is revisited in *Burghers of Seoul*. During a stay in South Korea, Hannah approached several motorcycle couriers—as indispensable to the functioning of urban life in the South Korean capital as they are invisible to the eyes of the population—and asked them to help him recreate Rodin's statue by adopting the same poses as the original burghers. By making this substitution, Hannah not only transformed these ghost workers into "epic" figures, he also intensified the work's humanity and historical sensitivity while doubling the commemorative aspect of this timeless monument.

Beyond his enthusiasm for *Les Bourgeois de Calais*, Hannah is also interested in the innate sense of movement in Rodin's work, and shares the former's interest in photography and physical mobility. The French sculptor was fascinated by how the body moves through space, and sought to capture its energy more spontaneously. No wonder then, that as early as 1870 Rodin used photography to guide his creative process, encouraging his models to move randomly through his studio so he could try to reproduce the "photographic moment" through sculpture, even if it meant introducing accidental elements in his compositions. It should be noted that Rodin was one of the first sculptors to have his works photographed for promotional purposes and to use images of his vast personal collection as study documents.[15]

Parallels do exist between photography and sculpture, and the following are but a few examples. The most salient feature is the major impact photography had on the presentation of sculpture by enhancing its dramatization through multiple shots, framing, and light sources. Both mediums share common aesthetic criteria, namely time and space, which are omnipresent in Hannah's production, particularly in *Burghers of Seoul*'s obvious sculptural intent.

Beginning with the notion that a photographer cannot possibly represent every facet of a sculpture, its full volume, simultaneously in one image, Hannah decided to position his camera on a circular track around the couriers and film them in a single rotating shot. He then

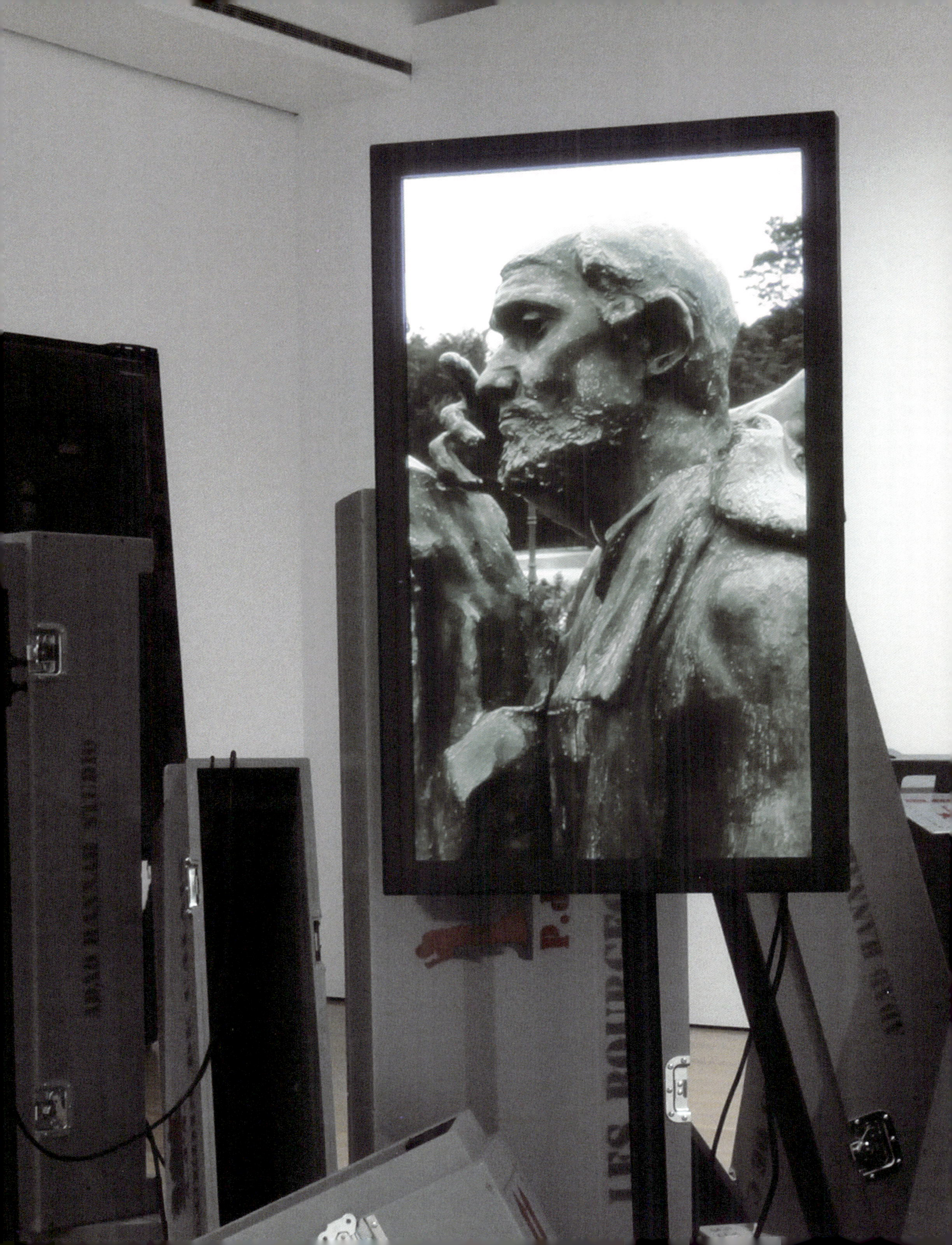

repeated the same process around *Les Bourgeois de Calais* at the Rodin Gallery in Seoul. Through the rotating camera's animation of the still figures — both flesh and bronze — the artist manages to evoke the feeling of movement on fixed, flat projection screens. He also succeeds in collapsing the number of images required to represent a sculpture from all angles into one long take. Hannah then presented the two videos on back-to-back screens suspended from the ceiling (one showing the South Koreans, the other Rodin's sculpture) so as to fully inhabit the room, thus adding weight and volume to the work by having the viewer walk around the installation.

Burghers of Seoul marks a decisive turning point in a process that has continuously negotiated the fusion of the two-dimensional and the three-dimensional. His series *Unwrapping Rodin* (2010) **(fig. 50-53)** emerged after seeing photographs of one of the six burghers (Pierre de Wissant), which Rodin had sculpted as a nude before creating the monument's final version. The sculpture belongs to the architect and founder of the Canadian Centre for Architecture Phyllis Lambert, and the photographs showed it being progressively stripped of the protective wrapping used during its transport. Inspired by recent books he'd read on the work of Eadweard Muybridge, mentioned earlier, Hannah arranged to photograph the bronze, first completely wrapped in protective material, then gradually uncovered until it was completely exposed. Finally, he placed the photographs side by side in chronological order to simulate, like a zoetrope, the sculpture in its choreographed pose pirouetting on itself until it is completely free of its wrapping. Obviously, the allusion to movement is entirely produced in the viewer's mind as they look at the photographs in succession. Nevertheless, it inventively creates a sense of motion through still images.

Hannah chose to print *Unwrapping Rodin* as large format images (175 x 127 cm) to give them greater presence and make them more "sculptural." At the same time, he furthered his interest in reproducing a three-dimensional object two-dimensionally, something he again explored in his installation *Les Bourgeois de Calais: Crated and Displaced* (2010) **(fig. 15, fig. 49)**. Consisting of a circular arrangement of several flat-screen monitors and their crates, the monitors show individual, close-up images

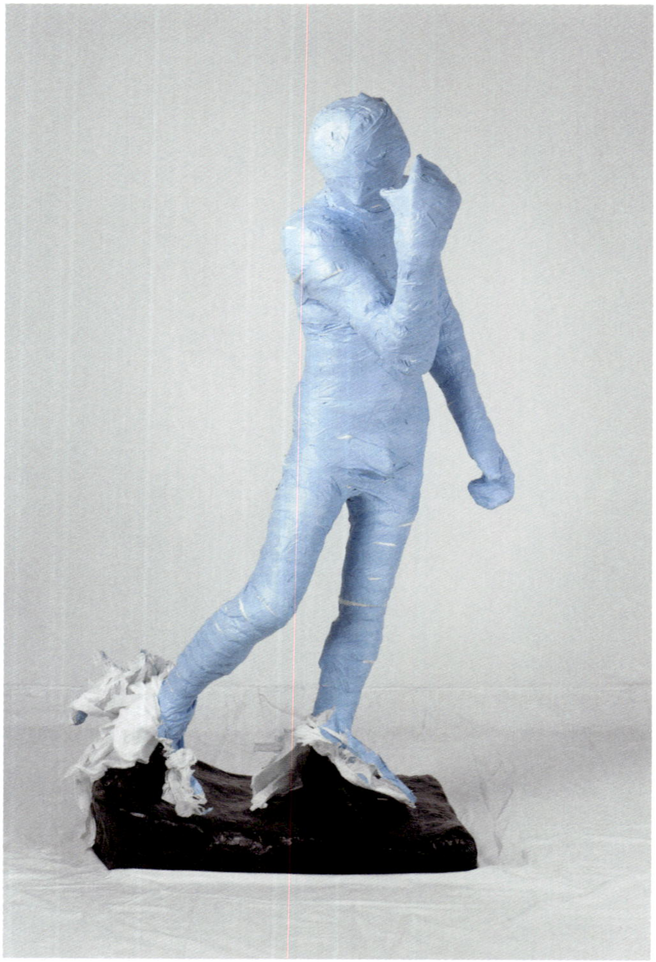

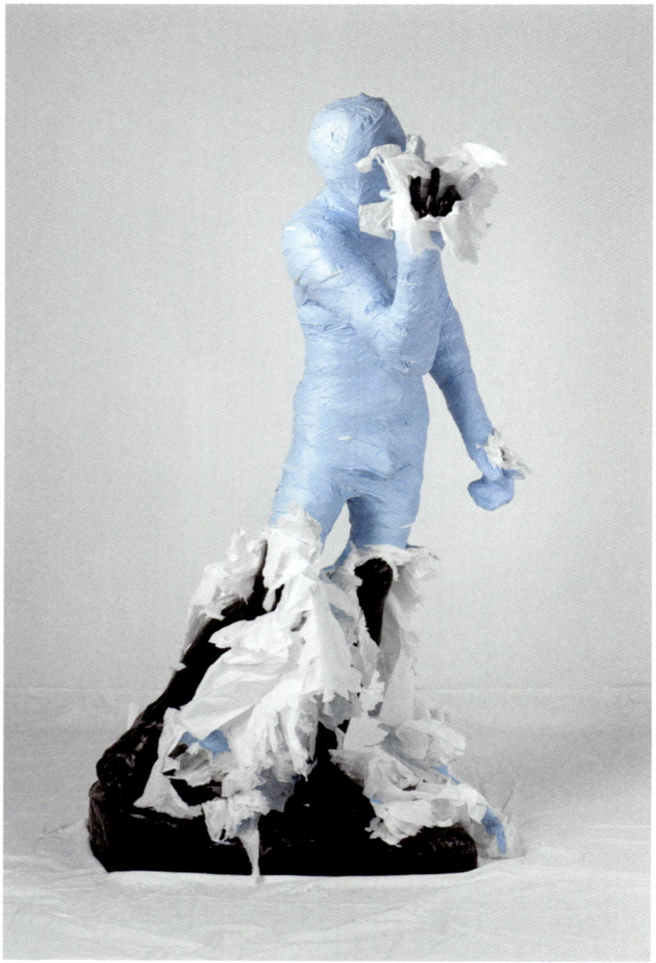

of the six burghers from one of Rodin's original bronze castings, which Hannah filmed with a hand-held camera while standing on a step-ladder. The slight jolts in the videos—a rare occurrence in his work—result from his own movements rather than the living models we normally associate with his work. Another variation is the installation's asymmetrical composition, which differs from his usual frontal perspective.

The irregular configuration of *Les Bourgeois de Calais: Crated and Displaced* allows for a less prescribed viewing experience. The viewer is free to move around the work and to contemplate the figures individually, as they appear on screen, in the same face-to-face manner Hannah experienced in Calais while filming the monument that is so deeply rooted in that city's history. Filmed in close-up, each of the six characters' traits and expressions are highlighted. By focusing our attention on their faces, Hannah, as Rodin had wished for his own sculpture, gives viewers the freedom to identify with any of the six burghers based on their own personality or sensibility. In addition, the low base and proximity to human height allows viewers to more easily relate to these historical characters.

It can be said that Hannah's work is quite "open" to the public and to multiple interpretations, much like the twelve copies of *Les Bourgeois de Calais* on display in countries across the globe. Given this, one can imagine the international scope of its message (self-sacrifice for the good of the community) and its nearly universal positive appeal. In fact, so universal is its message that the monument has never seemed at odds with the reality of its host cities. This, effectively, is what the title of Hannah's "travelling" installation evokes as it updates the discourse of Rodin's work from one venue to the next.

Hannah brought this legendary drama to life more recently by coupling it with local current events in *The Burghers of Vancouver* (2015) **(fig. 14, fig. 54)**, the latest piece in his *Burghers* series. For this project, produced in collaboration with Quebec filmmaker Denys Arcand, Hannah transformed the tale of the original burghers into the story of six modern-day actors. The goal was to revisit Rodin's monument by portraying society and individualism through a mosaic of characters that represent Vancouver's heterogeneous population, and to question the notion of pretense and documentary objectivity,

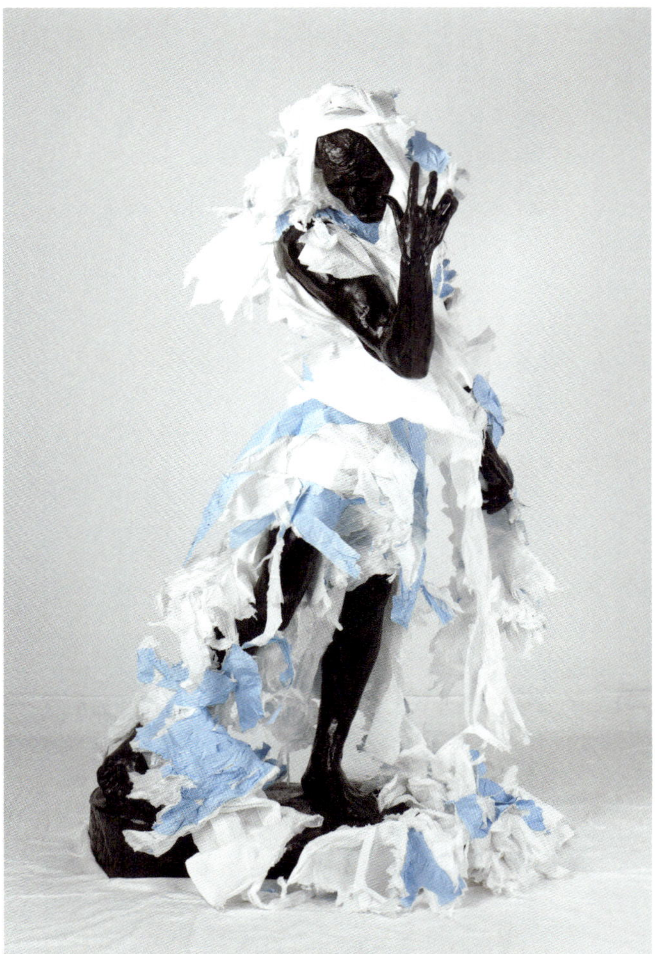

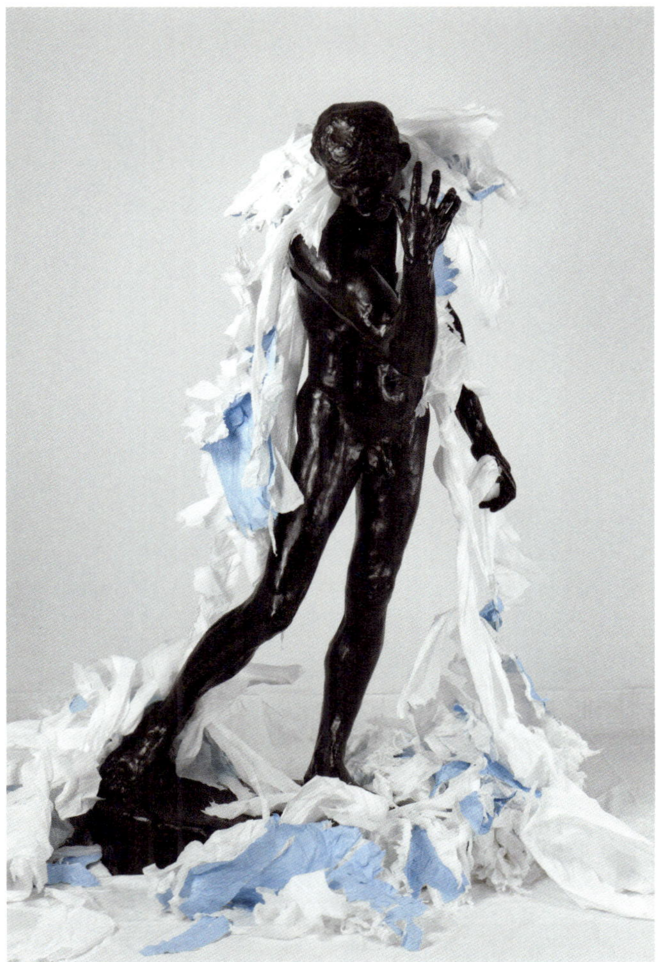

fig. 50-53 *Unwrapping Rodin (Blue) 2, 4, 6, 8*, 2010

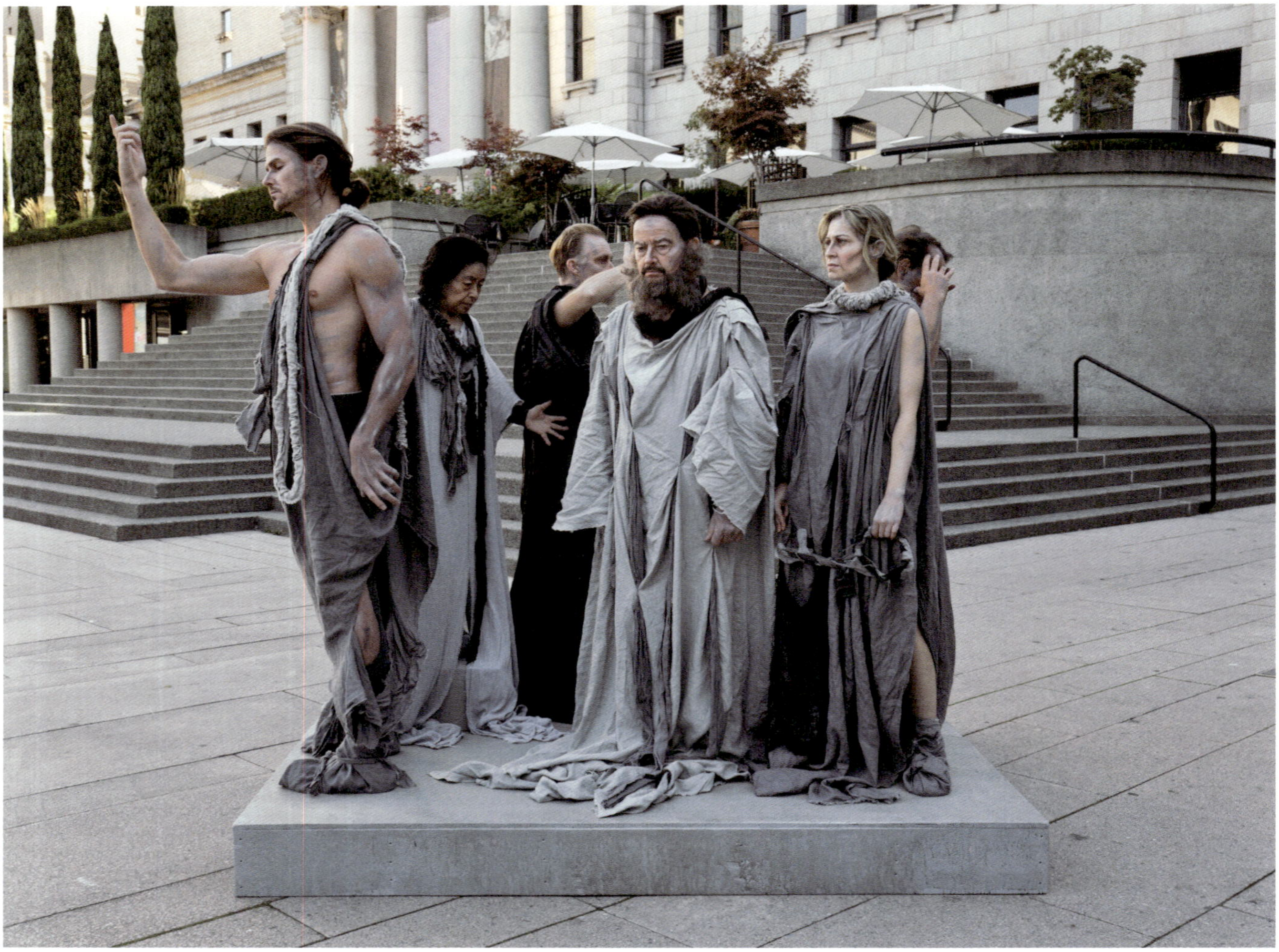

fig. 54
The Burghers of Vancouver, 2015

fig. 55 — p. 68 (detail)
A Vulgar Picture, 2010

showing how these can thwart reality. To achieve this, actors were invited to portray the stories of an ex-con, a former drug addict, an elderly woman, an athlete, a poet, and an unemployed man.

Despite their diversity, each character in the drama shares a common challenge: finding temporary employment. Their need is momentarily met when they were hired to pose in costume as the living reincarnation of Rodin's sculpture in front of the Vancouver Art Gallery. The six also agree to be filmed for a documentary where they would recount their story and the reasons for accepting this temporary gig. In the end, the exercise results in the interchangeability of existences: the brave individuals of the past, whose devotion became the expression of French patriotism,[16] are succeeded by people of modest means and precarious status. If the reality of these human beings is more fragile than that of the bronze statue, their desire to exist is no less inspiring.

Hannah's videos are effective in that they are loquacious while being mostly silent. The composition, characters, sets, objects and costumes create an environment that speaks for itself. This is precisely the case in a series of satirical prints by English artist William Hogarth (1697-1764) titled *A Rake's Progress* (1733-1735), which Hannah quotes in his project *A Vulgar Picture* (2010) **(fig. 16, fig. 55)**,[17] produced as part of the television program *Mange ta ville*, broadcast by the Quebec channel ARTV.

Hogarth's engravings recount the misadventures of Tom Rakewell, a man who inherits his miserly father's fortune only to embark on a path of vice and self-destruction. From one scene to the next, we see Rakewell succumb to the pleasures of the flesh, luxurious living and gambling before finally becoming trapped in a labyrinth of decay that ultimately leads to his complete alienation. While these graphic satires are caricatured and mostly aimed at the working class, Hogarth ironically adopted an academic style of drawing that mimics the ideals of the intelligentsia for the admitted purpose of mocking the principles of scholarly art. The result of this reversal was the birth of a new genre, the modern moral subject, which was met with resounding praise from the public, regardless of their social status. Hogarth had proved his point: that taste is not a matter of rank but of sensitivity.

Impervious to the passage of time, Hogarth's engravings are still relevant today and resonate with many contem porary artists, especially Hannah, who was inspired to use Hogarth's series as the basis for *A Vulgar Picture*. The actors in this modern-day *commedia dell'arte* are individuals from Quebec arts and culture: television host Catherine Pogonat, seated at the centre of the composition, is surrounded by actor Éric Bernier, members of the indie rock band We Are Wolves, and singer-songwriter Pierre Lapointe.

While the opulent setting in Hogarth's engravings contrasts heavily with the crude and reprehensible actions of his uncouth protagonist Rakewell, Hannah poses his well-known characters within a bourgeois environment. At the same time, he undermines the cliché that famous artists live in a separate world of comfort and luxury, a notion that is continually reinforced by a media that glorifies the lives of stars. But on closer inspection, *A Vulgar Picture* reveals that these individuals, however popular they may be, are still ordinary people. Their fame is subject to volatile whims of popular taste, a precariousness symbolized by the vanity objects—in particular the human skulls—scattered throughout the living room.

Imbued with an obvious eschatological dimension, the emblematic motif of transient human destiny has long been associated with the theme of vanity, well before its codification in the 17th century. Also known as *vanitas*, the theme recreates a framework around the passage of time and the inevitability of decay. It awakens our awareness of our finite selves; it is a *memento mori*. As such, it stands in contrast with its counterpart, *voluptas*, which refers to permanence, stability and by extension, the prolongation of life. That said, the vanity objects in *A Vulgar Picture* forcefully underline that being an artist means relying on the opinion of others to judge one's merit, that fame is subject to fade with time, and that these celebrities share the same fate as the average person. In short, what Hannah foregrounds in this series is that the artist's humanity prevails over the façade of fame.

Adad Hannah introduces us to another cultural world with his project *The Russians*, created in 2010 during a trip to Saint Petersburg. While the series does not quote any specific piece from art history, it was inspired by the work of Russian photographer Sergei Prokudin-Gorsky (1863-1944), a pioneer of colour photography who documented the technological changes Russia was experiencing at the end of the 19th century and dawn of the 20th century. After receiving financial support from the government, Prokudin-Gorsky packed his bags and travelled throughout the Russian territory from 1909 to 1912 to make a documentary report for youth education. The adventure allowed him to immortalize the architectural landscape of old Russia, offering a picture of rural areas gradually taken over by modern machinery, and drawing a collective portrait of the population that proved heavily nostalgic.

Similarly motivated, Hannah criss-crossed this corner of the country with the goal of meeting strangers he could invite to participate in his project. This singular series is defined by its sense of spontaneity; while accustomed to staging meticulously planned photo and video shoots, this time the artist embarked on a side-trip of sorts, relying on exploration and chance encounters. To reach his objective, Hannah concluded that the hardest way is sometimes the only way, especially when it comes to approaching strangers and convincing them to be photographed or filmed. The task proved tedious, challenging, and had several obstacles, not least of which was the language barrier. Despite his goodwill, Hannah struggled to convince others to accept his convoluted invitation, and was continually turned away by people who were understandably distrustful, incredulous, or suspicious of him.

At the core of his project was the desire to infiltrate the labyrinth of people's daily lives in the world's largest country. Above all, though, was the impulse to question notions of authenticity, pose, and performance that are associated with documentary photography. While far less planned, *The Russians* series attests to the artist's belief that people who are conscious of being photographed will check their posture, arrange their pose, and consciously "perform" before the camera, and thus transform themselves from *subjects* to *objects*. At the same time, Hannah wanted to prove that any representation is an interpretation drawn from the image's intent,[18] (choice of subject, framing, lighting, etc.); these aspects have historically been ignored in photography because of its ability to archive the *ça-a-été* (that-has-been), to borrow Roland Barthes' term.[19] In other words, Hannah critically re-questions photographic objectivity, reminding us that the photograph is never quite objective since every image is conceived through the artist's own vision.

It is quite challenging to draw a full portrait of every level of society in this part of the world. But Hannah sought out ordinary people, not well-known individuals who were used to making headlines. Here we have a young family, a grandfather playing chess with his

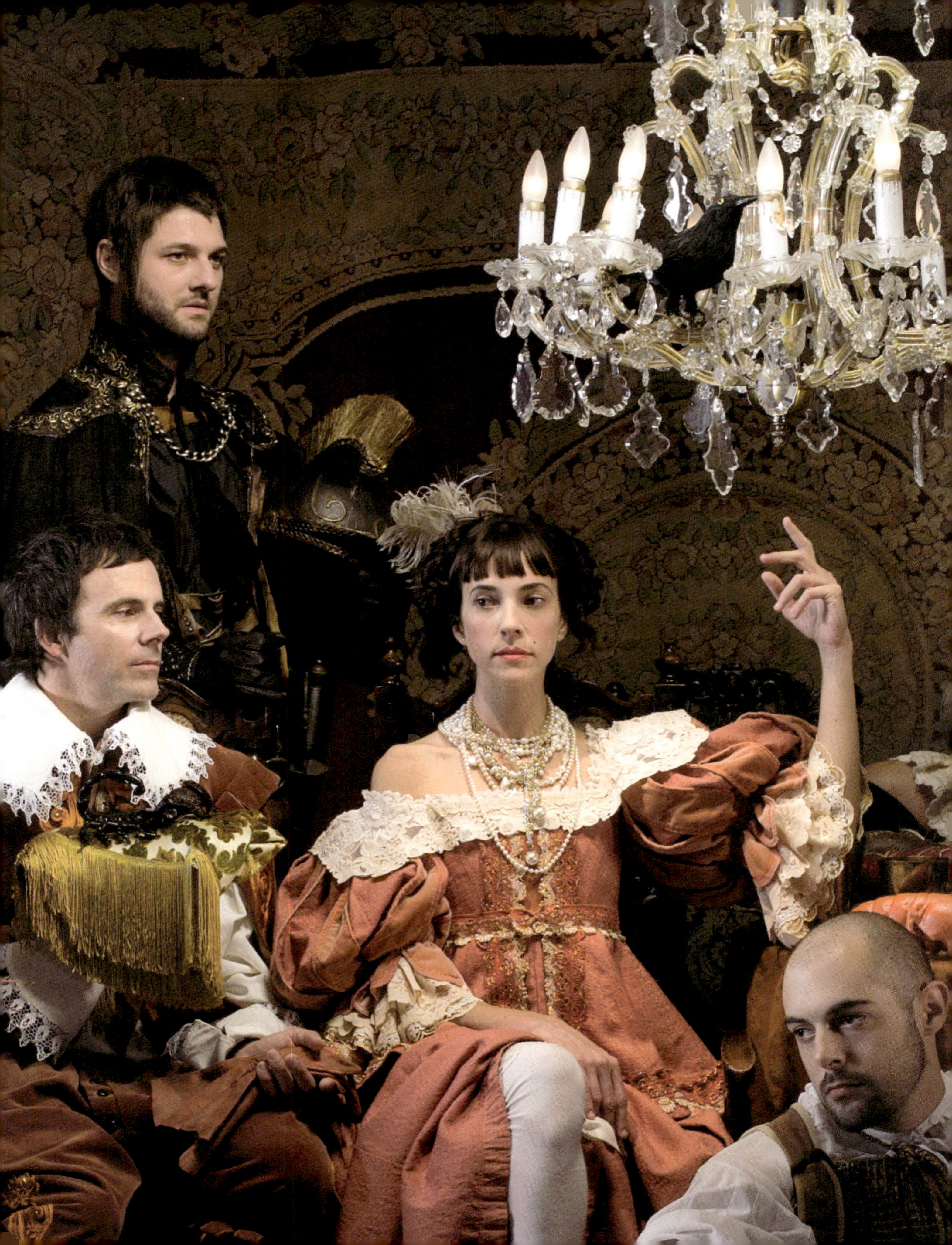

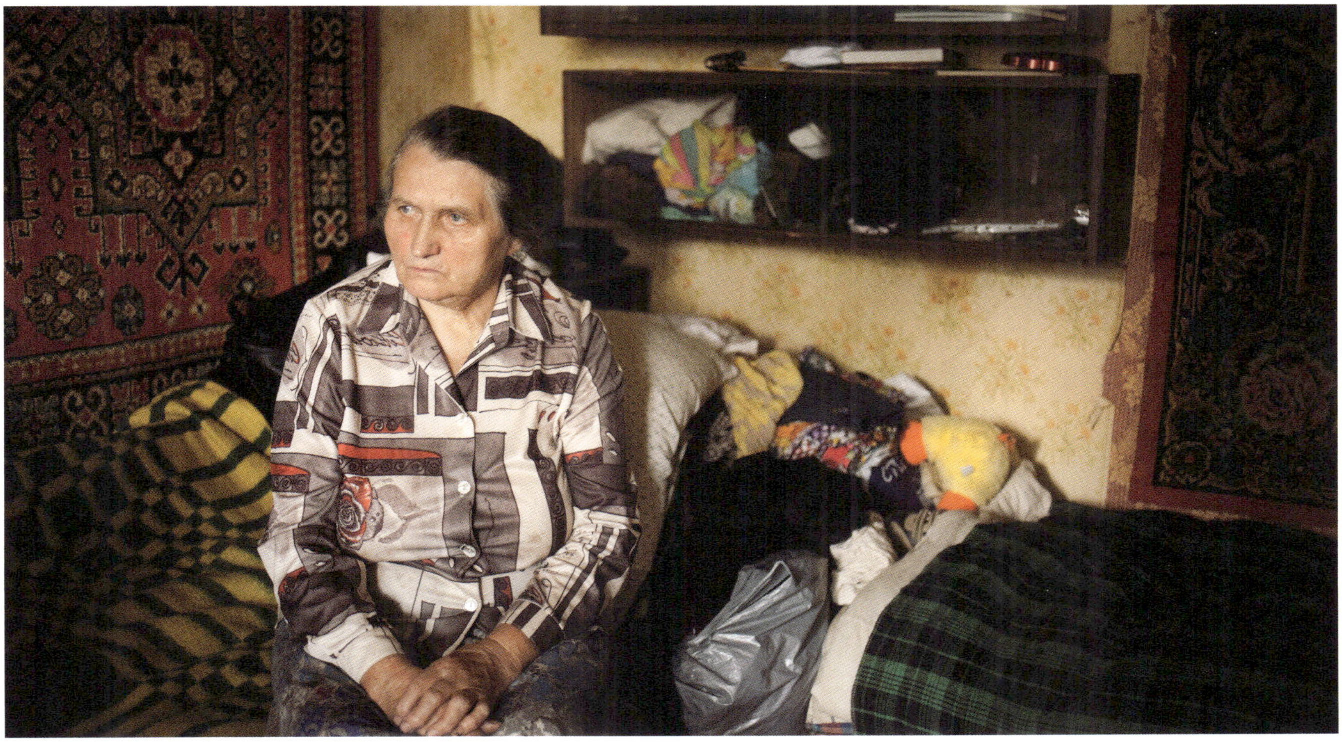

fig. 56
Russian Woman at Home, 2011

grandson, an elderly woman, soldiers in a training field, a couple, a group of workers, and people gathered together for a drink. Overall, the images manage to trace a silhouette of the region. While this is neither the time nor the place to review the fascinating, tragic, and tormented history of Russia's political power in the 20th century, suffice it to say, a consensus seems to exist that the transition from a proletarian to bourgeois revolution, which resulted in the transcontinental federal state's entry into global civilization, was—and remains—relatively difficult, and contributes to the perception of Russia's delayed modernization.[20]

Hannah's series speaks to this, especially in the images of people's very modest homes. In *Mother Holding a Plum*, a woman extends a fruit as if it were a jewel, although it fails to mask the relative poverty of their household. These modest living conditions, however, do not diminish the character of the people who live there. In *Russian Woman at Home* **(fig. 56)**, the woman's attitude, pose, and absorbed gaze reveal a kind of indifference and resignation to her lot in life. And what about the fleeting smiles or serious expressions of the other young men and women—are these clues to their actual temperament?

It is clear that the deep relationship to art history that underlines all of Adad Hannah's production is no barrier to the originality of his work. His innovative use of the *still* as a creative device is based on the interplay between immobility and movement. The latter frees photography from its static logic by pairing it with video, generating the illusion of life through his models' restless, trembling poses. Moreover, the content is innovative because the reality he captures is one that he imagines, thus freeing his images from the role of documentary witness so closely associated with the camera. And Hannah foregrounds this inventiveness; even when creating remakes of his previous works, they are entirely unique. The relevance of these quotations lies in his ability to draw on motifs borrowed from his predecessors and his ability to link them to current events.

Beyond the notions that are specific to the field of visual art, we have also seen sociological concerns at play within Hannah's practice. Many of his projects address different aspects of human relations, sometimes discreetly, other times more overtly, but always with the aim of understanding the daily reality of the communities he encounters. In some cases, the work challenges us individually in that it acts as a mirror we are invited to penetrate, to experience what it depicts while considering our own reality. In others, it more fully addresses communities and the living conditions of various groups in a persistent consideration of the concept of being-in-the-world. At the same time, the work helps us contemplate our involvement with images and the time we devote to them, our attitude towards art in general, and our perception of the institutions that preserve and promote works of art.

If Hannah's artistic practice reflects his social interests, it also transgresses the banal and avoids the trap of redundancy by revealing the endless nuances of human existence, its own luminosity as well as its darker aspects. Although mainly silent, his videos tell the story of human life as perceived by an artist who is free of moral judgements. His interest in connecting with soulful, open-minded people feeds his impressively wide-ranging creative adventures. As a whole, his images are like a quilt of influences embroidered together to build a continuous bridge between art and life. To delve into Adad Hannah's creative universe is to understand the depth of his photographic and video practice, laden with multiple, underlying layers of meaning that help us see well beyond the surface.

1 The *tableau vivant* was a popular form of entertainment in Europe dating back to the Middle Ages. It consists of a static, theatrical scene with costumed actors or models who hold poses to recreate famous works of art.

2 Yvonne Neyrat, *L'art et l'autre. Le miroir dans la peinture occidentale* (Paris: L'Harmattan, 1999), 119.

3 This term was first used by art critic Philippe Burty to describe the influence of Japanese aesthetics in France between 1854 and 1910.

4 It was only in the second half of the 19th century that art institutes (which became places of study and scholarship) began to enrich their collections with art, thanks to newly wealthy philanthropists who had made their fortunes during the Industrial Revolution.

5 The title may also refer to the opium trade underlying this fascination with the "Orient," as outlined in Thomas de Quincey's 1822 book *Confessions of an English Opium-Eater*.

6 Dürer was inspired by theories first revealed by the architect Vitruvius, who lived during the first century BC.

7 This game of perception caused by the tenfold increase in movement was also inspired by the American industrial psychologists Frank and Lilian Gilbreth, whose work was based on the study of time and the movement of workers' bodies.

8 Adad Hannah, "Extending the Instantaneous: Pose, Performance, Duration, and the Construction of the Photographic Image from Muybridge to the Present Day" (PhD diss., Concordia University, 2013), 19.

9 Like Géricault, Hannah meticulously documents each of his project's production phases.

10 The book includes Corréard's sketch of the raft, which was a source of inspiration for this project.

11 Ophelia is the daughter of Polonius, who is accidentally killed by Hamlet, believing he was murdering his own uncle Claudius. Hamlet secretly buries Polonius in haste. Ophelia becomes distraught and indignant, first because she fails to understand her lover's sudden distant behavior toward her, and second because her father is deprived of a decent burial. Descending into despair and madness, Ophelia drowns in the river.

12 Judith Wechsler, "Performing Ophelia: The Iconography of Madness," *Theater Survey* 43, no. 2 (November 2002): 201-221.

13 Revealing everyday dramas and bringing art closer to life was the leitmotif of the Pre-Raphaelite Brotherhood, founded by English painters John Everett Millais, William Hunt and Dante Gabriel Rossetti in 1848. While their style remained traditional, the modernity of their work was based on their common intention of representing nature's changes and variations in heavily detailed compositions.

14 When *L'âge d'airain* was shown publicly for the first time, the French master had to provide photographic evidence of his model, a young Belgian soldier, to show that he had modelled the sculpture by hand and not cast the figure. Most surprisingly, the confusion was probably caused by the work's modern style, so clearly different from standard idealizations of the human body.

15 Musée Rodin, http://www.musee-rodin.fr.

16 The first heroic exploitation of this historical account took place in 1558 following the takeover of the city by François de Guise. However, it was not until the 18th century that it was mythologized.

17 Because they represented the familiar and evoked ideas of interior and private cultural spaces, the genre scene corresponded to the notion of *low art*. The banality of the locations and the ordinary activities they depicted gave them the distinction of being "vulgar."

18 André Rouillé, "La photographie des artistes. Un autre art dans l'art," in *Photographie contemporaine et art contemporain*, ed. François Soulages and Marc Tamisier (Paris: Éditions Klincksieck, 2012), 89.

19 Roland Barthes, "Le message photographique," in *L'obvie et l'obtus. Essais critiques III* (Paris: Éditions du Seuil, 1982), 9-24.

20 Georges Sokoloff, *Le retard russe (882-2014)* (Paris: Fayard, 2014).

Vues d'exposition et de production

Exhibition and Production Views

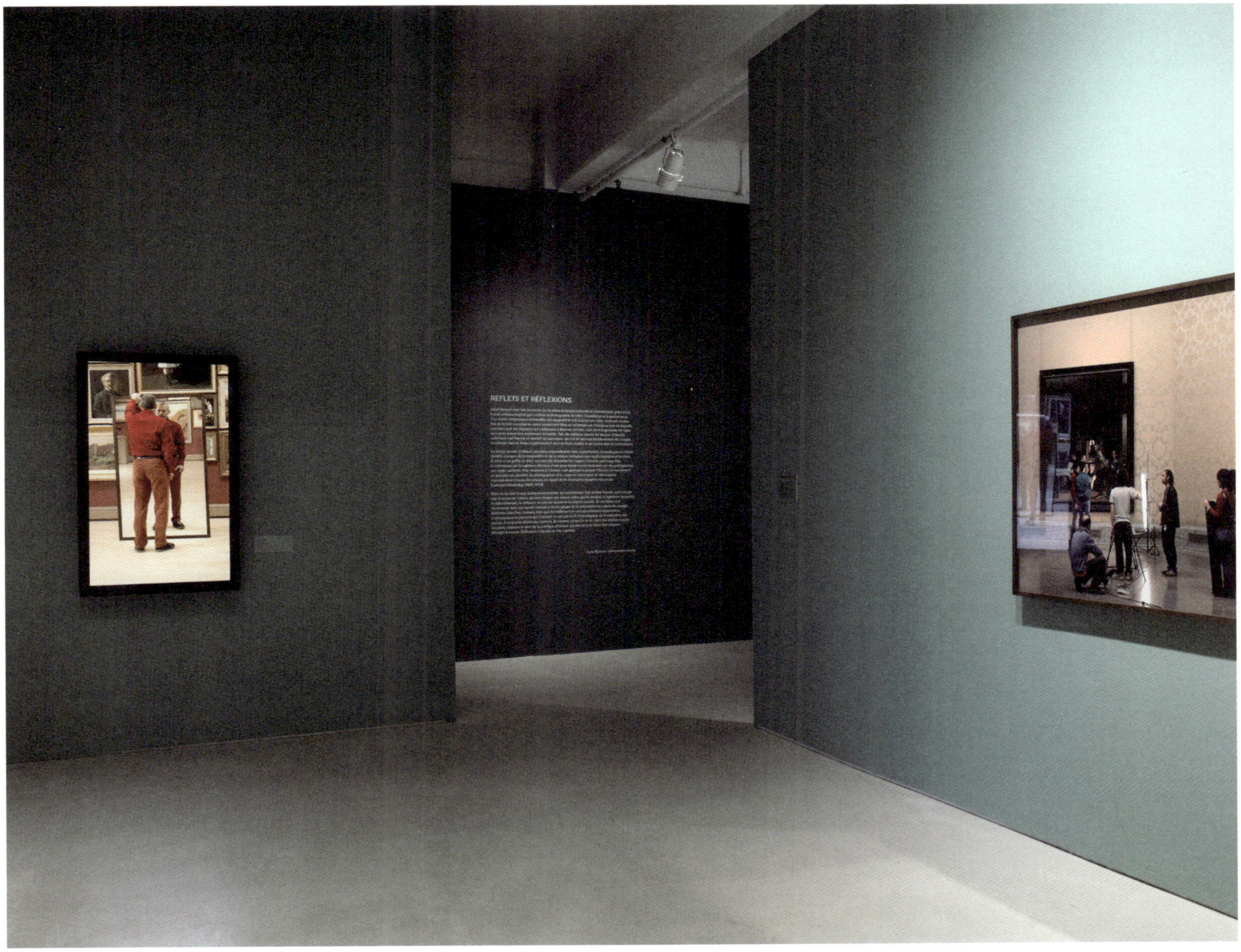

fig. 57
Adad Hannah. Reflets et réflexions, 2017

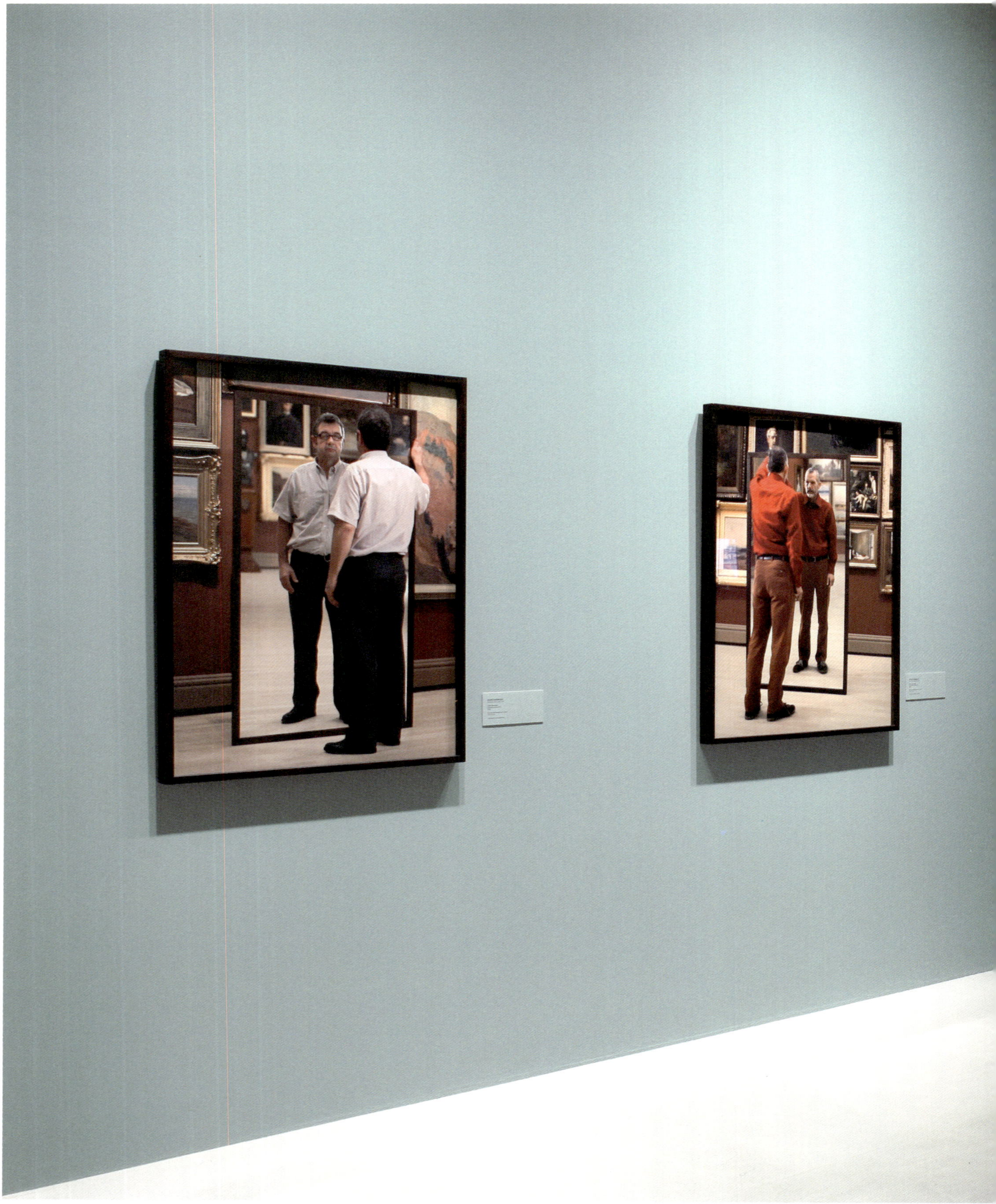

Vues d'exposition et de production | Exhibition and production views

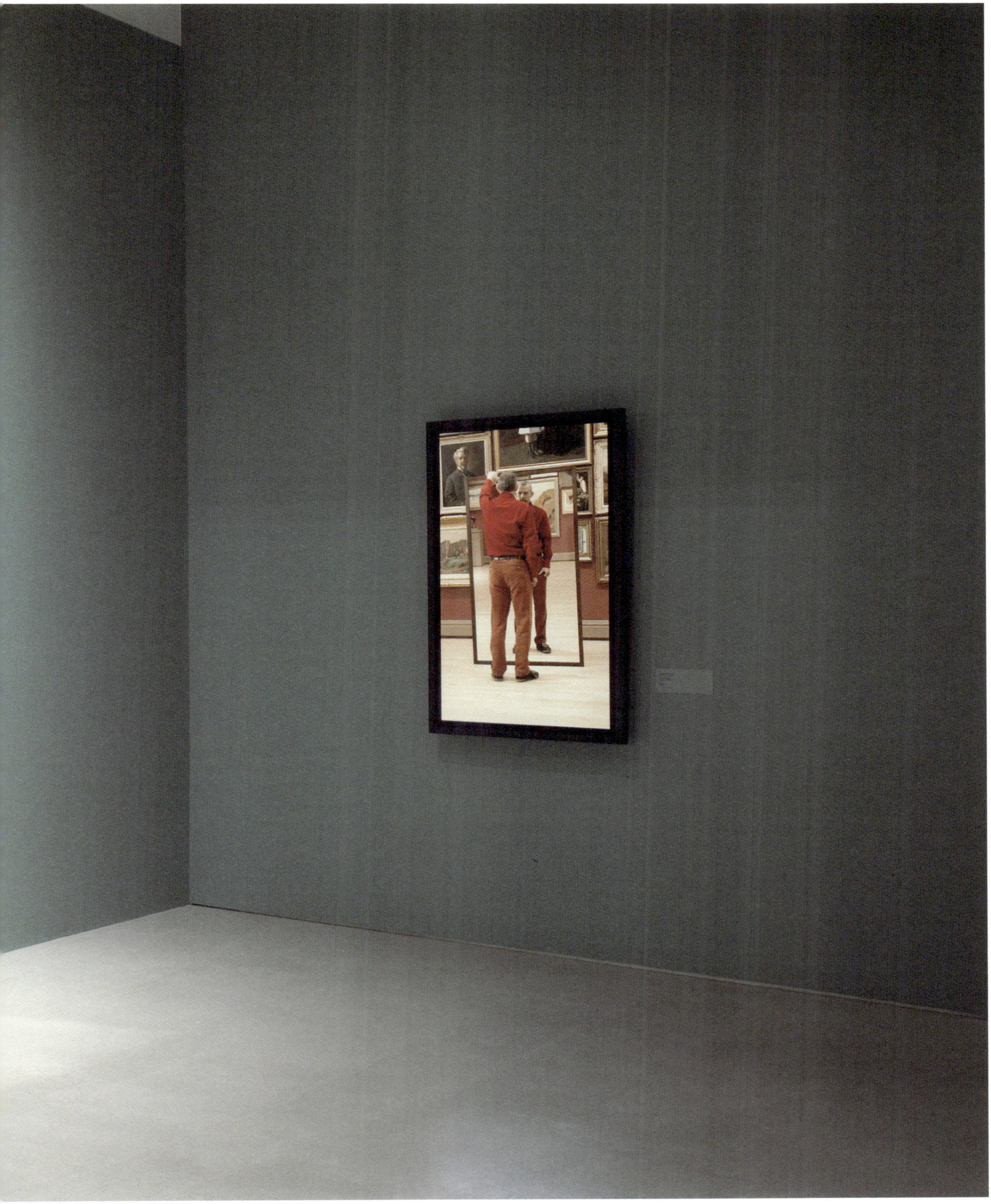

fig. 58 *Adad Hannah. Reflets et réflexions, 2017*

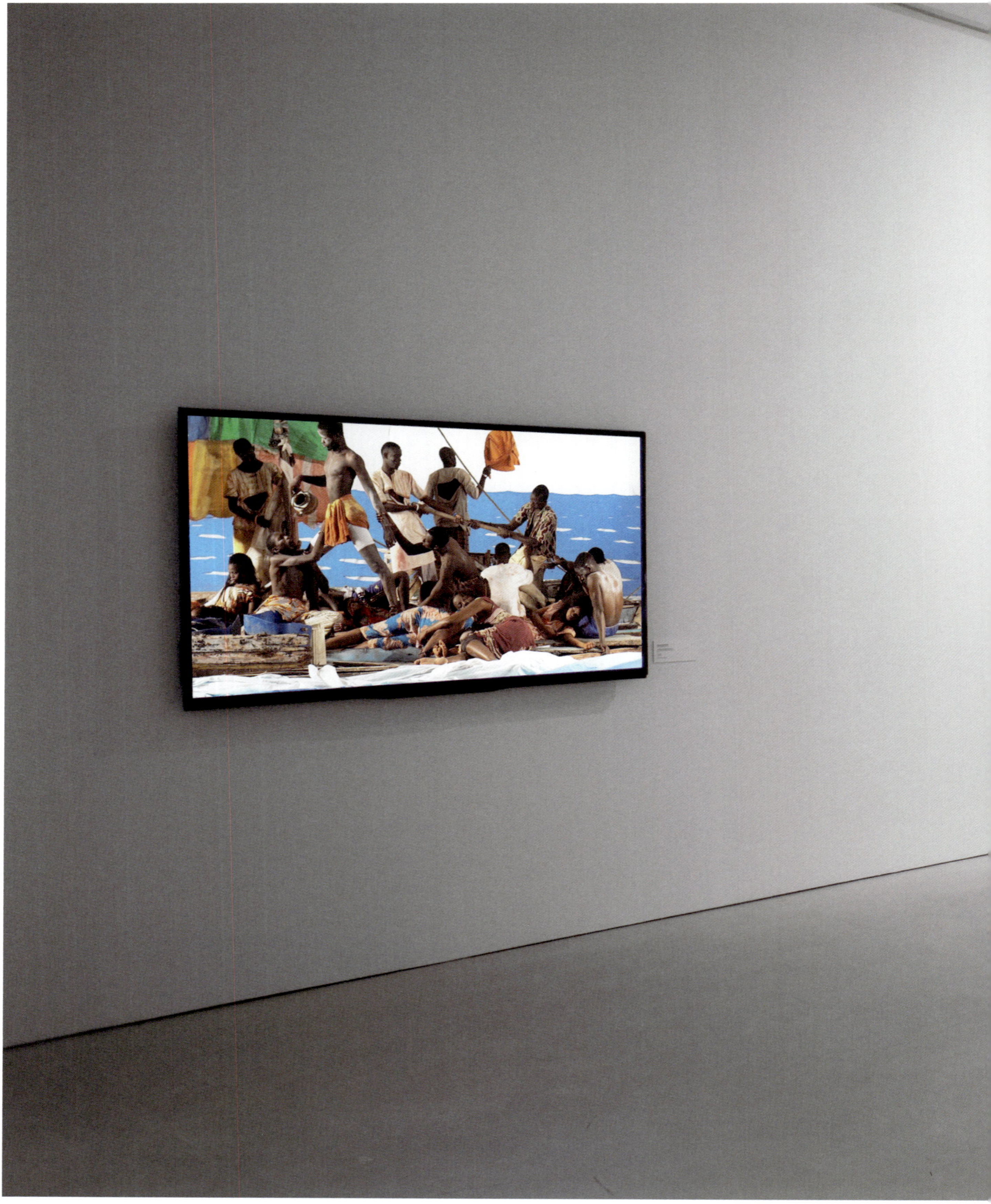

Vues d'exposition et de production | Exhibition and production views

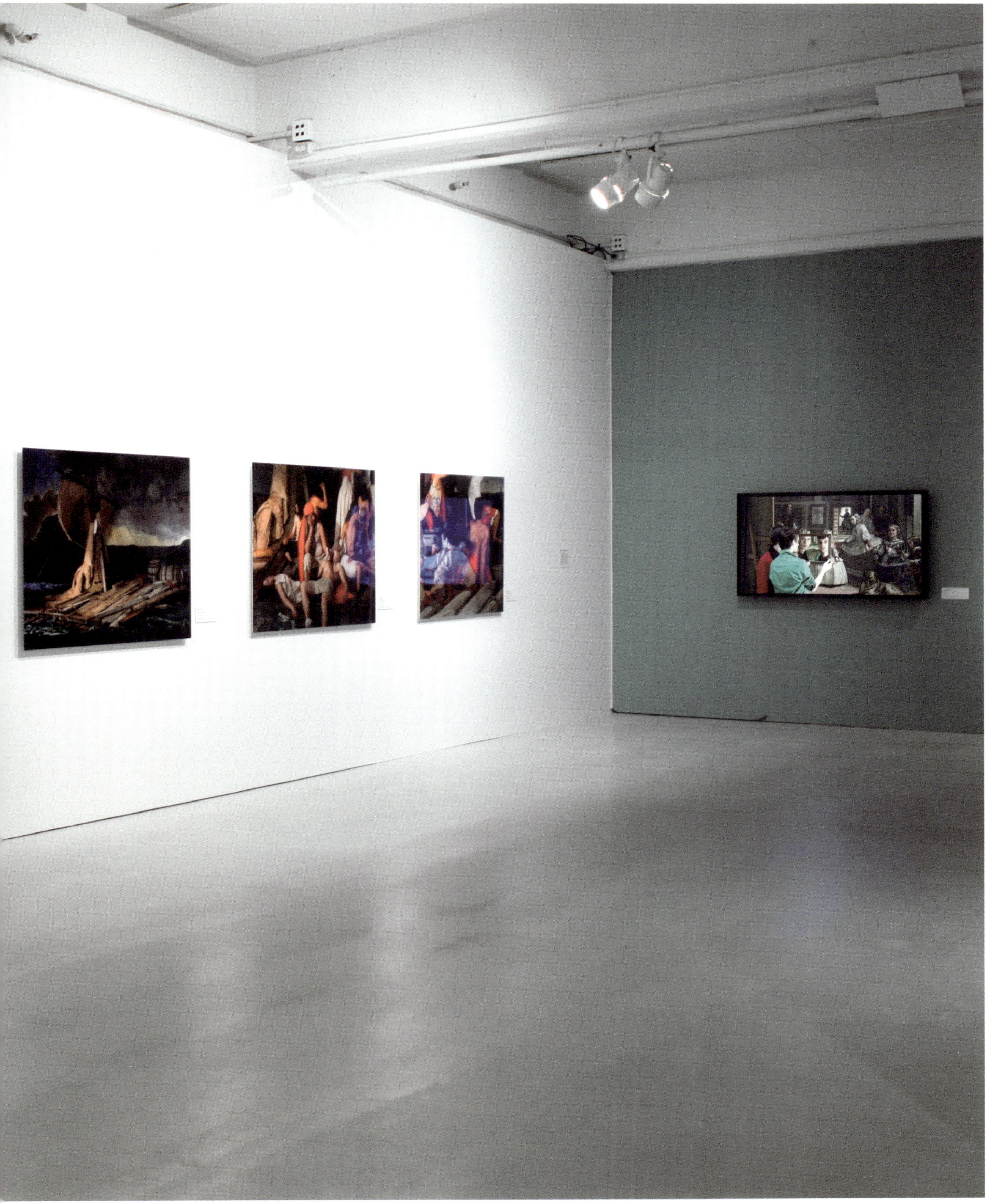

fig. 59 *Adad Hannah. Reflets et réflexions, 2017*

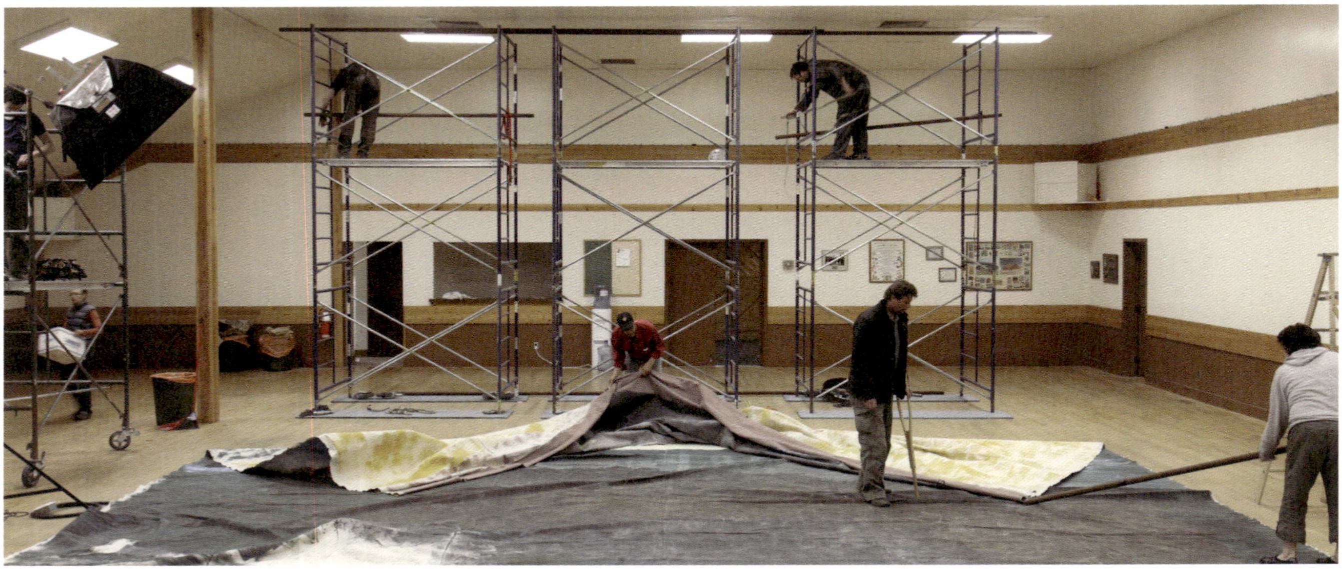

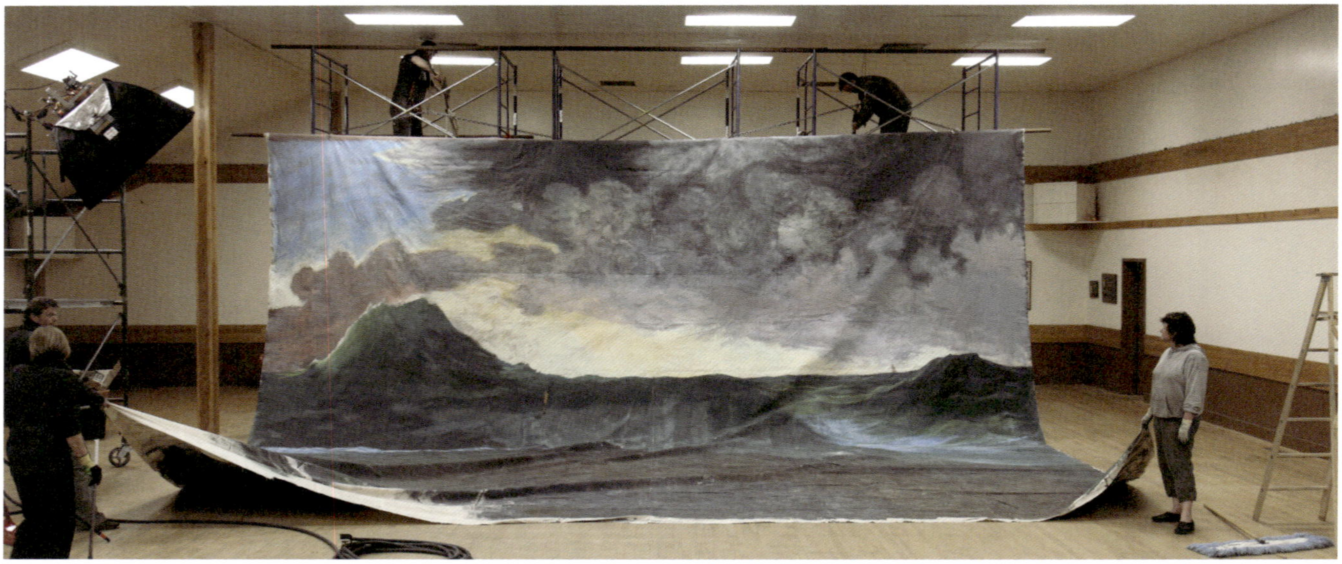

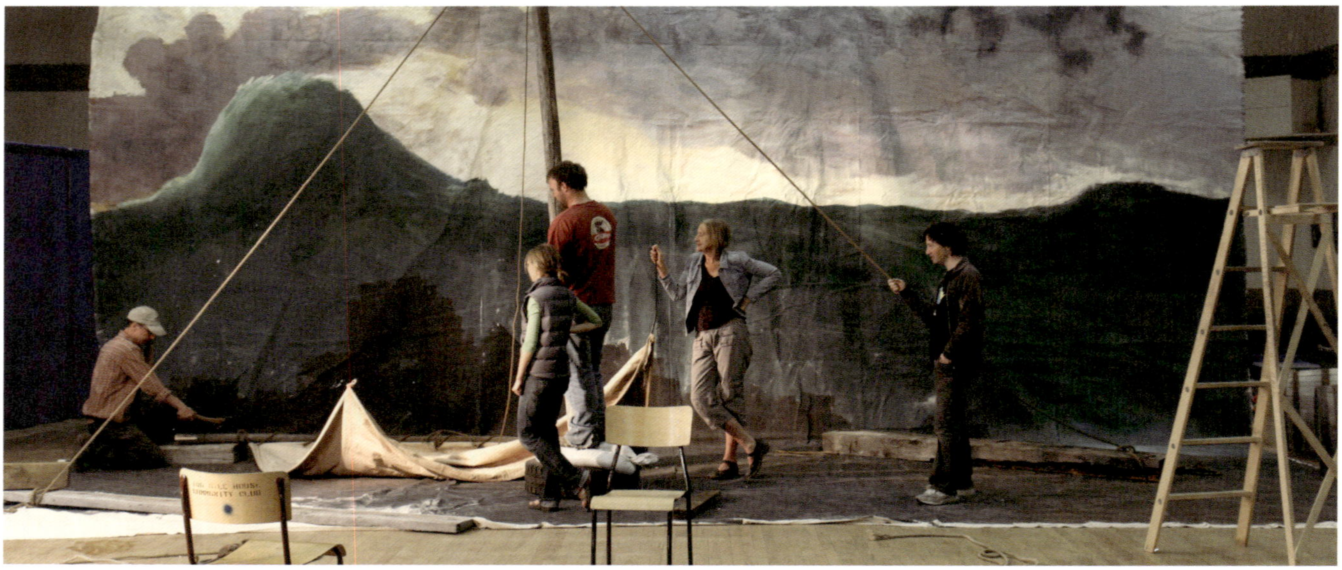

Vues d'exposition et de production | Exhibition and production views

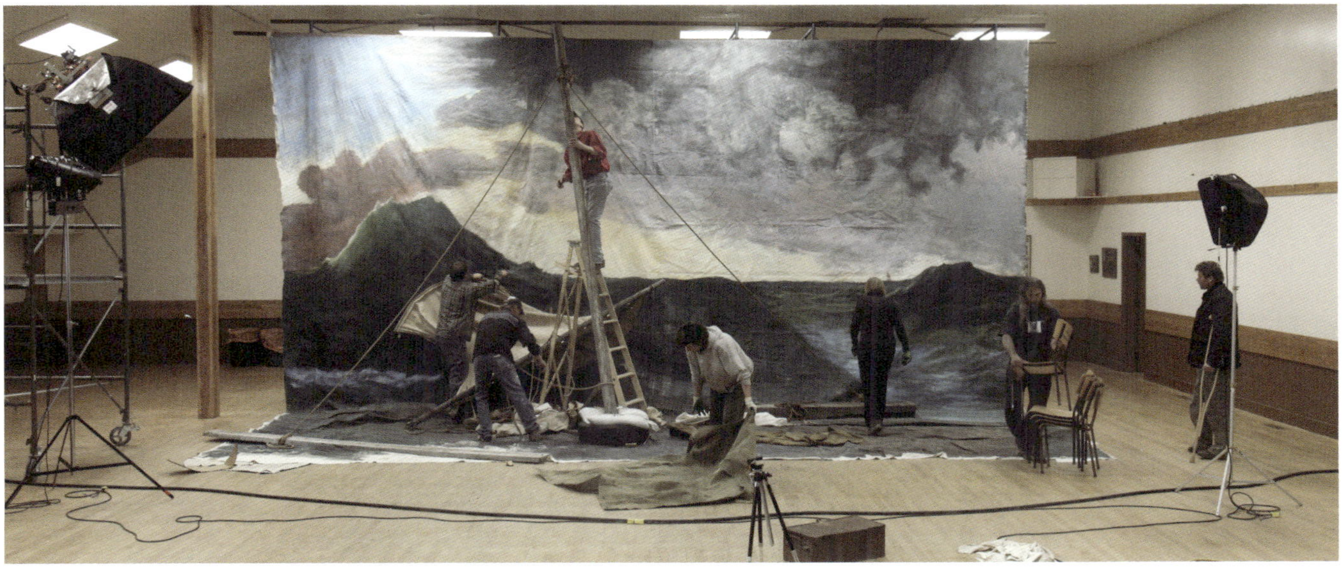

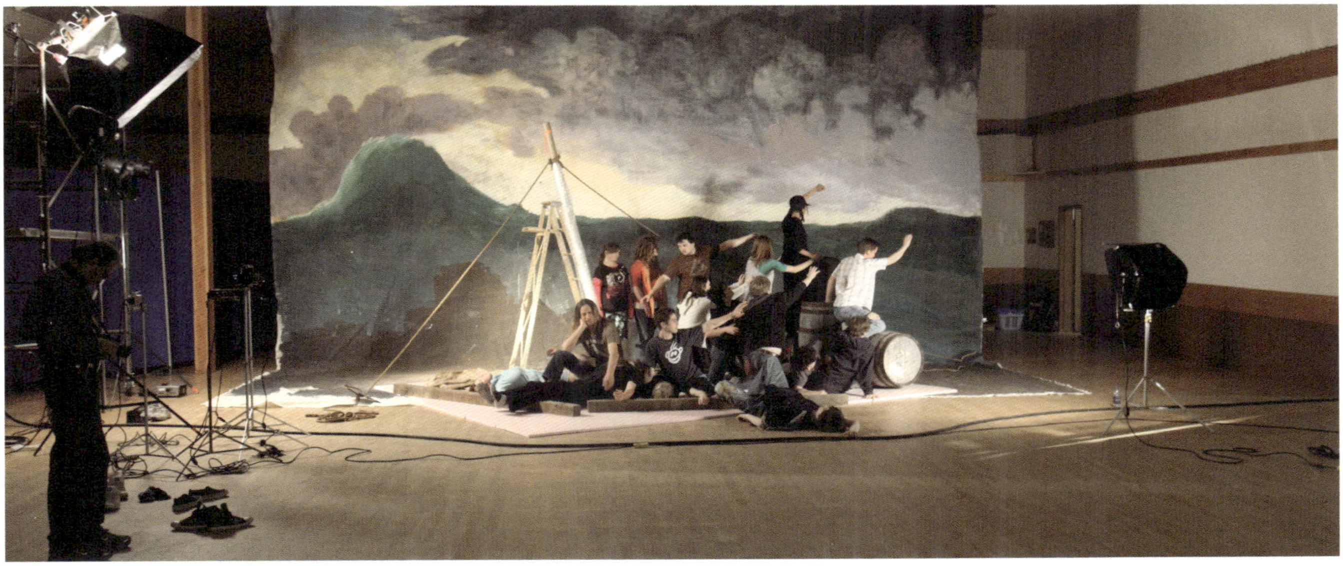

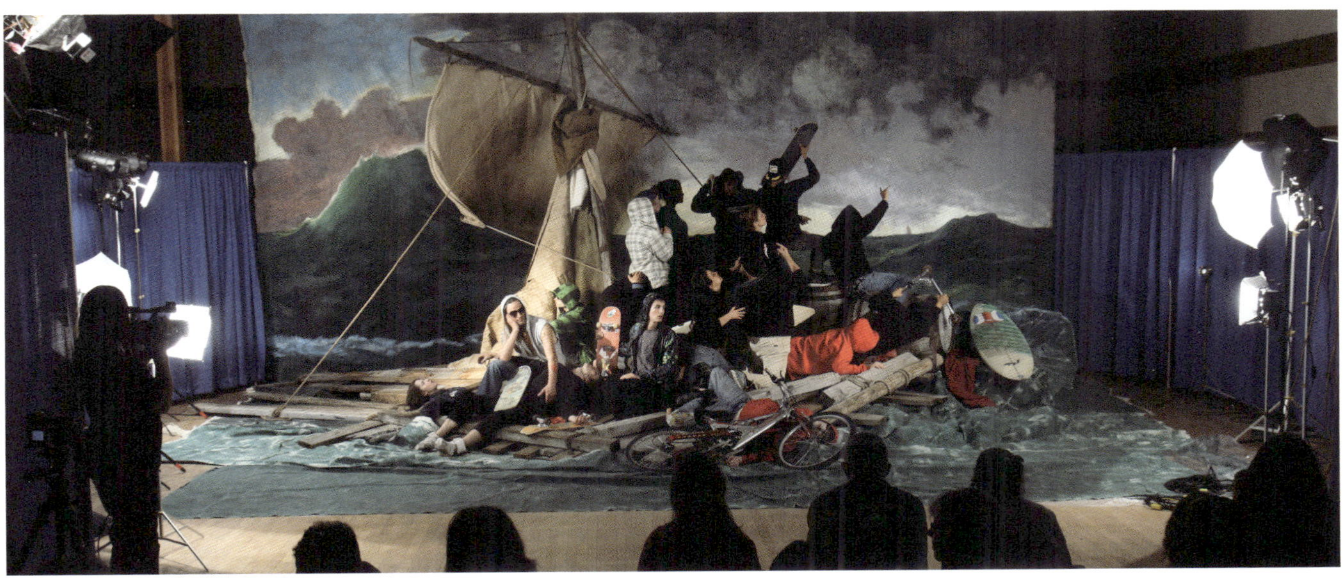

fig. 60-65 *The Raft of the Medusa (100 Mile House)*, 2009

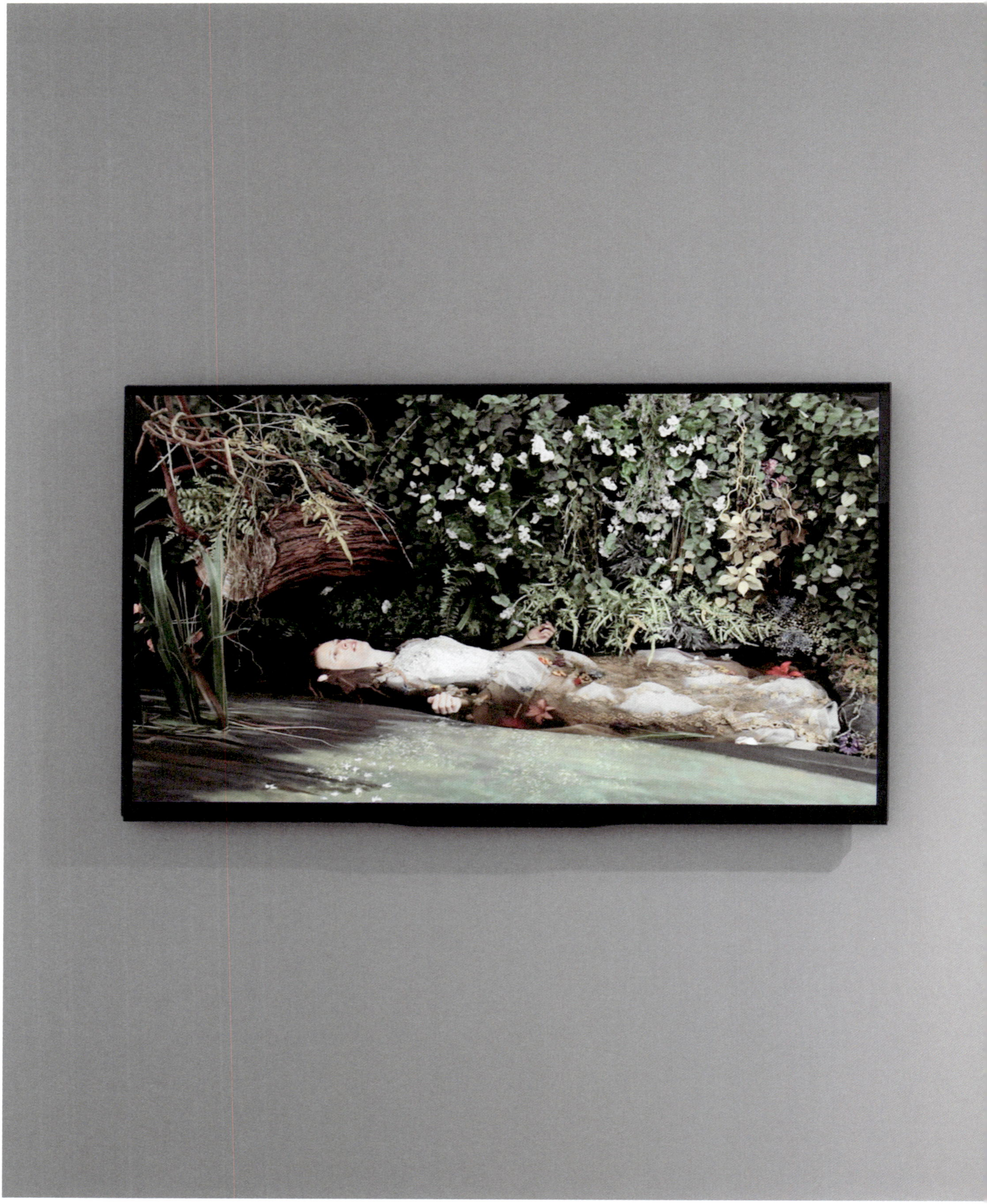

Vues d'exposition et de production | Exhibition and production views

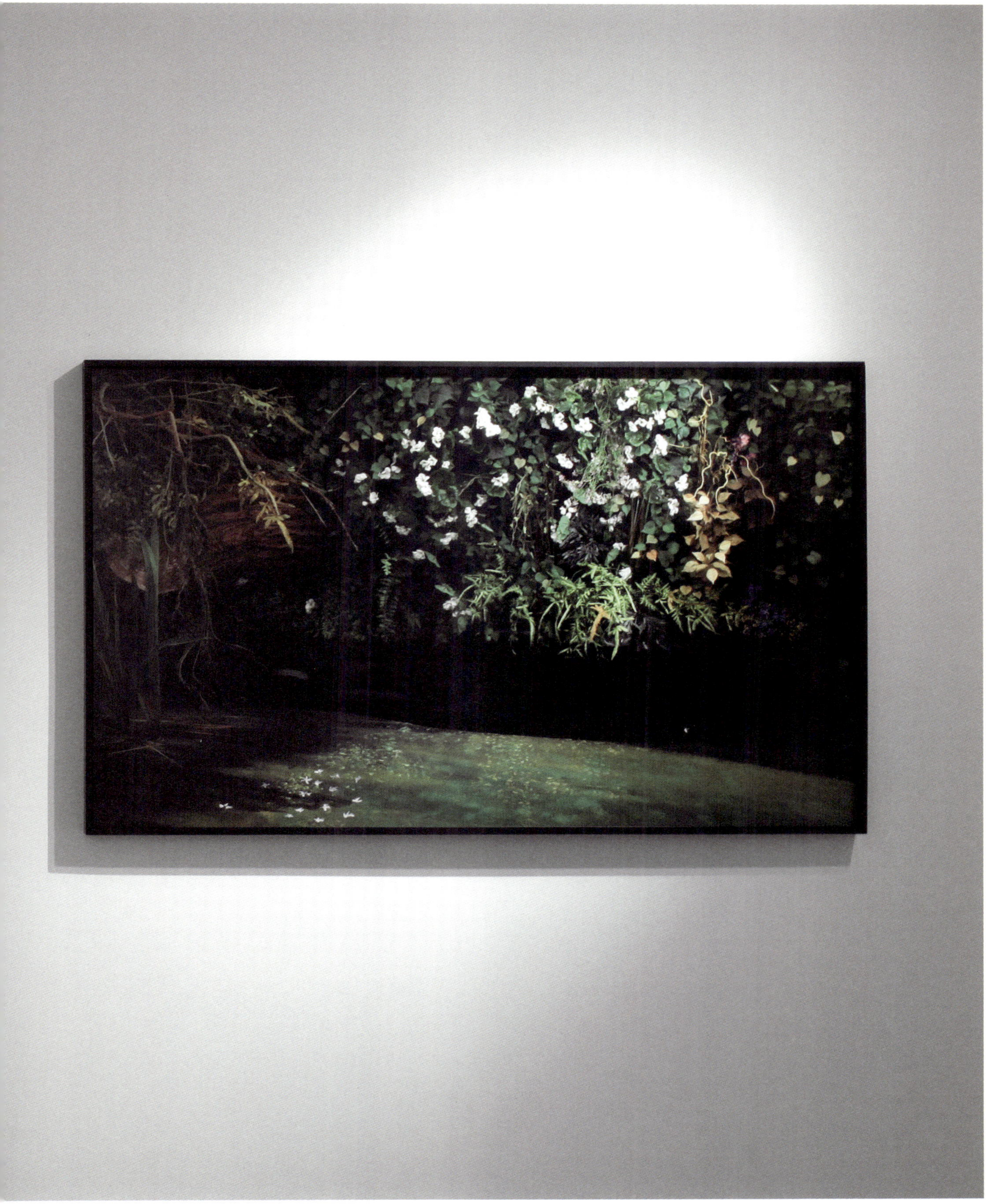

fig. 66 *Adad Hannah. Reflets et réflexions*, 2017

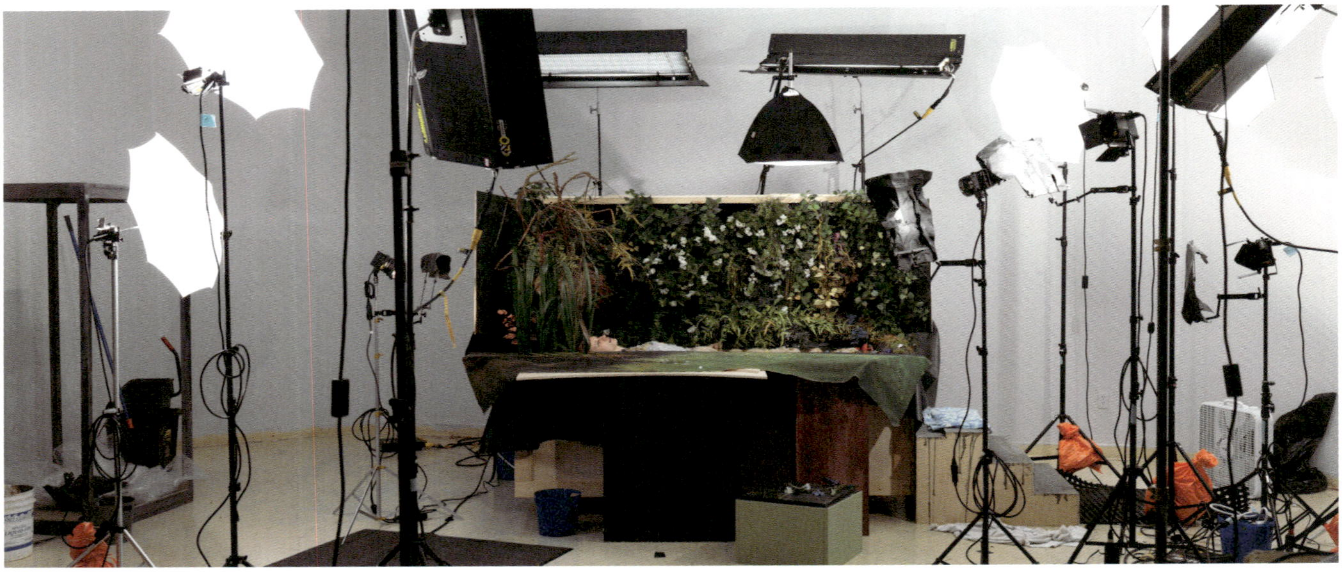

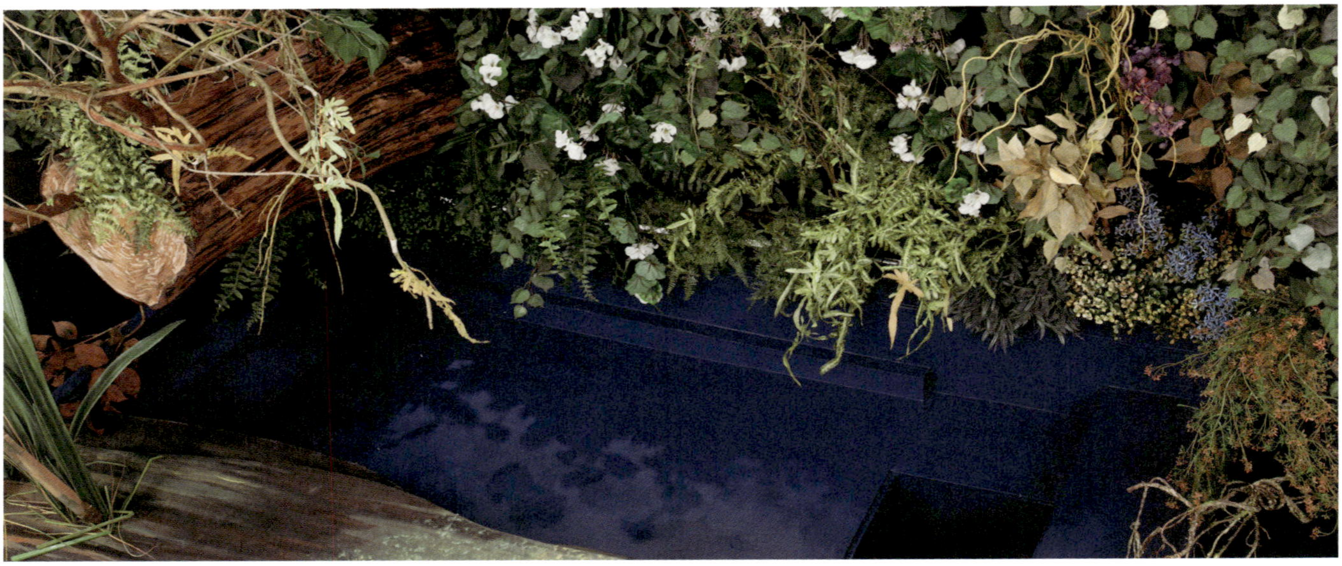

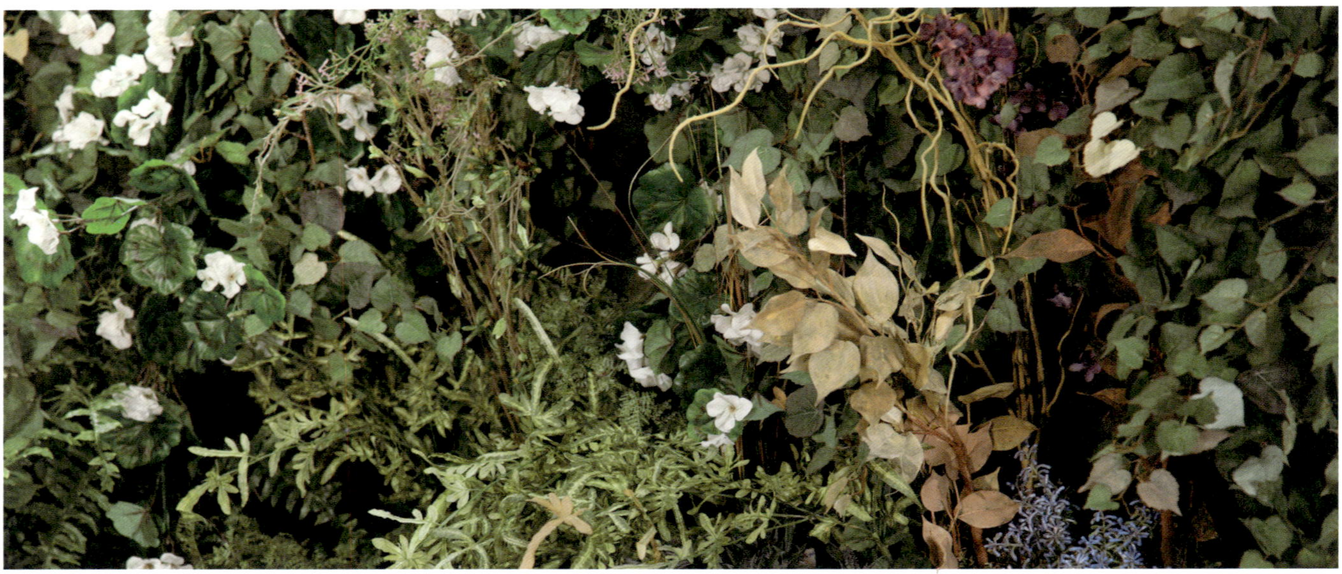

Vues d'exposition et de production | Exhibition and production views

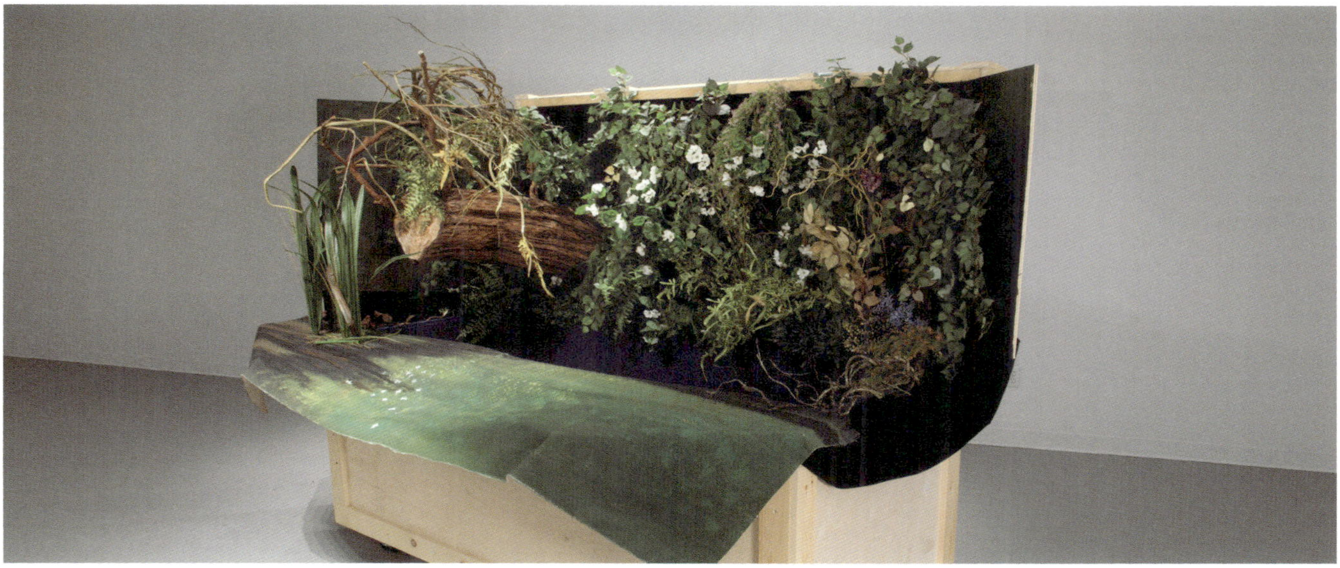

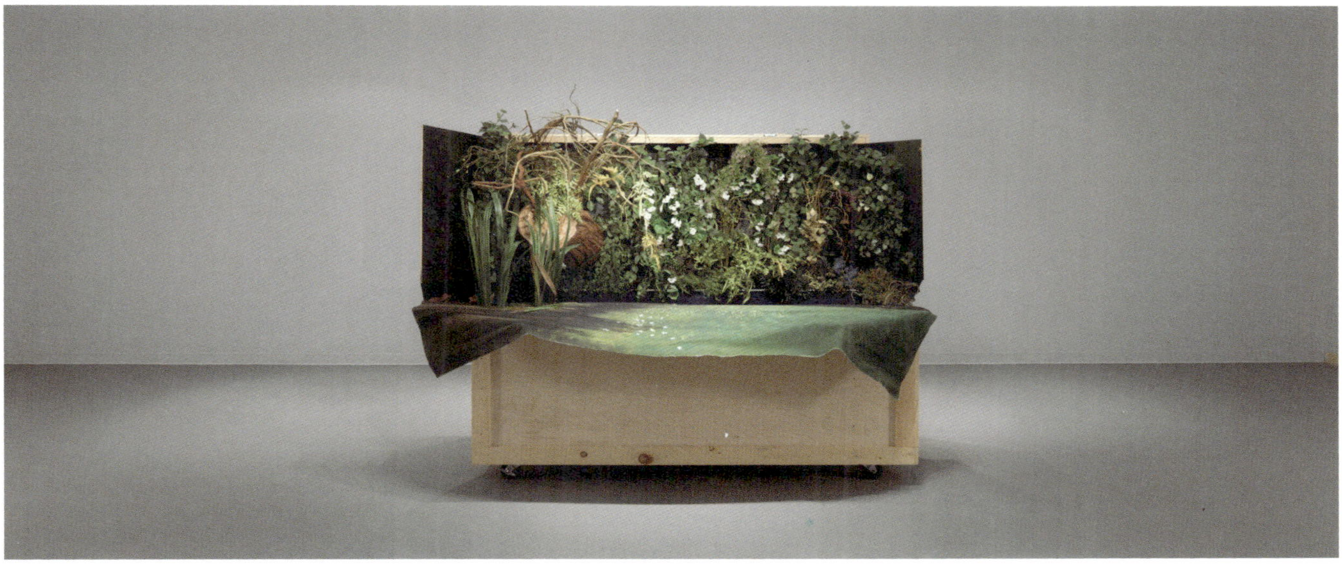

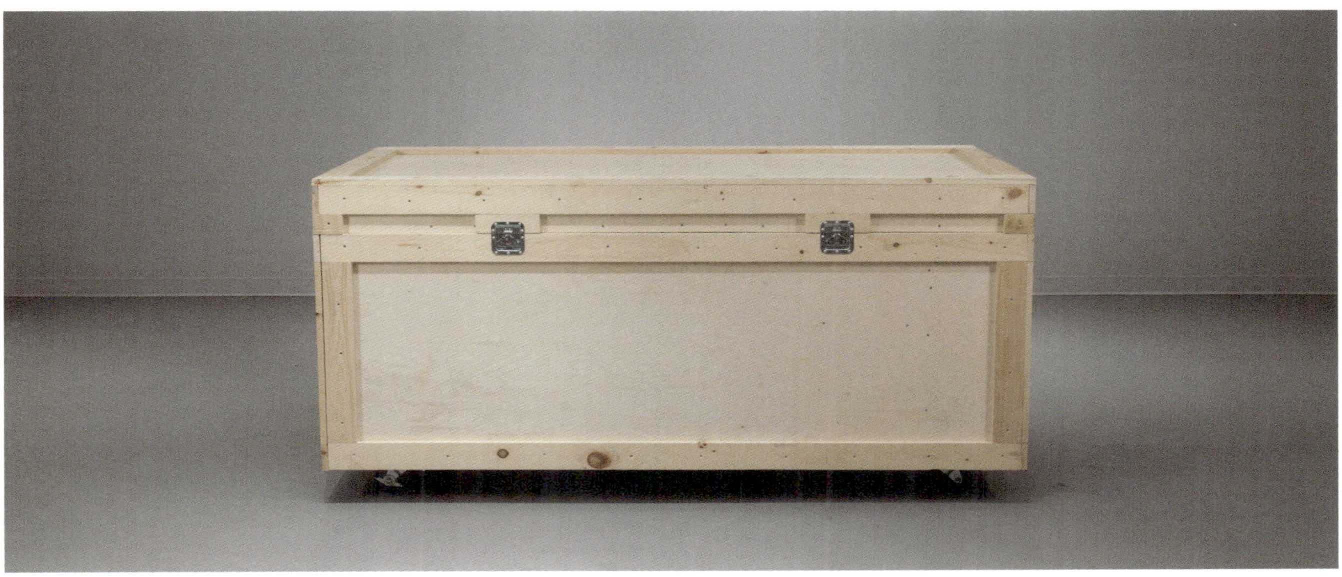

fig. 67-72 *Blackwater Ophelia*, 2013

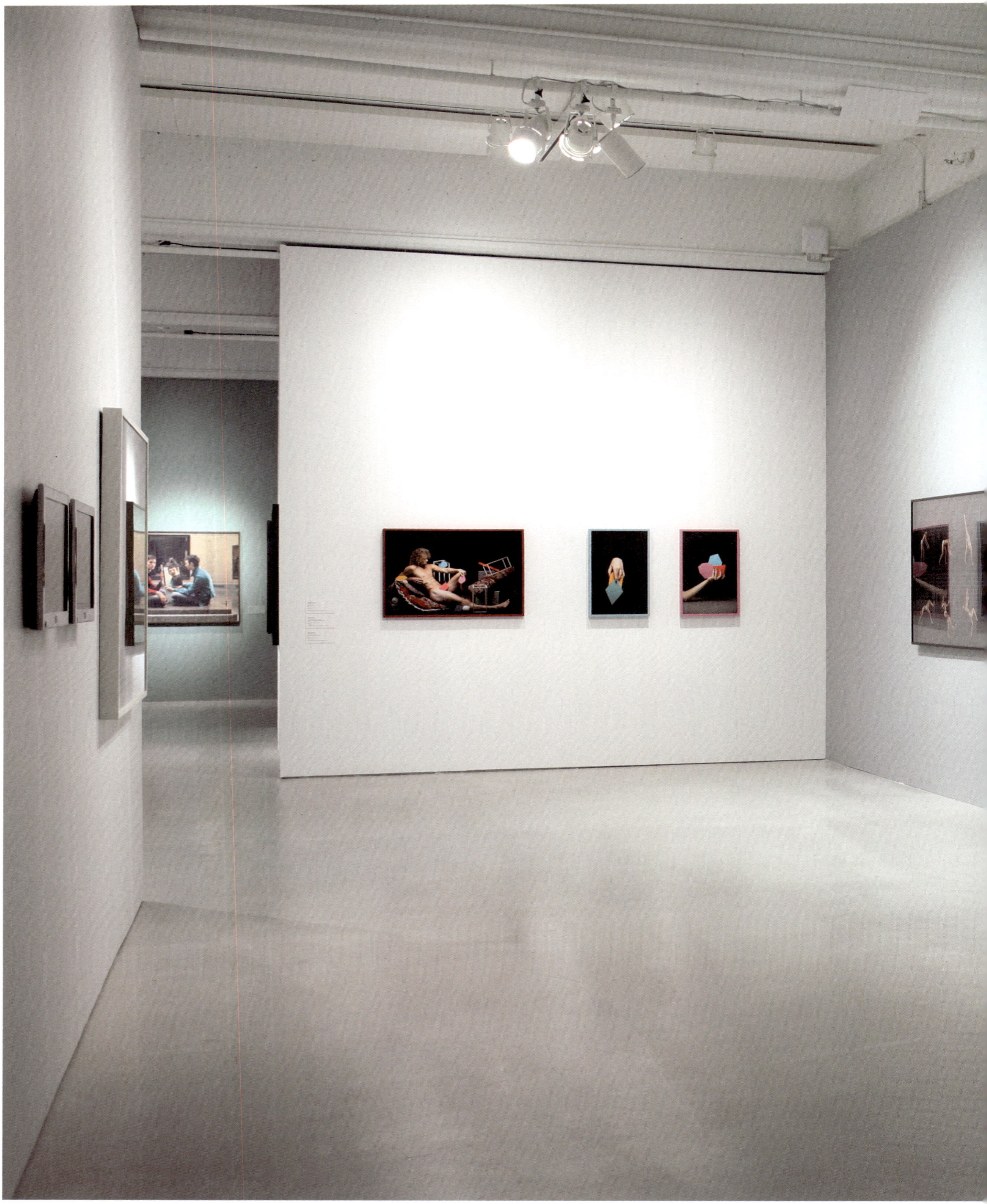

Vues d'exposition et de production | Exhibition and production views

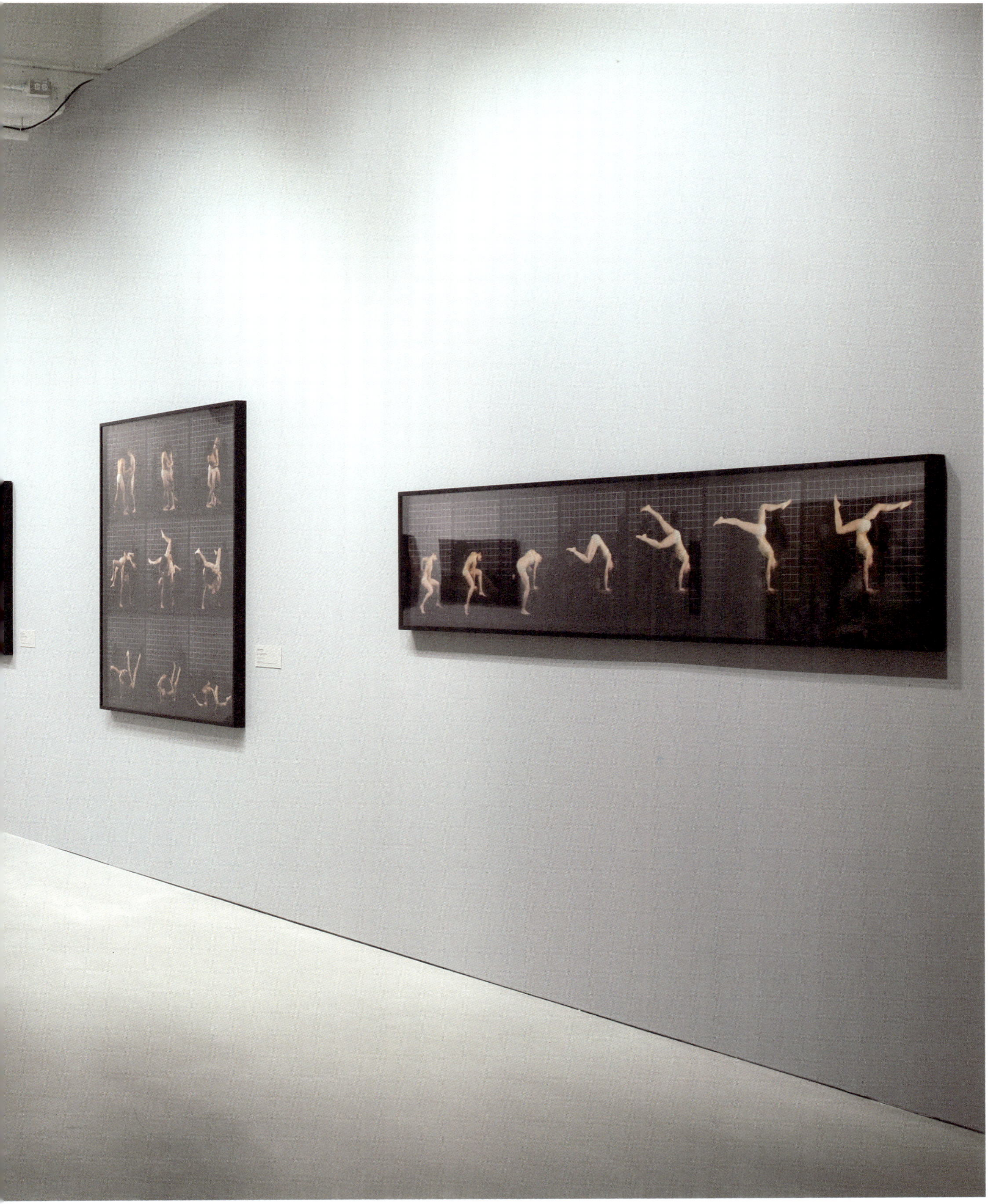

fig. 73 *Adad Hannah. Reflets et réflexions, 2017*

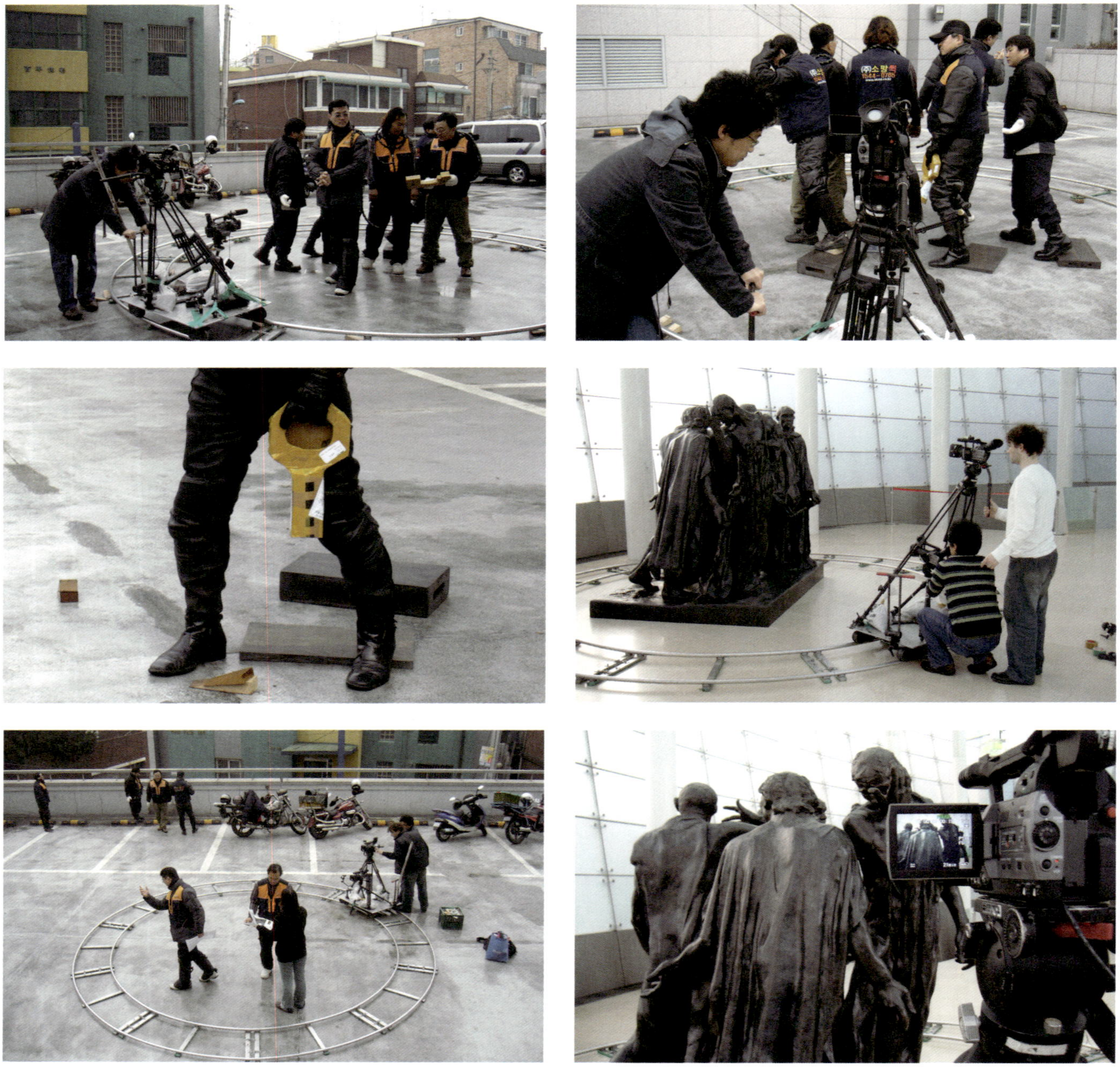

fig. 74-79
Burghers of Seoul, 2006

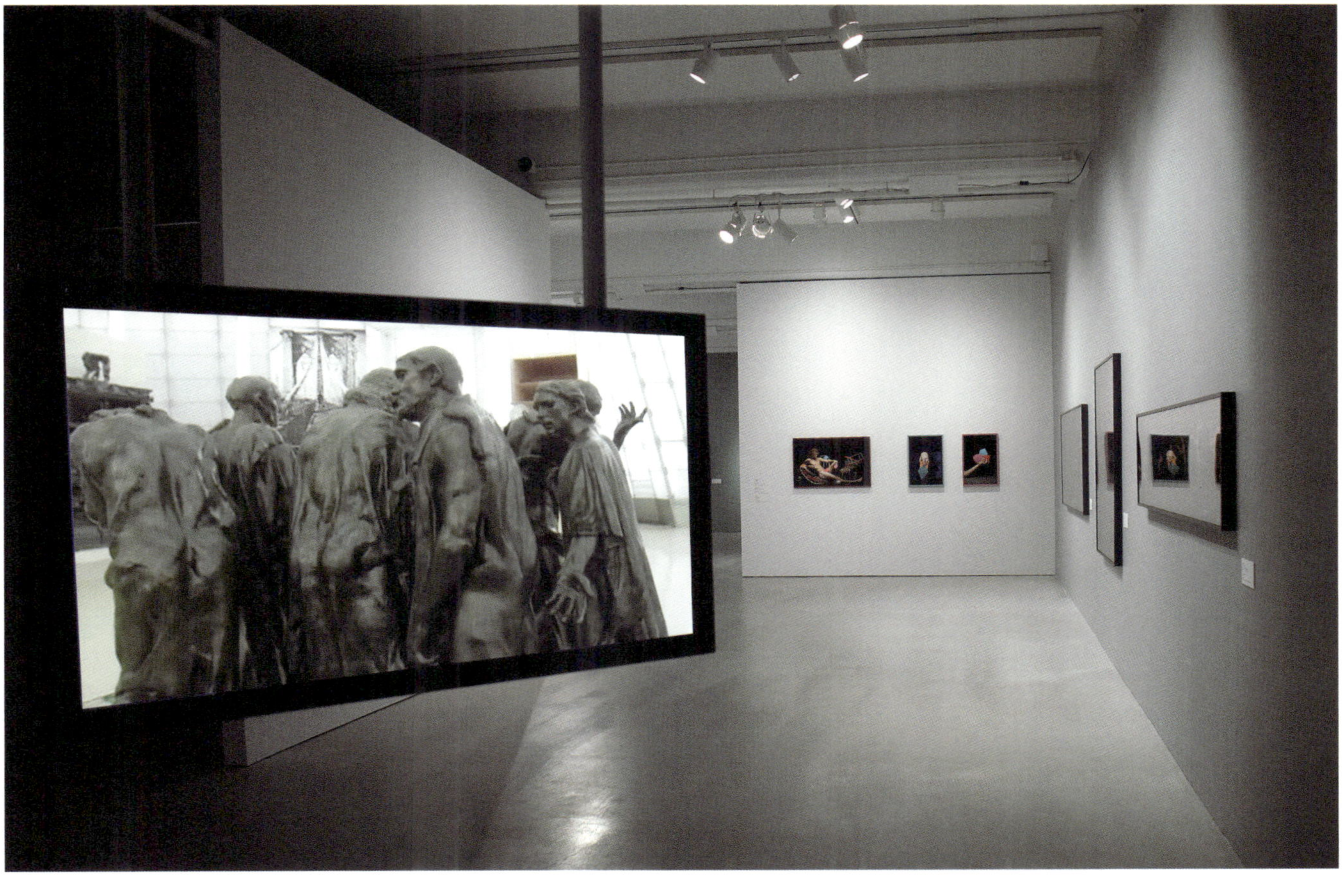

fig. 80
Adad Hannah. Reflets et réflexions, 2017

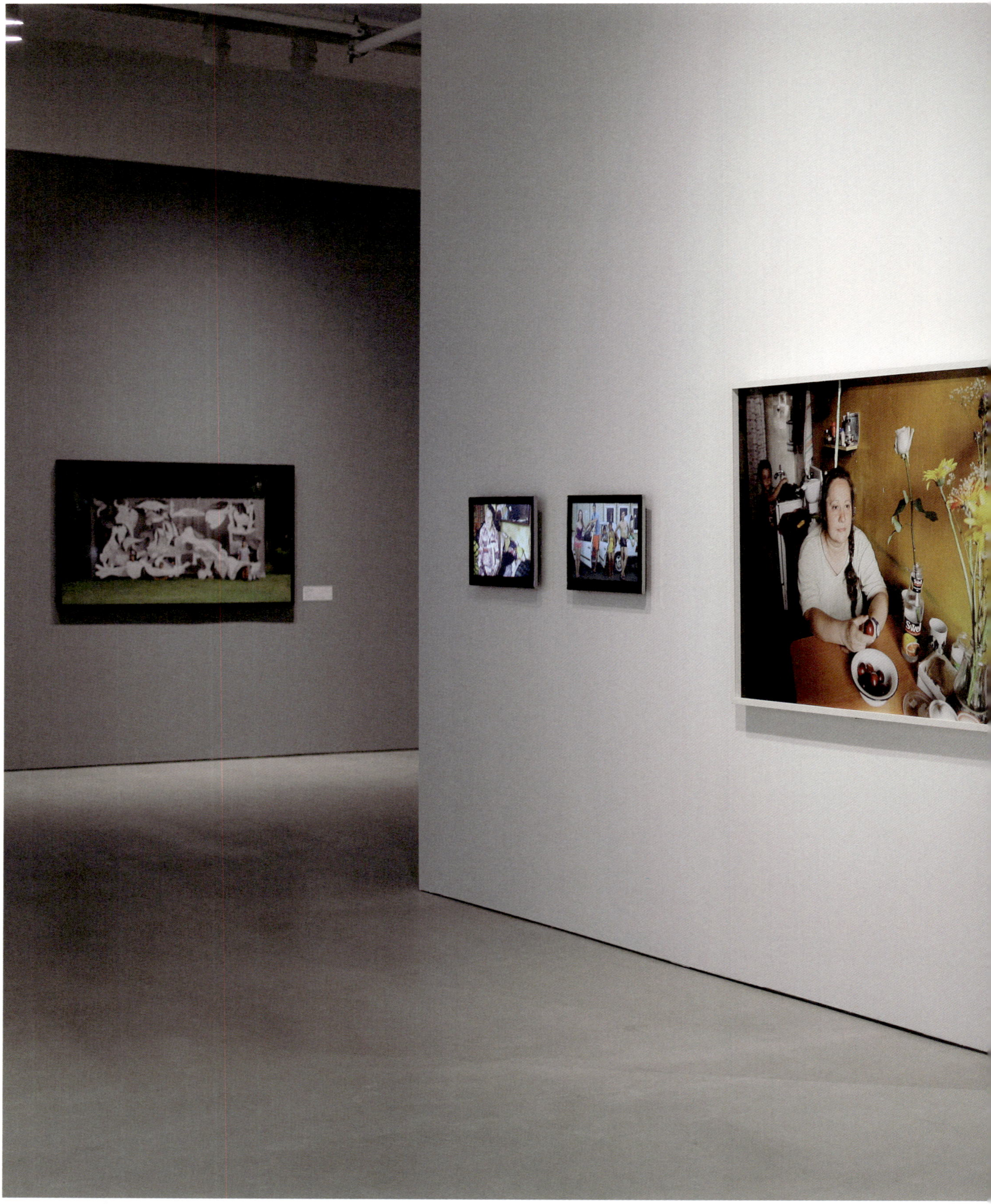

Vues d'exposition et de production | Exhibition and production views

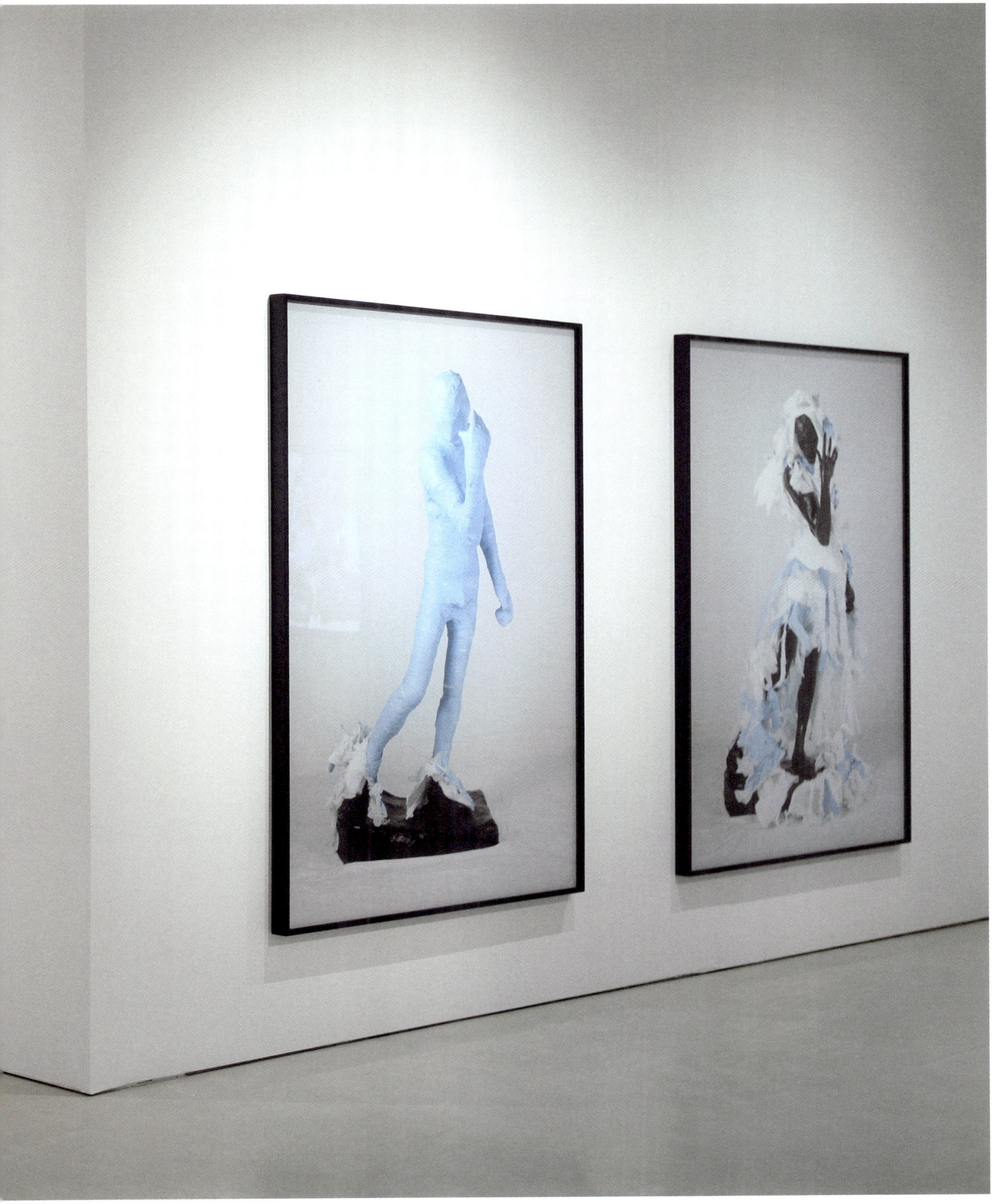

fig. 81 *Adad Hannah. Reflets et réflexions*, 2017

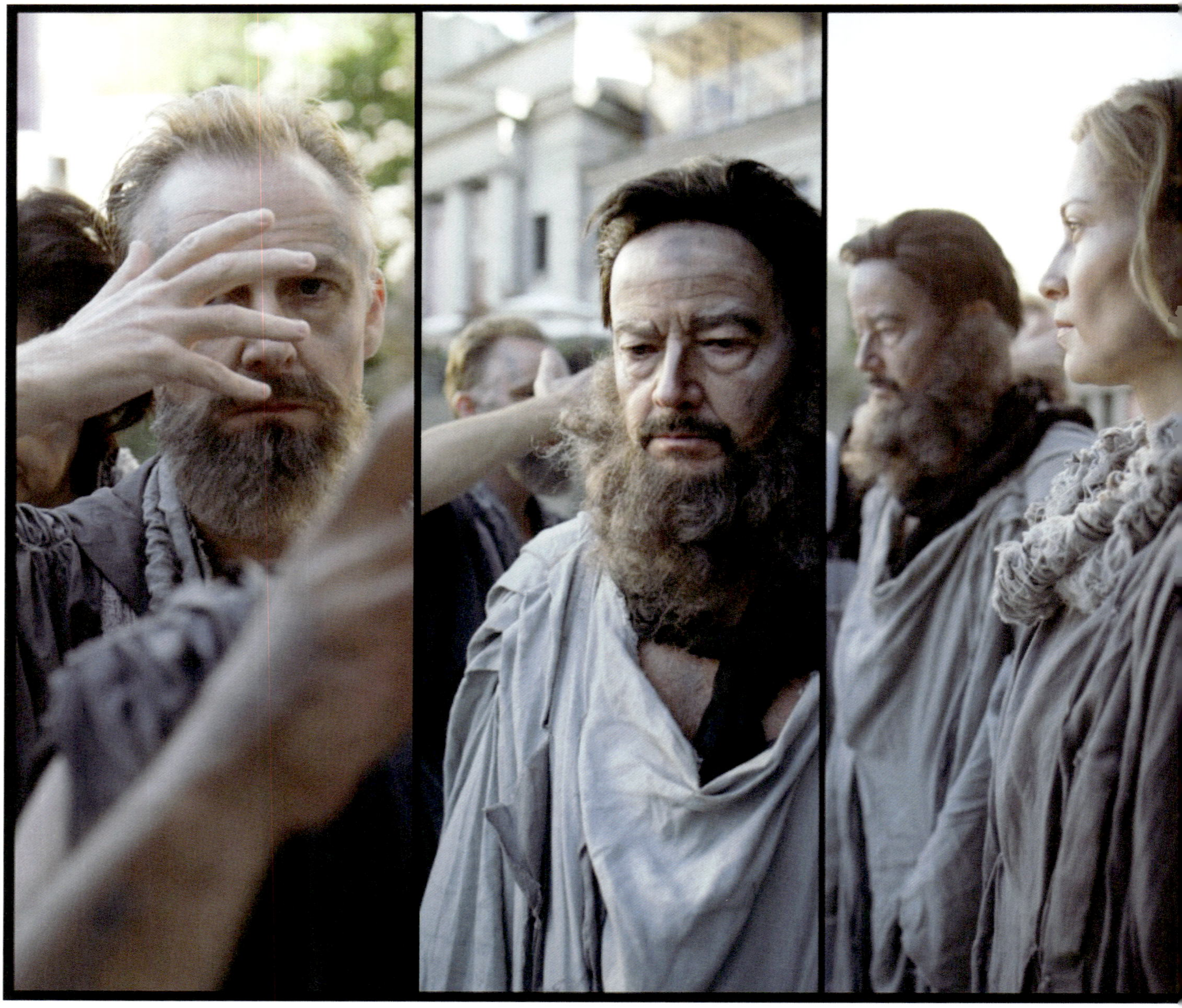

fig. 82
The Burghers of Vancouver, 2015

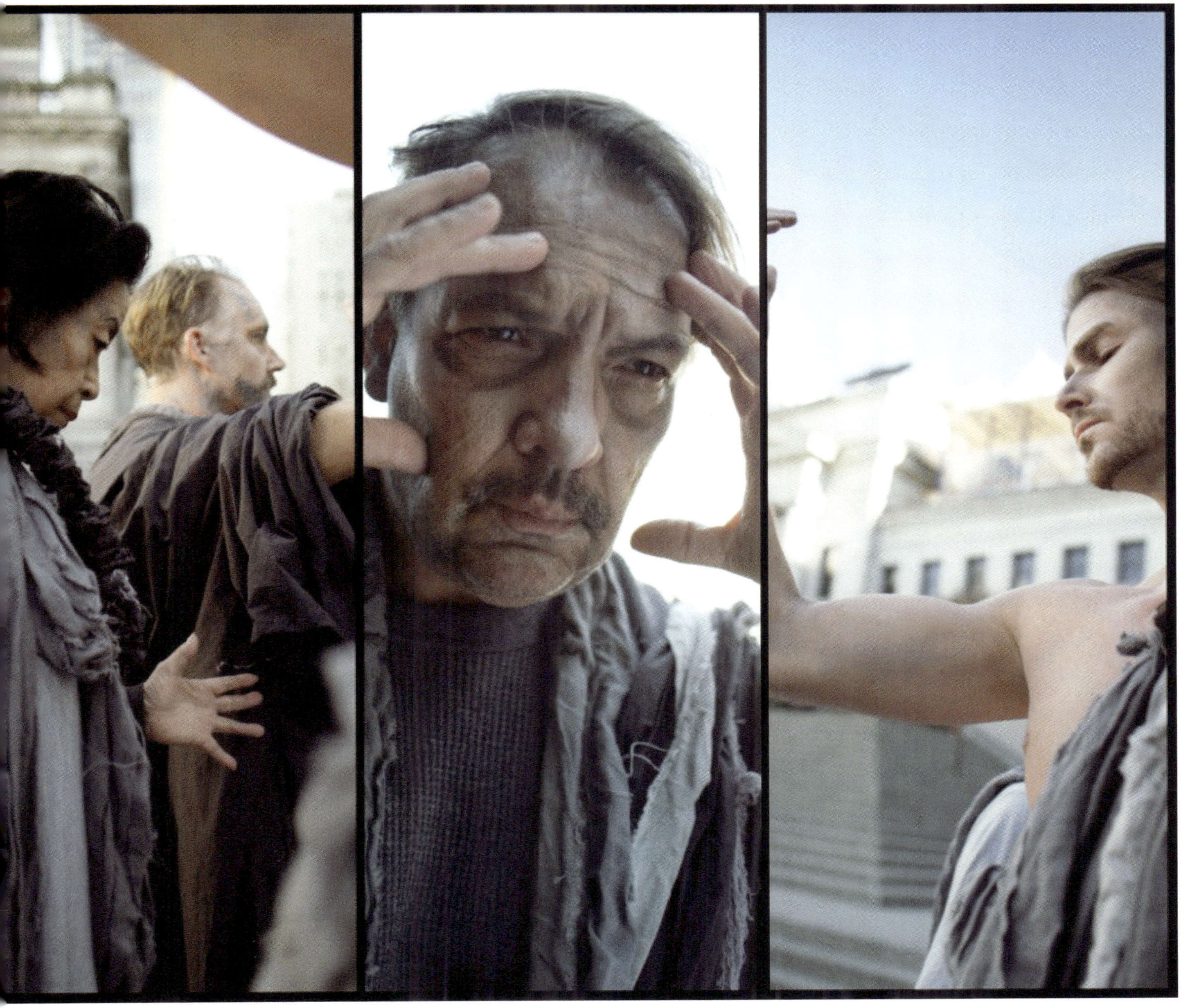

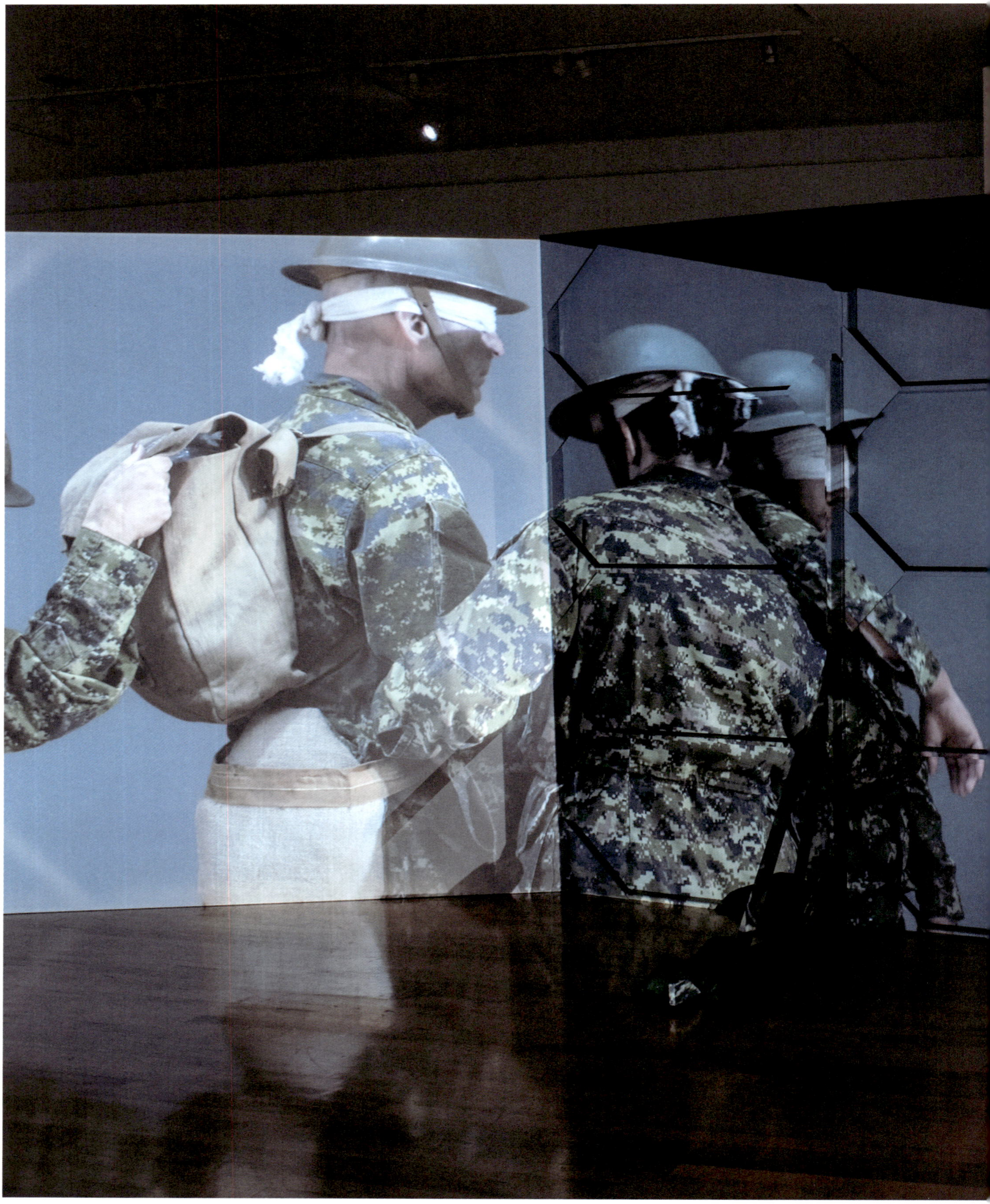

Vues d'exposition et de production | Exhibition and production views

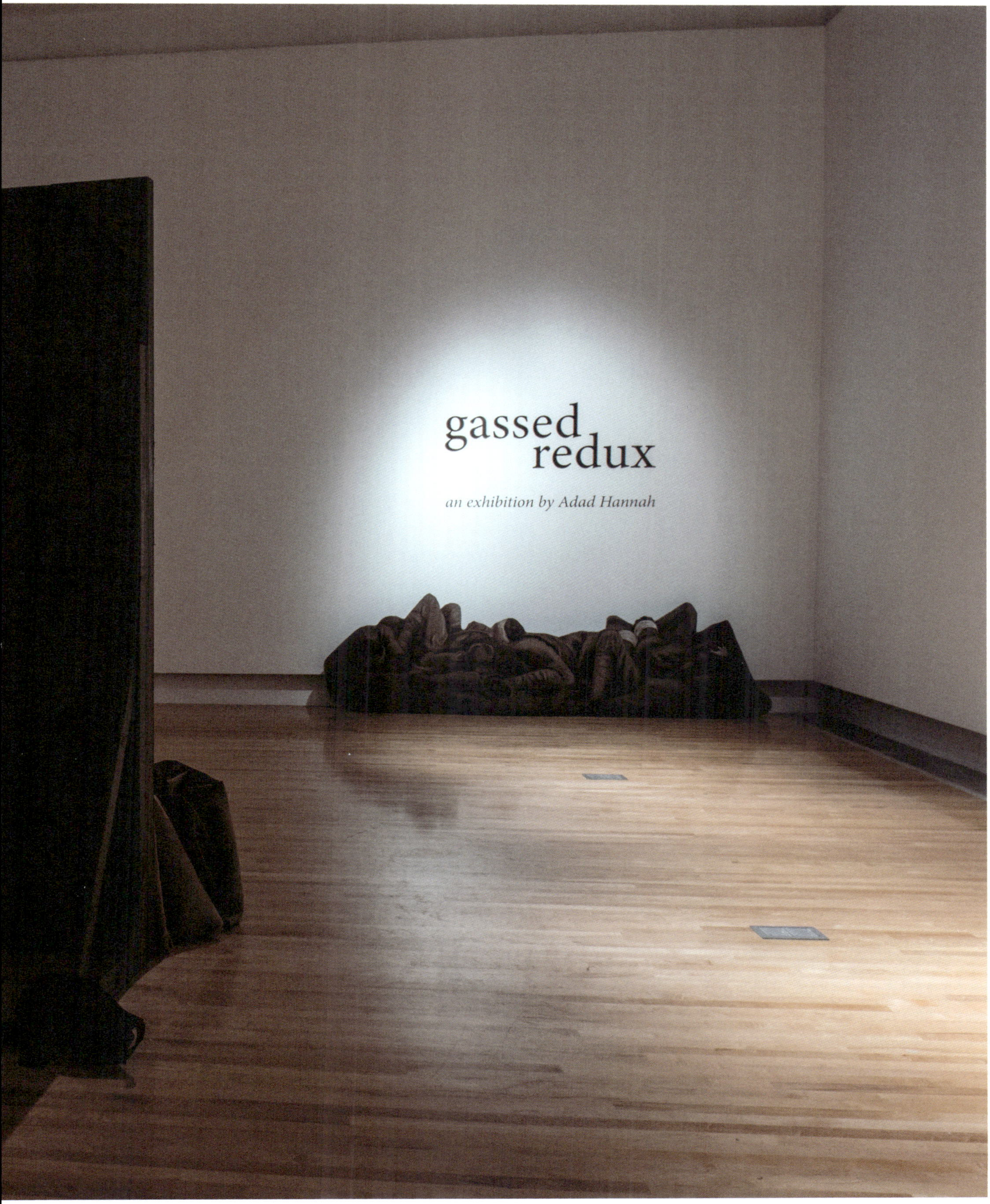

fig. 83 *Gassed Redux*, 2018

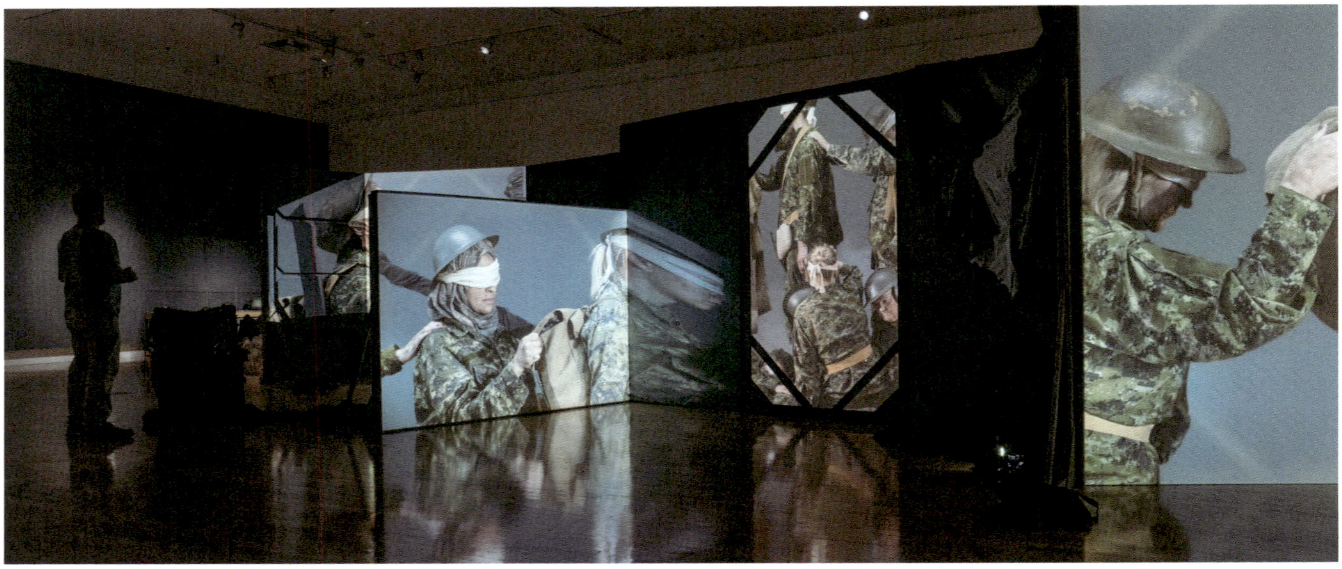

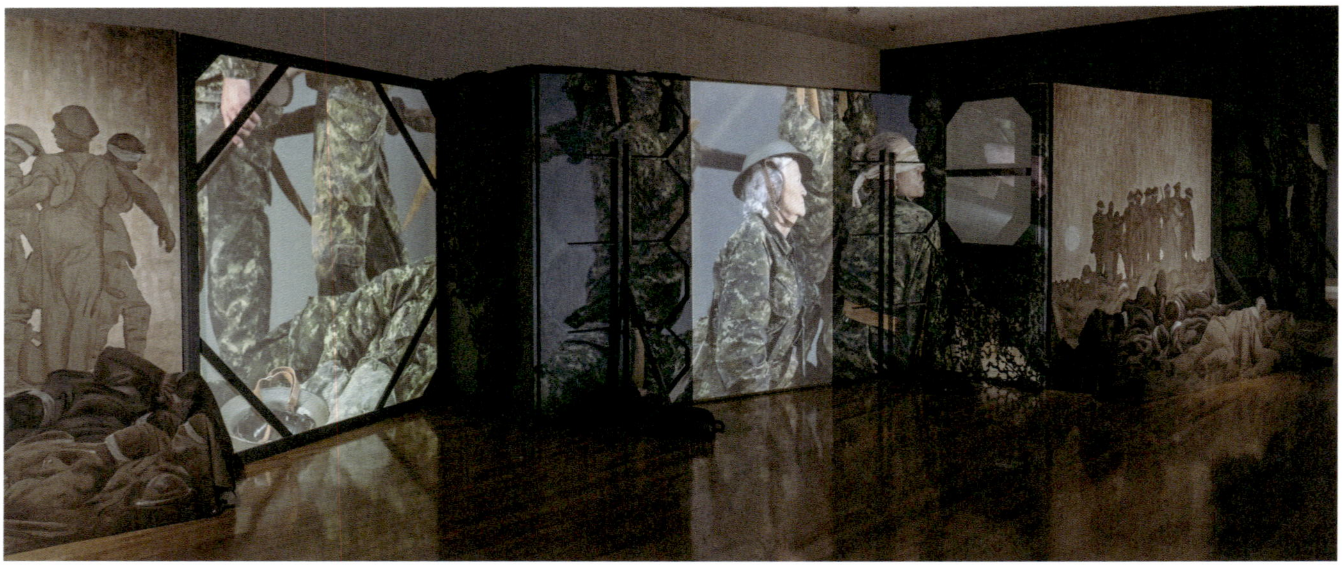

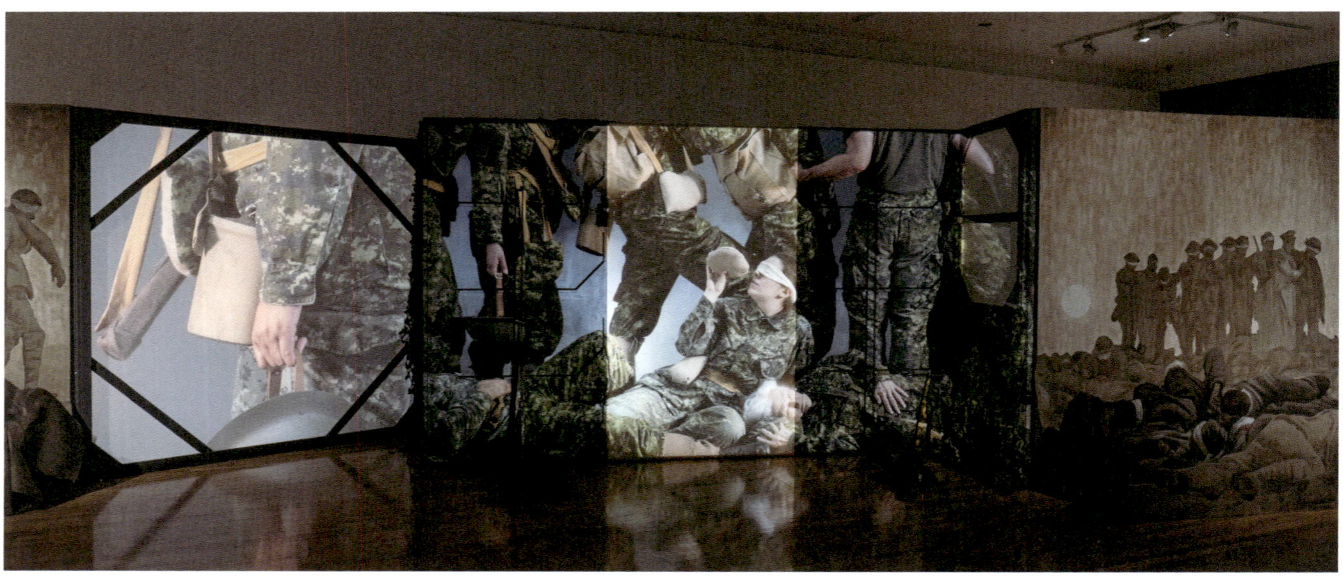

Vues d'exposition et de production | Exhibition and production views

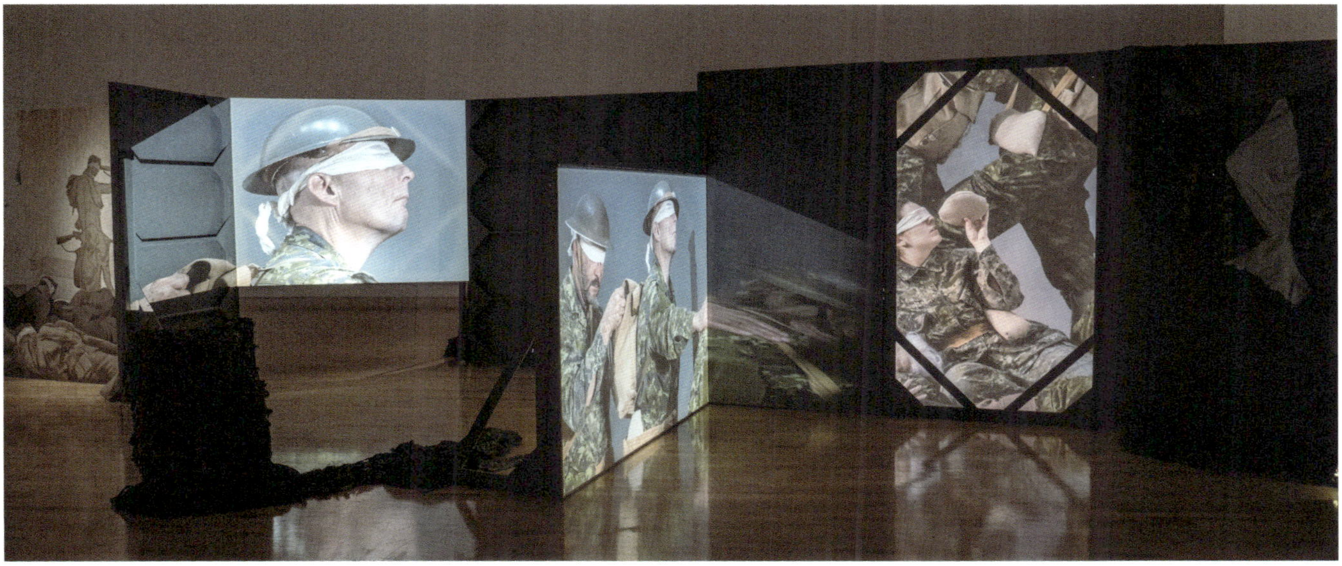

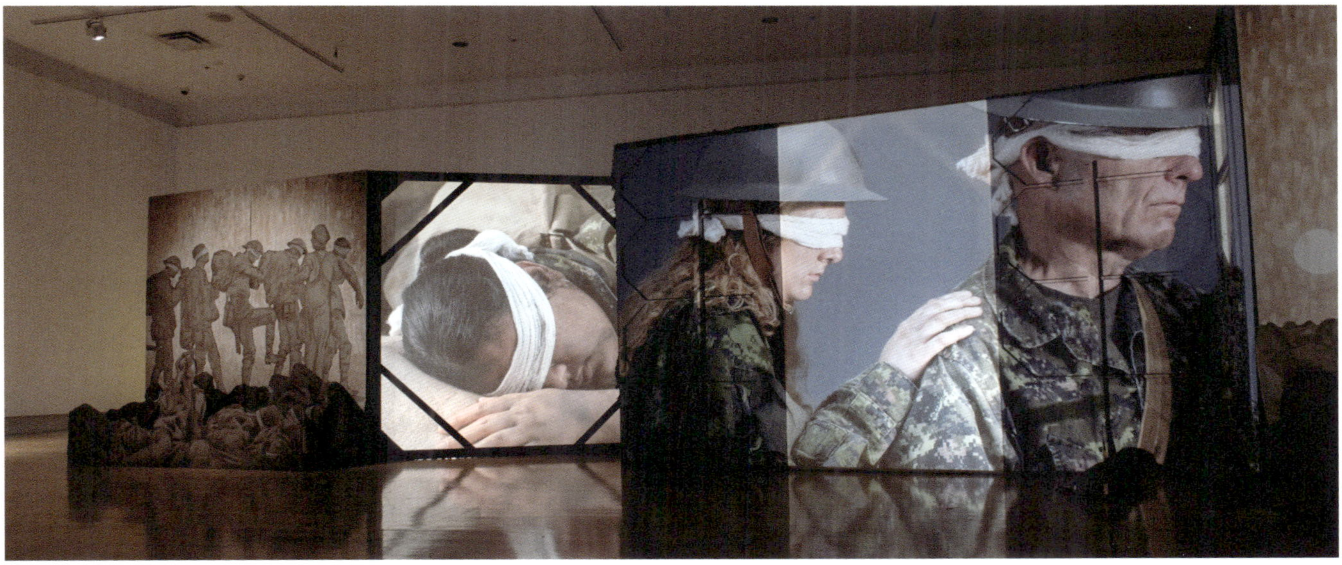

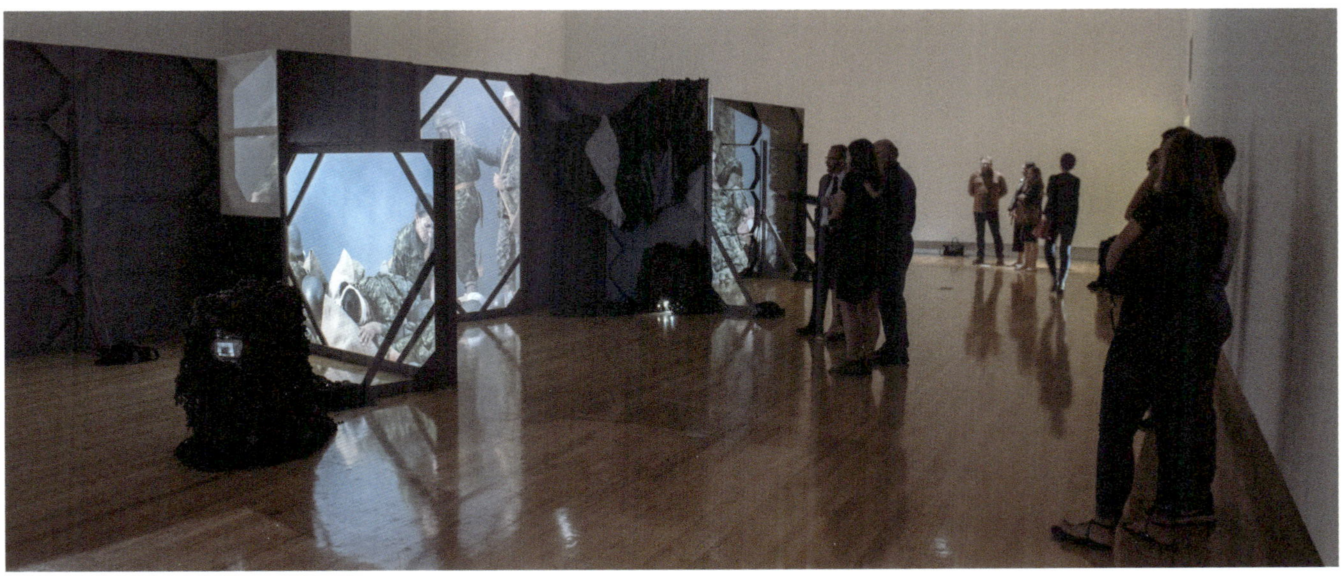

fig. 84-89 *Gassed Redux*, 2018

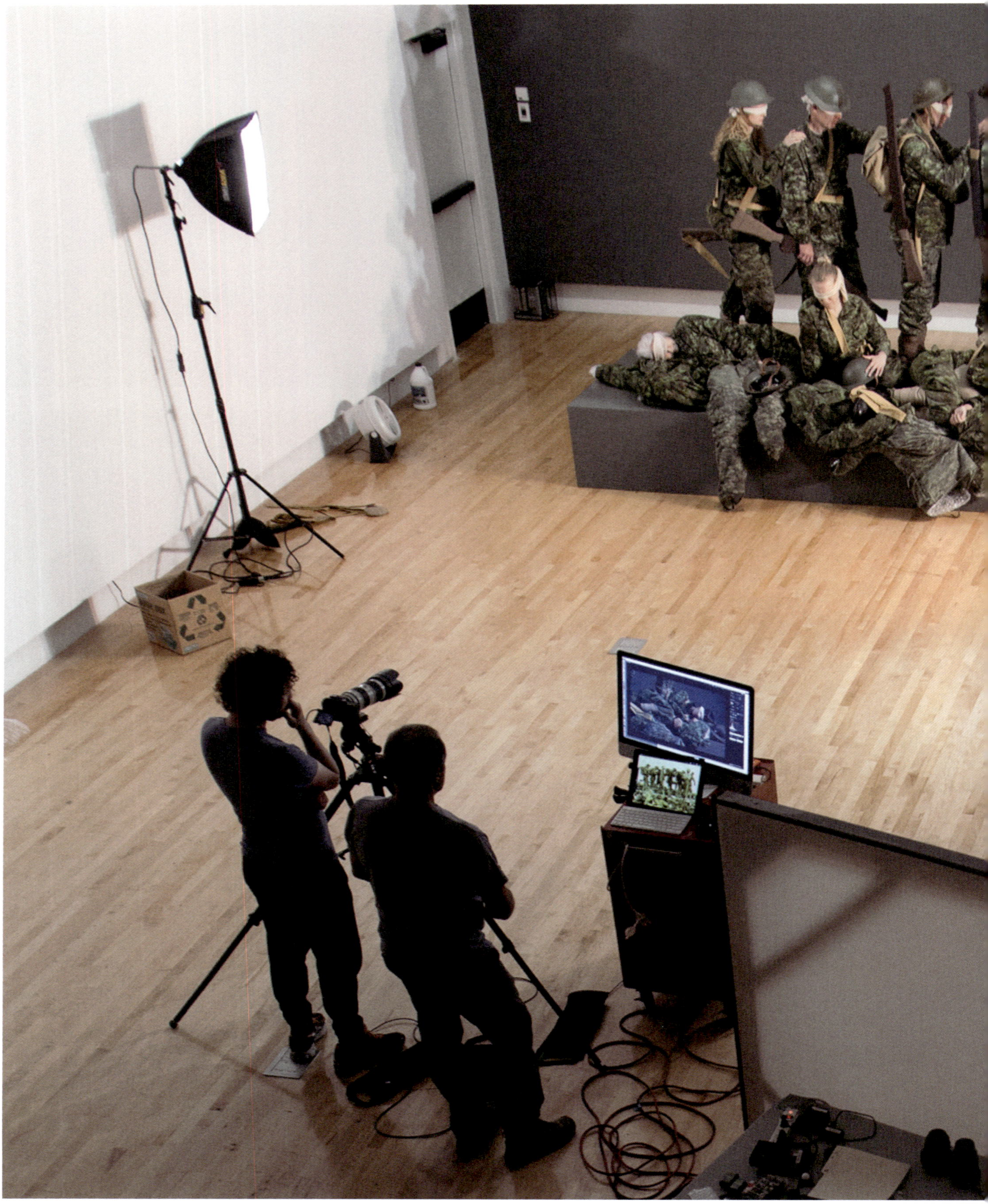

Vues d'exposition et de production | Exhibition and production views

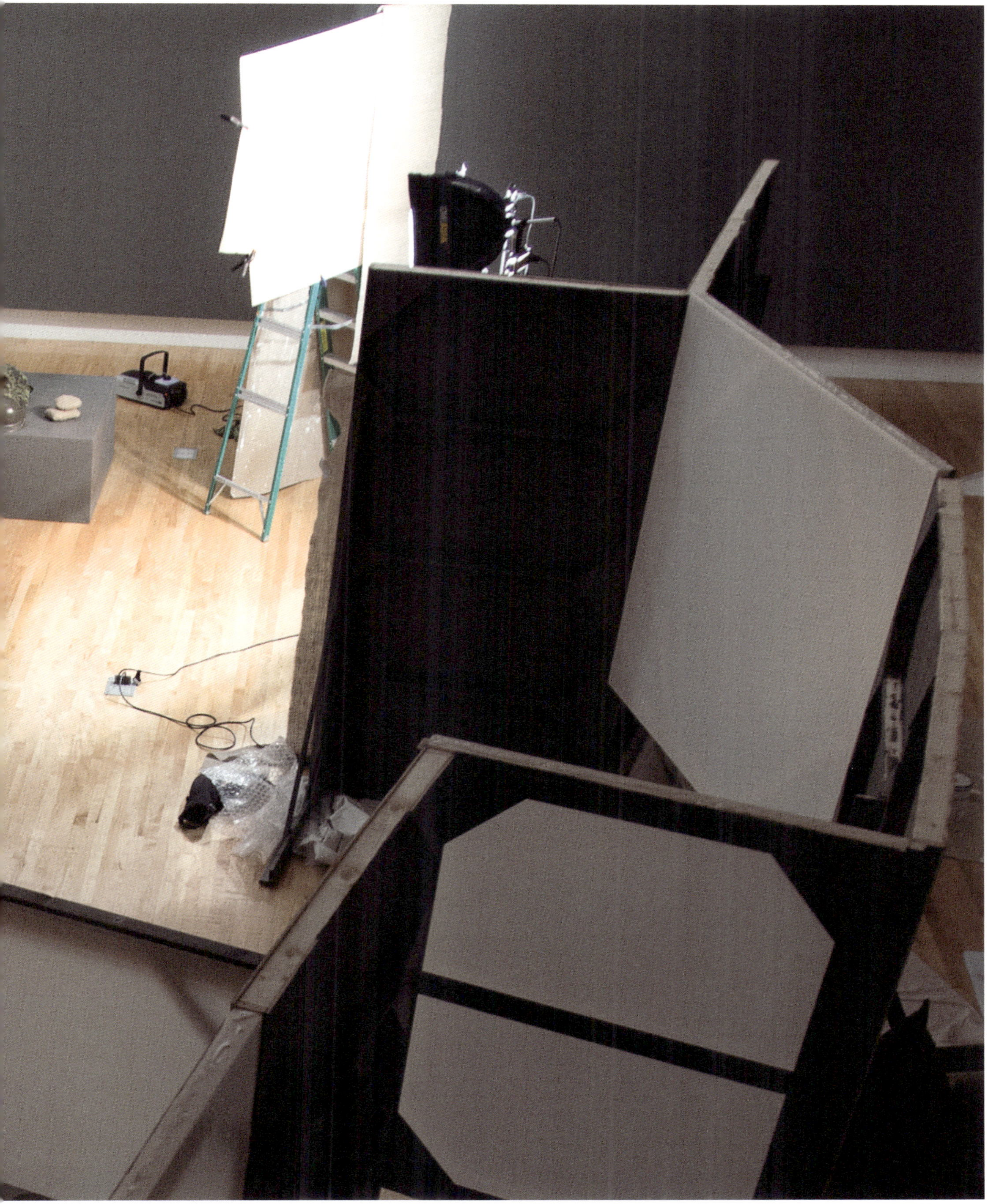

fig. 90 *Gassed Redux*, 2018

Not in My Backyard
Gassed Redux and *Backyard Guernica (Georgia)*

Lindsey V. Sharman

In Adad Hannah's latest *tableaux vivants*, the artist has taken on military and political subjects by revisiting Pablo Picasso's *Guernica* (1937), and John Singer Sargent's *Gassed* (1919) **(fig. 91)**. Both works are famous, epic depictions of war. In *Gassed Redux* (2018) **(fig. 92, fig. 94-97, fig. 100)** and *Backyard Guernica (Georgia)* (2017) **(fig. 93, fig. 98)**, Hannah takes the original artists' motivations as a starting point and attempts to push their themes forward. *Gassed* and *Gassed Redux* address generalizations and specifications and look at how and where these draw your attention. In *Backyard Guernica (Georgia)*, Hannah both frees Picasso's scene from its constrained, constricted space, and substitutes the permanence and omnipresence of the original work with a sense of urgency and precariousness.

In 1918, John Singer Sargent was commissioned to depict an epic First World War scene that displayed the cooperation of British and American troops. He never witnessed such a scene, noting that as one got closer to the front lines, one encountered fewer and fewer soldiers and the battlefield became increasingly chaotic and disorganized. Instead, he painted soldiers he encountered following a gas attack during the Second Battle of Arras in France on August 21, 1918.[1] In a scene reminiscent of Pieter Bruegel the Elder's *De parabel der blinden* [The Parable of the Blind] **(fig. 99)**, depicting the blind leading the blind, two groups of soldiers are led to a casualty tent while over 40 of their comrades lie on the ground around them as the sun sets and the moon rises in the sky. The artist has bathed the entire painting in a monochromatic green-yellow hue, a colour reminiscent of both mustard gas and military drab. In the distance, soldiers play soccer, seemingly oblivious to the foreground events, creating a jarring visual contrast. Is the artist presenting two alternate realities? Past and present? Present and future? A group of soldiers numb and accustomed to their surroundings, or desperately creating some sense of normalcy?

In Sargent's *Gassed*, all rank and regimental insignia are removed from the soldiers' uniforms in an attempt to represent not just the individuals or regiments who were victims of this specific 1918 gas attack, but all First World War Commonwealth soldiers. The landscape, too, has been generalized. Critics of the time were sceptical of how Sargent, painter of the elite, handled the depiction of soldiers. Novelist Edward Morgan Forster remarked "the upper classes only allow the lower classes to appear in art on condition that they wash themselves and have classical features. These conditions you fulfilled. A line of golden-haired Apollos moved along a duck-board from left to right with bandages over their eyes."[2] Also noting the homogeneity of Sargent's soldiers, Hannah made a point of creating a more inclusive and representative version. Although Sargent depicts war as strictly a young man's concern, it is rarely that selective. Even Sargent lost his beloved niece to the war.[3] Hannah's rendition features people from various backgrounds and countries—high school students and their parents, serving soldiers, octogenarians, teachers, veterans—who offer a contemporary portrait of just who can be affected by war.

Hannah undermines the specificity of Sargent's subjects, but embraces his incorporation of liminality. In Sargent's painting, the sun sets, the moon rises, and the sky is draped in a twilight haze. The scene is caught in the in-between. Hannah's version broadens the scope of the work to further distance the scene from any specific reference. Signifiers of time are removed to collapse the last 100 years of conflict onto itself. In the costumes created for the project, Hannah combined objects

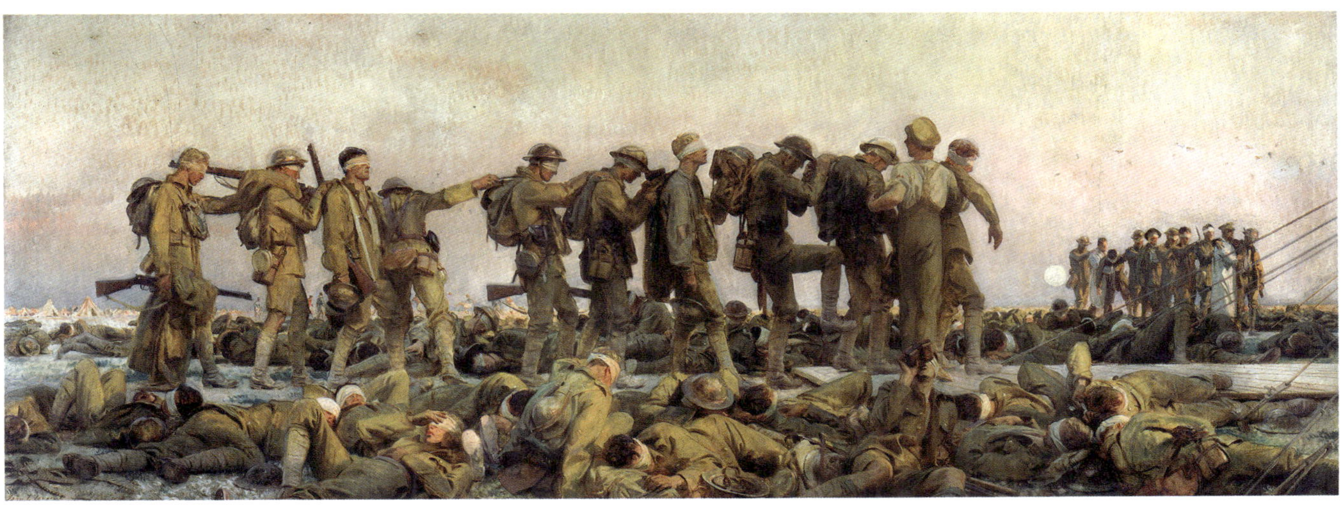

fig. 91
John Singer Sargent, *Gassed*, 1919

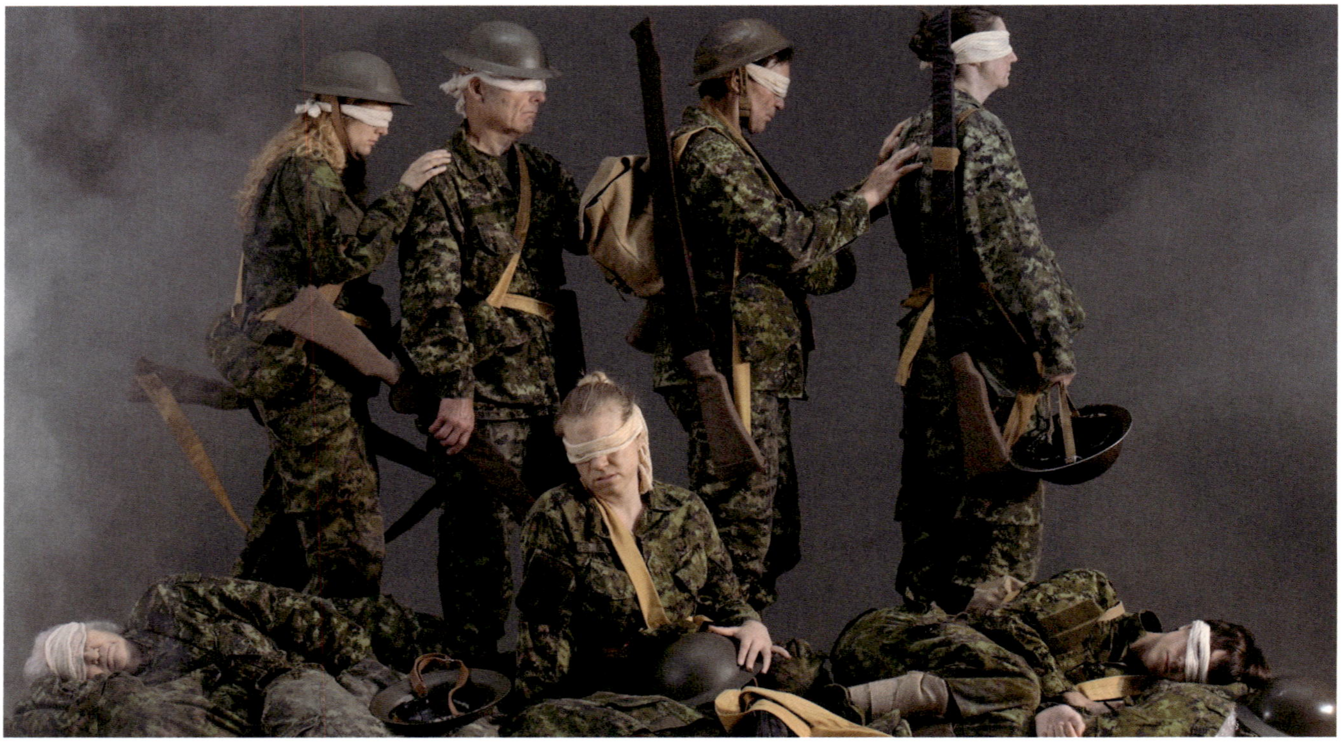

fig. 92
Gassed Redux, 2018

fig. 93 — p. 101 (detail)
Backyard Guernica (Georgia) 2, 2017

inspired by First World War kits with contemporary CADPAT, or Canadian Disruptive Pattern uniforms, a camouflage designed and worn exclusively by the Canadian Forces. The CADPAT uniforms were sourced by the museum and also brought in by several of the actors who serve in the military. By eschewing historical accuracy, Hannah's *Gassed Redux* conveys broader themes and issues that are not of one time, but ongoing. The use of chemical weapons such as gas has been outlawed by the global community in various ways since the 1890s. However, they have been continually used and justified by many countries. Though a century separates these works, Hannah picks up on a still-salient threat evidenced in Sargent's piece. *Gassed Redux* asks viewers to consider our present in relation to the past.

Just as monumental as Sargent's *Gassed*, but much better known as an expression of the horrors of war, is *Guernica*. Picasso's work depicts the bombing of Guernica, a village in Northern Spain, on April 26, 1937, during the Spanish Civil War between the left-leaning democratic Republicans and Catholic conservative nationalists led by General Francisco Franco. Franco, who was supported by Hitler, was trying to return the country to a more conservative, traditional Catholic state. The attack on Guernica came on market day when the majority of the civilian population had congregated in the town's centre. Many of the factories, bridges, and roads in the city were left undamaged, leading some to doubt there was any strategic motivation behind the bombings.[4] The seemingly meaningless attack on the people of Guernica, and Picasso's epic depiction of it, quickly became all-encompassing anti-war symbols. *Guernica* is the most famous protest painting of all time and reproductions of the work have become omnipresent during protests since its creation.[5]

Guernica is typical of Picasso's late cubist style, although unique in composition and use of colour. It features several figures writhing in distress. A horse has been gored and a bull stands over the chaos. At its apex are two opposing light sources: an electric bulb and an oil lamp. The painting's precise and orderly central triangular structure creates an interesting juxtaposition between composition and subject matter. Likewise, its rendition in monochromatic black and grey acts in opposition to the atrocities of the event. It is unique amongst works that Hannah has opted to translate into *tableaux vivants*, in that the medium itself implies the use of human actors, but the scene and style of the work make the live figures in *Backyard Guernica (Georgia)* accessories to the set.

Picasso, like Hannah in *Gassed Redux*, plays with notions of time, removing them by placing signifiers like the sword and the oil lamp, already anachronistic in 1937 when the Guernica painting was completed.[6] Rather

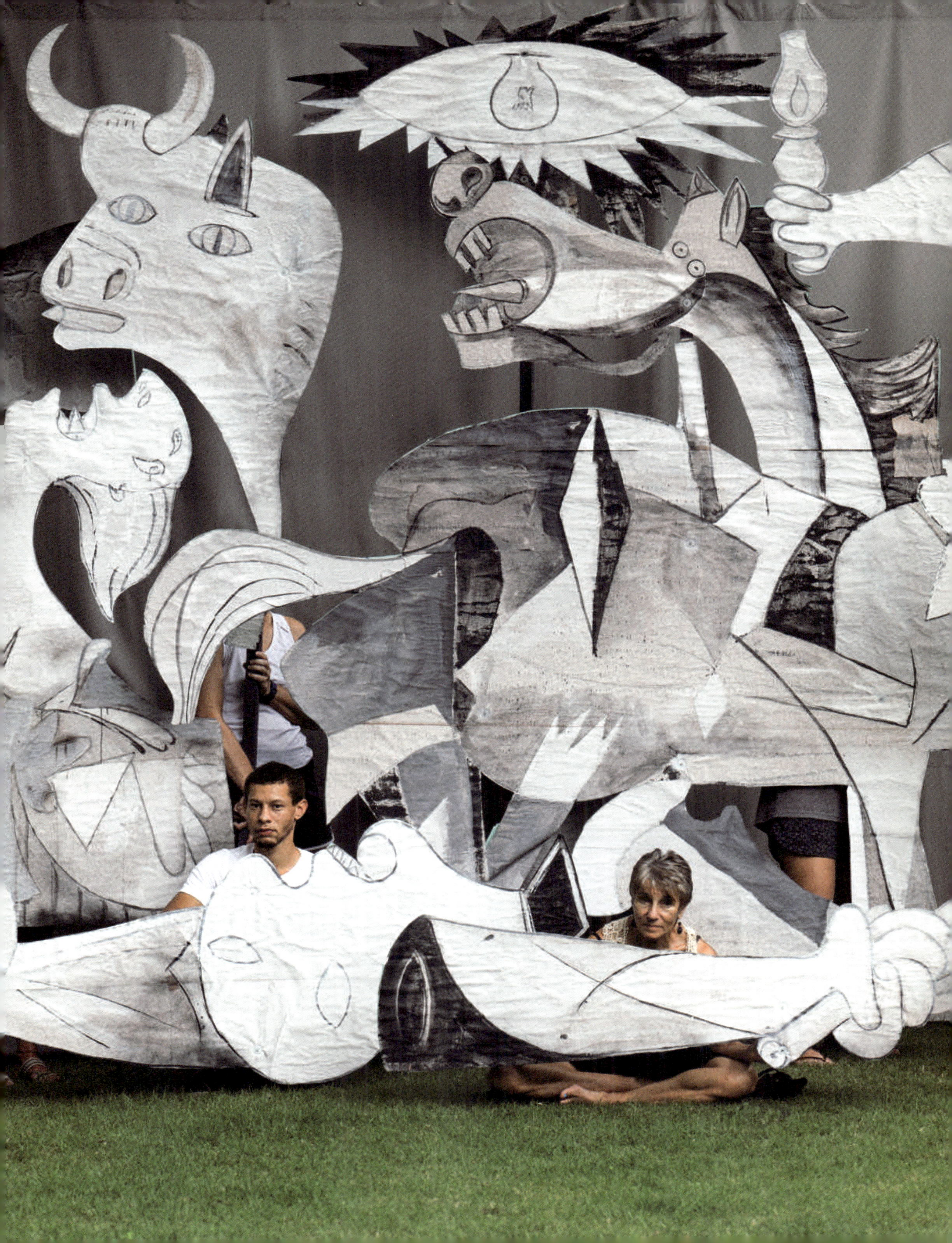

than embrace this imprecision in the work, Hannah imbues his restaging with the sense of urgency that is inherent in protest and firmly anchors the work in the contemporary moment. A moment where the divisions of 'left' and 'right' are stark, and where populist politics, anti-democratic movements, nationalism and xenophobia seem to be ascendant. Hannah had wanted to work with *Guernica* in some way for several years and recognized that the summer of 2017, in the heart of Republican USA and the centre of the Bible Belt, was the perfect time and place to begin investigating this iconic work. Following the election of President Donald Trump, protest has become a part of everyday life as the country is progressively divided in the wake of increasingly radicalized policy.

In *Backyard Guernica (Georgia)*, the painting has been divided into 12 pieces. Each segment is transformed into its own protest placard created with readily available materials, similar to what one would use for protest marches. Individually, the placards are works in their own right, seemingly coming together to momentarily form the painting in its entirety. Twelve, of course, conjures notions of Catholicism, alluding not only to the traditional Catholic state that Franco was trying to restore in Spain, but also the religious majority in Georgia and the radical religious right that so often factors into the body politic in the USA. This also causes one to consider the wars that are fought in the name of a religion founded on love and non-violence, and that Jesus' 12 disciples and all of his followers were travelers, protestors, and agitators, working for the poor, the sick, and the destitute.

Although mostly hidden, there are 14 or 15 individuals holding up the 12 portions of *Backyard Guernica (Georgia)*. While most of Hannah's *tableaux vivants* focus on the characters he portrays, in *Backyard Guernica (Georgia)* the set itself takes centre stage, becoming not just a backdrop to the actors focused on a pose, but the work in and of itself. Here, the individuals become the background to their placards. Unlike many of Hannah's works where the struggle to remain still slowly becomes apparent, here, the individuals themselves ebb and flow in and out of view. In *Guernica* and *Backyard Guernica (Georgia)* there is palpable tension between the stillness of the image and what is being portrayed. This is particularly heightened in the video works of *Backyard Guernica (Georgia)*, where the protest placards, rather than being surrounded by impassioned people chanting in the street, sway gently and almost imperceptibly in the summer breeze. This sway further confuses the space between the placards where legs, feet, and arms appear and disappear, causing the space occupied by the work to alternately deepen and flatten. It is interesting to consider this in relation to protests, where individuals are reduced to the messages they hold up. It also speaks to a certain over-simplification of messages in the age of protest, where everything from complex policy to human rights is distilled into catch phrases and memes.

One of the most interesting aspects of Picasso's *Guernica* is its confinement within a restricted space. The work appears to take place on a stage, its actions playing out in the defined area of a theatre set. For Picasso, the protest seems to be playing out in private. Given the rest of Hannah's *tableau vivant* oeuvre, one can see how the work's theatrical staging would be of interest to the artist. Hannah, however, not only removes his version of *Guernica* from its set, placing it instead against a neutral two-dimensional background, he also stages his protest in a backyard, an open air domestic space that is often exposed to the view of neighbours and passersby, and which teeters between public and private. The use of the backyard set creates a tongue-in-cheek reply to the "not in my backyard" rhetoric that often drives certain wedge issues that circulate around class.

War crimes and the atrocities enacted by governments do not often happen in the light of day for all to see. This is why protest is so powerful and what makes the staging of *Backyard Guernica (Georgia)* so interesting. Hannah takes Picasso's protest out of doors and exposes it to the light. Crucially, he also places his protest in the grey area between public and private space. The work can be viewed not only as protest, but also as a critique of protest itself. Protest can often galvanize a movement and speak truth to power, but change is possible in other ways as well, and is as much about having tough conversations with friends, family, and neighbours in one's own backyard. These conversations can serve to undermine the echo chamber effect that plagues the contemporary digital world of online communities and algorithms that isolate, radicalize, and render opposing views invisible and eventually unimaginable.

The blind lead the blind through both John Singer Sargent's *Gassed* and Hannah's *Gassed Redux*. The parable of the blind is perhaps increasingly fitting as an allegory of contemporary politics. Where are the blind spots that have brought us from the 1918 gas attacks in France to contemporary war time atrocities, or the stifling of protest with tear gas and pepper spray? How has our vision dimmed to a recent past that presents so many parallels? How have we been led to the here and now, and how far have we really come? When thinking of our own current historical moment, Adad Hannah's *Gassed Redux* and *Backyard Guernica (Georgia)* become both timely and timeless, urgent and perpetual.

1 Imperial War Museums, accessed July 25, 2018, https://www.iwm.org.uk/collections/item/object/23722.

2 Edward Morgan Forster, "Me, Them and You," in *Abinger Harvest* (New York: Houghton Mifflin, 1950), cited in *The Cambridge Guide to Literature in English* (London: Cambridge University Press, 2006), 27.

3 Lloyd George to Sargent, 16 May, 1918, *IWM First World War Artist Archives*, 39/2 part 1. IWM London.

4 Museo del Prado, accessed July 25, 2018, https://www.museodelprado.es/aprende/enciclopedia/voz/guernica-picasso/78fe64cd-b90c-46f0-aa01-ee43666009d3.

5 On the use of *Guernica* during the American War in Vietnam, see: Centre for the Study of Political Graphics, "Stop the War in Vietnam Now!," accessed July 25, 2018, http://collectionpoliticalgraphics.org/detail.php?type=browse&id=1&term=Viet+Nam+War+Era&page=12&kv=25017&record=559&module=objects.

On the use of *Guernica* in protest of the American invasion of Iraq and the Syrian War, see: Neil Cox, "Peace and the Politics of Freedom," in *Tate Etc.*, Issue 19 (Summer 2010), accessed July 25, 2018, https://www.tate.org.uk/contextcomment/articles/peaceand-politics-freedom.

Wissam Al Jazairy, *The Revolting Syrian* (blog), 2013, accessed July 25, 2018, http://therevoltingsyrian.com/post/34709582696/pablo-picassos-guernica superimposed-on-a-scene.

6 Vernon Clark, "The Guernica Mural – Picasso and Social Protest," in *Science & Society* 5, no. 1 (Winter 1941): 75.

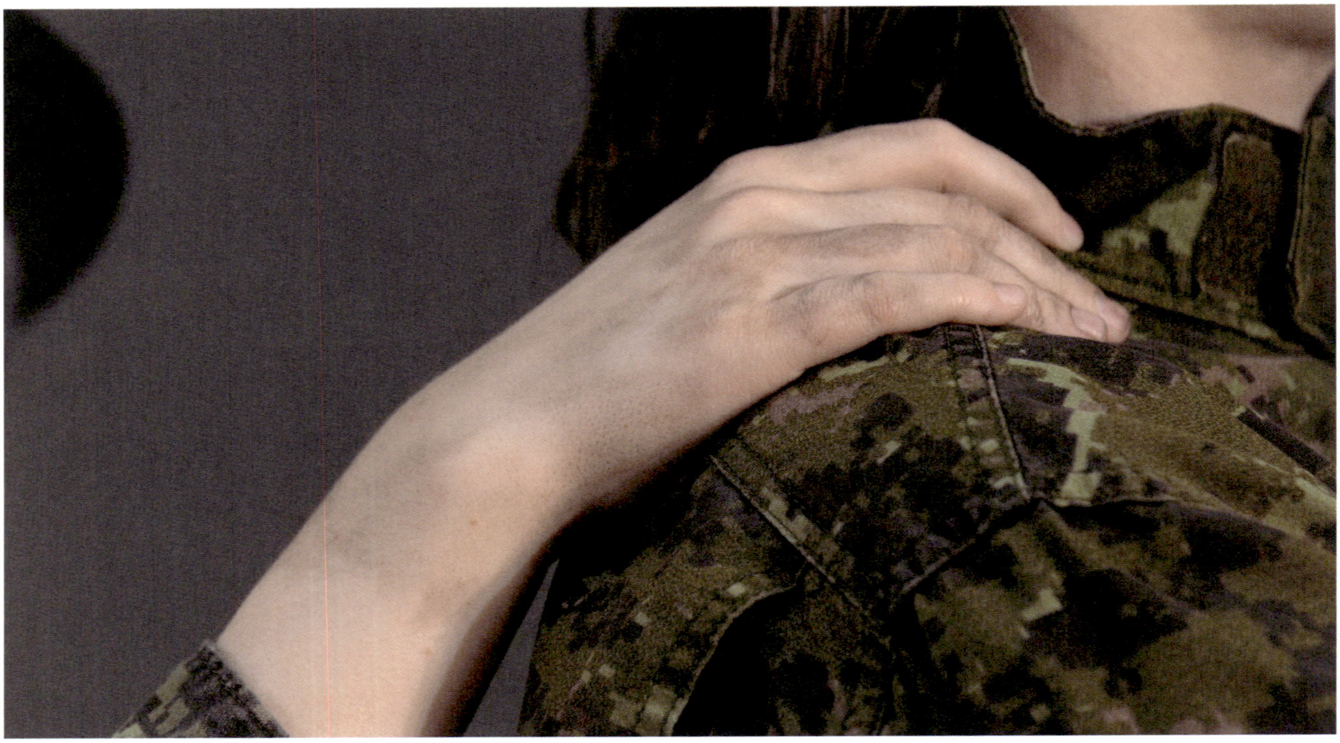

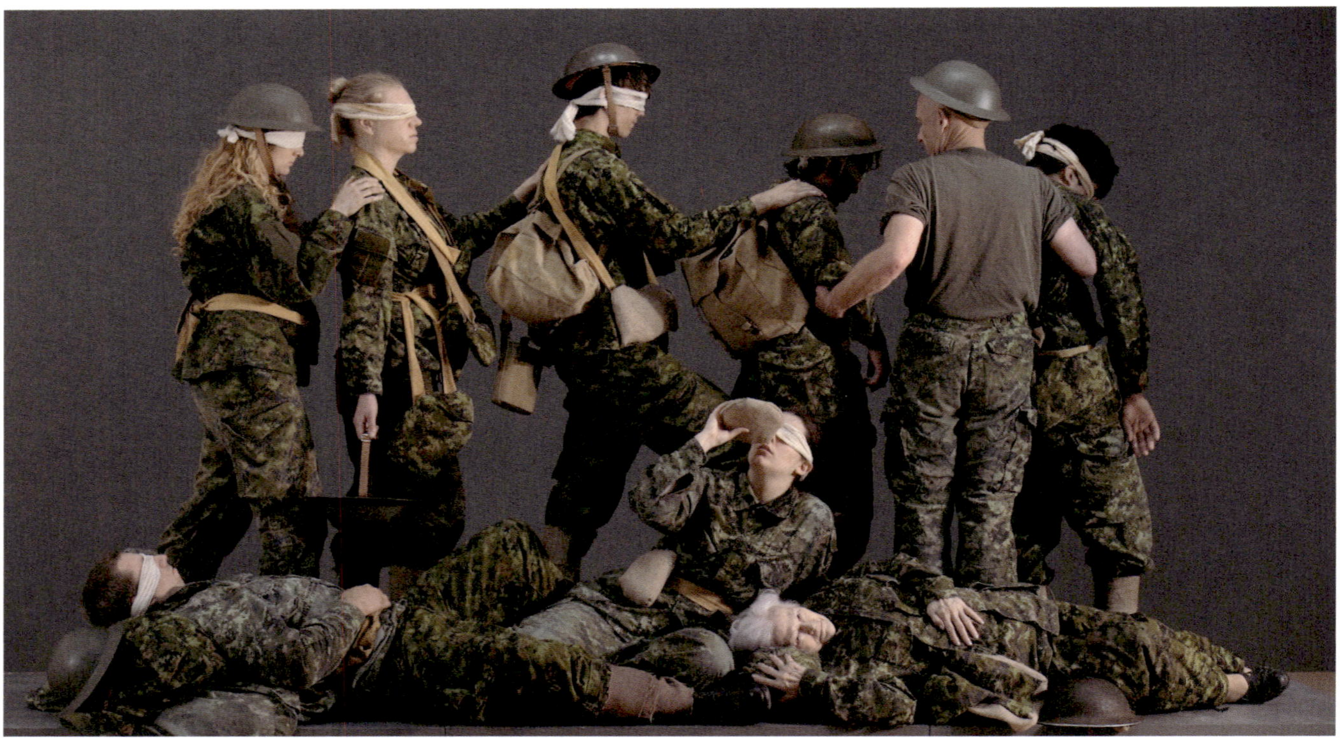

fig. 94-97
Gassed Redux, 2018

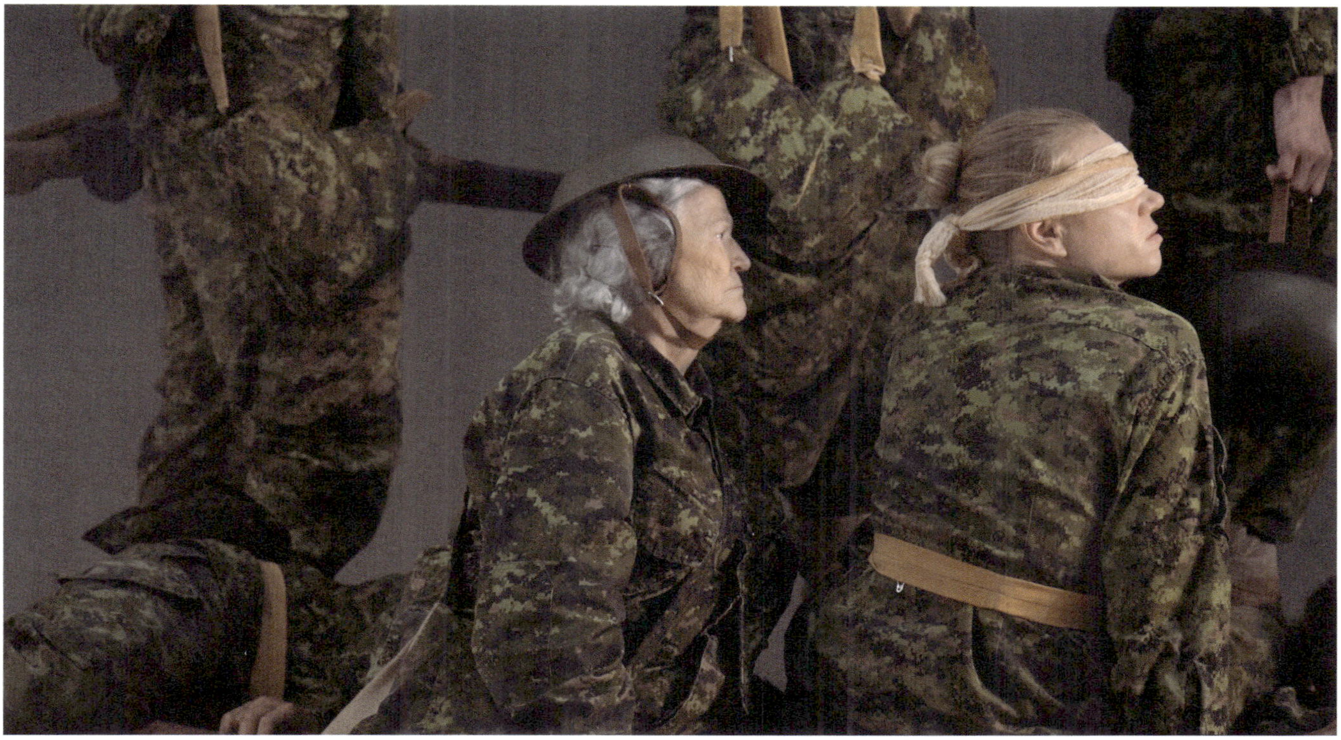

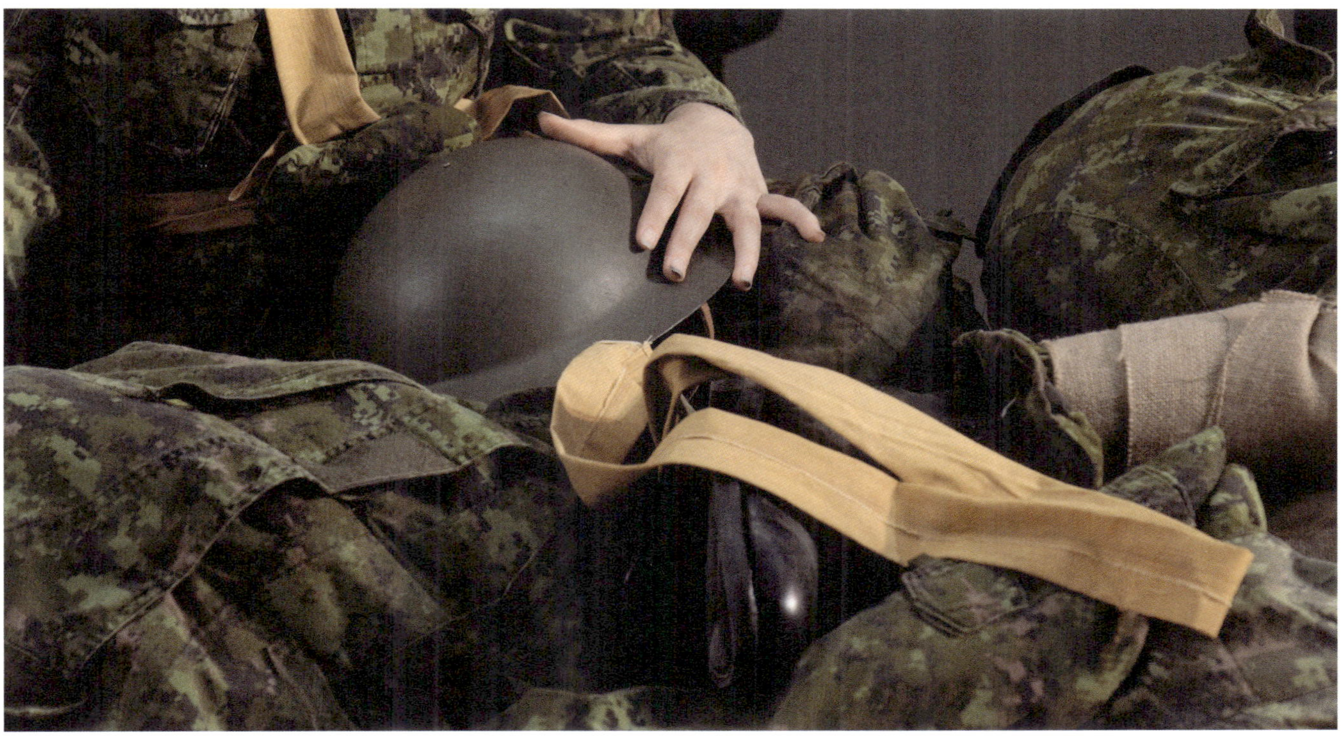

Pas dans ma cour

Gazés revisité et *Guernica dans la cour (Géorgie)*

Lindsey V. Sharman
Traduction par Margot Lacroix

Dans ses tableaux vivants les plus récents, Adad Hannah a entrepris de traiter de sujets militaires et politiques en s'inspirant de deux œuvres épiques célèbres sur le thème de la guerre : *Guernica* (1937) de Pablo Picasso et *Gassed* [Gazés] (1919) **(fig. 91)** de John Singer Sargent. Il s'appuie sur les raisons qui ont motivé leur création pour en pousser les idées plus avant. Dans *Gassed Redux* [Gazés revisité] (2018) **(fig. 92, fig. 94-97, fig. 100)**, il s'est intéressé aux généralisations et aux détails qui retiennent notre attention comme spectateur. Dans *Backyard Guernica (Georgia)* [Guernica dans la cour (Géorgie)] (2017) **(fig. 93, fig. 98)**, il a libéré de son cadre contraignant la mise en scène conçue par Picasso, rejetant la permanence et l'omniprésence de l'œuvre afin de lui insuffler un sentiment d'urgence et de précarité.

En 1918, John Singer Sargent a reçu commande d'une toile destinée à représenter une scène héroïque de la Première Guerre mondiale qui symboliserait la coopération entre troupes britanniques et américaines. Or le peintre n'avait jamais été témoin d'une scène de ce genre; il avait observé sur le terrain que plus on se rapprochait des lignes de front, plus les effectifs se clairsemaient, et plus régnaient la confusion et le chaos. Il décida plutôt de représenter des soldats croisés sur sa route, victimes d'une attaque au gaz survenue pendant la deuxième bataille d'Arras en France, le 21 août 1918[1]. Dans *Gassed*, deux groupes de soldats se dirigent vers la tente des blessés, une scène évoquant *De parabel der blinden* [La parabole des aveugles] **(fig. 99)** de Pieter Bruegel l'Ancien, où des aveugles sont guidés par des aveugles. Autour d'eux une quarantaine d'hommes gisent au sol alors que le soleil se couche et que la lune se lève à l'horizon. Le ciel du soir arbore une teinte rappelant à la fois le gaz moutarde et les tenues militaires; la scène entière baigne dans une lumière monochrome vert jaunâtre. Tout au fond, des soldats jouent au soccer sans paraître se soucier de ce qui se passe devant, ce qui crée un contraste visuel discordant. Sargent cherchait-il à représenter deux réalités opposées ? Le passé et le présent ? Le présent et l'avenir ? À montrer des soldats devenus insensibles à ce qui les entoure, ou des hommes qui tentent désespérément de recréer un semblant de normalité ?

Dans *Gassed*, Sargent a pris soin d'omettre les insignes régimentaires et de grade sur les uniformes, soucieux de ne pas montrer uniquement les individus et les bataillons victimes de l'attaque au gaz de 1918, mais l'ensemble des soldats du Commonwealth ayant pris part à la Première Guerre. Aucun détail ne permet non plus d'identifier le lieu exact de la scène. Certains critiques de l'époque se sont néanmoins montrés sceptiques devant le traitement des soldats par Sargent, plutôt peintre de l'élite. Le romancier Edward Morgan Forster avait commenté que « la haute société n'admettait l'apparition de gens du petit peuple dans les œuvres d'art qu'à la condition qu'ils se soient lavés et qu'ils présentent

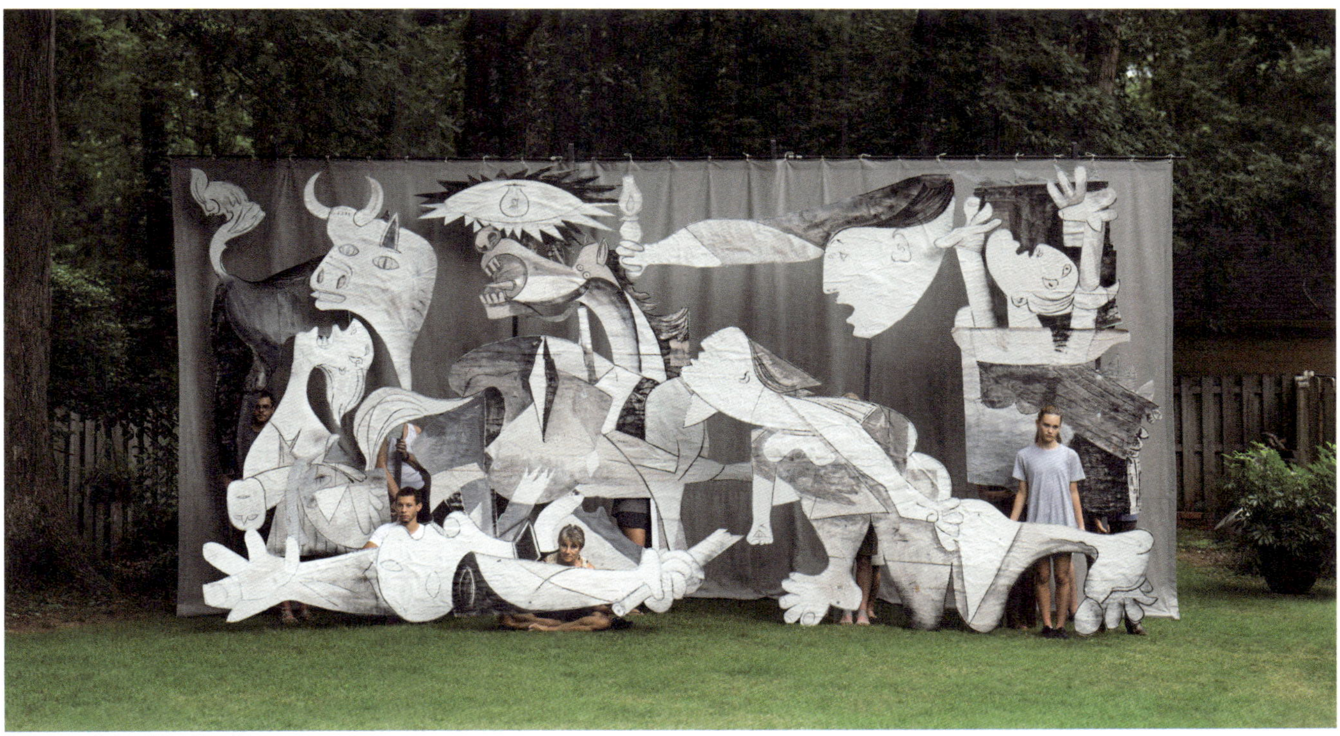

fig. 98
Backyard Guernica (Georgia) 2, 2017

des traits classiques. Ces exigences, vous les avez remplies. Une file d'apollons aux cheveux blonds, les yeux bandés, se déplace de gauche à droite sur un caillebotis[2] ». Ayant relevé lui aussi l'homogénéité des sujets peints par Sargent, Adad Hannah veille, dans sa recréation du tableau, à constituer un groupe de soldats plus diversifié et représentatif. En effet, même si Sargent dépeint la guerre comme une affaire de jeunes hommes, celle-ci fait rarement de quartier. Lui-même y a perdu sa nièce adorée[3]. Hannah a réuni dans *Gassed Redux* des personnes de différents pays et origines, des élèves du secondaire et leurs parents, des soldats en exercice, des octogénaires, des enseignants et d'anciens combattants. Il brosse ainsi un portrait contemporain des individus susceptibles de subir ou d'avoir subi les affres de la guerre.

Adad Hannah ébranle, dans sa reconstitution, le caractère similaire des soldats représentés dans *Gassed*, mais conserve la liminarité spatiale de la scène originale. Dans le tableau de Sargent, le soleil se couche, la lune se lève et le ciel est drapé d'une brume crépusculaire. Toute la scène est immobilisée dans l'entre-deux. La version de Hannah élargit la portée de l'œuvre en la dépouillant encore plus de ses spécificités. Les signifiants renvoyant au temps ont été effacés de telle façon que les cent dernières années de conflit armé qui nous séparent de la Grande Guerre se télescopent. L'artiste a créé des costumes combinant à la fois des objets inspirés de l'attirail typique de l'époque de la Première Guerre mondiale et les uniformes à dessin de camouflage canadien (DCamC), conçus pour les Forces armées canadiennes et portés uniquement par ses membres. Une partie des uniformes ont été obtenus par le musée, tandis que d'autres provenaient de figurants eux-mêmes au service de l'armée. En gommant ainsi les références historiques, Hannah fait ressortir des thèmes et des enjeux plus vastes, qui ne se limitent pas à une seule période, mais se perpétuent d'une époque à l'autre. Si les armes chimiques comme le gaz de combat sont proscrites à des degrés divers par a communauté internationale depuis les années 1890, de nombreux pays continuent d'y recourir sous différents prétextes. Hannah revient dans *Gassed Redux* sur cette menace dont témoignait Sargent il y a un siècle, et qui perdure, invitant le spectateur à méditer sur le temps présent à la lumière du passé.

Une image des horreurs de la guerre tout aussi monumentale que le tableau de Sargent, mais beaucoup mieux connue, est celle du *Guernica* de Picasso. Elle évoque le bombardement, le 26 avril 1937, de la petite ville du même nom située dans le nord de l'Espagne, survenu pendant la guerre civile ayant opposé les républicains de tendance progressiste aux nationalistes dirigés par le général Francisco Franco. Soutenu par Hitler, ce dernier aspirait à reconstituer un État catholique conservateur. La bombe fut larguée un jour de marché alors qu'une majorité de la population était rassemblée sur la place. Un grand nombre d'usines, de ponts et de routes avaient été épargnés, ce qui laisse planer un doute sur les motivations stratégiques des responsables[4]. Cette attaque apparemment insensée contre des civils et la toile saisissante qu'elle a inspirée à Picasso sont devenues des symboles universels des mouvements antiguerre. *Guernica* est le tableau engagé le plus célèbre de tous les temps; depuis sa création, ses reproductions sont omniprésentes dans les manifestations pacifistes[5].

Guernica s'inscrit dans un style typique de la fin de la période cubiste chez Picasso, tout en restant unique sur le plan de la composition et de la couleur. Plusieurs figures se tordent de douleur; un cheval a été éviscéré et

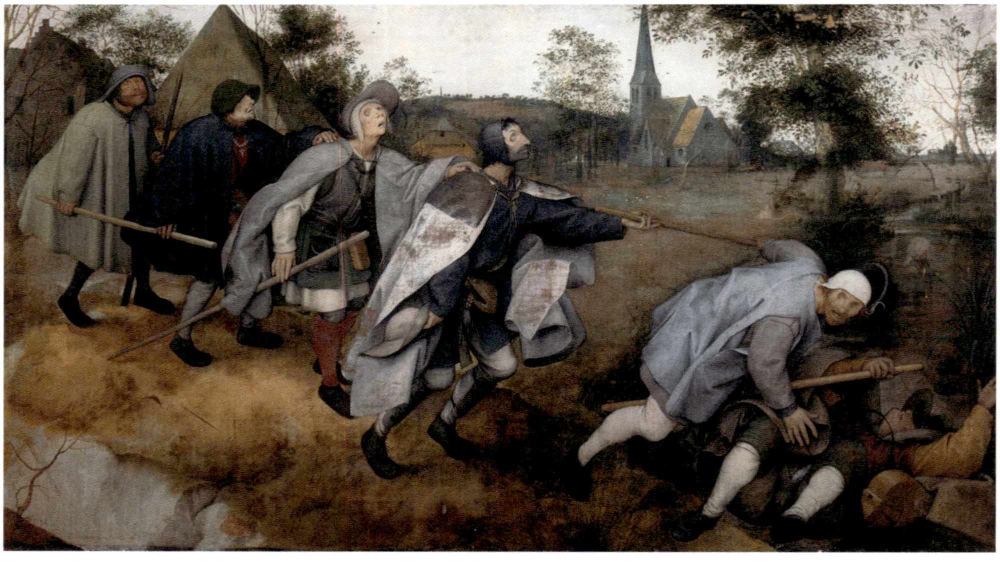

fig. 99
Pieter Bruegel l'Ancien,
De parabel der blinden, 1568

fig. 100 — p. 109 (détail)
Gassed Redux, 2018

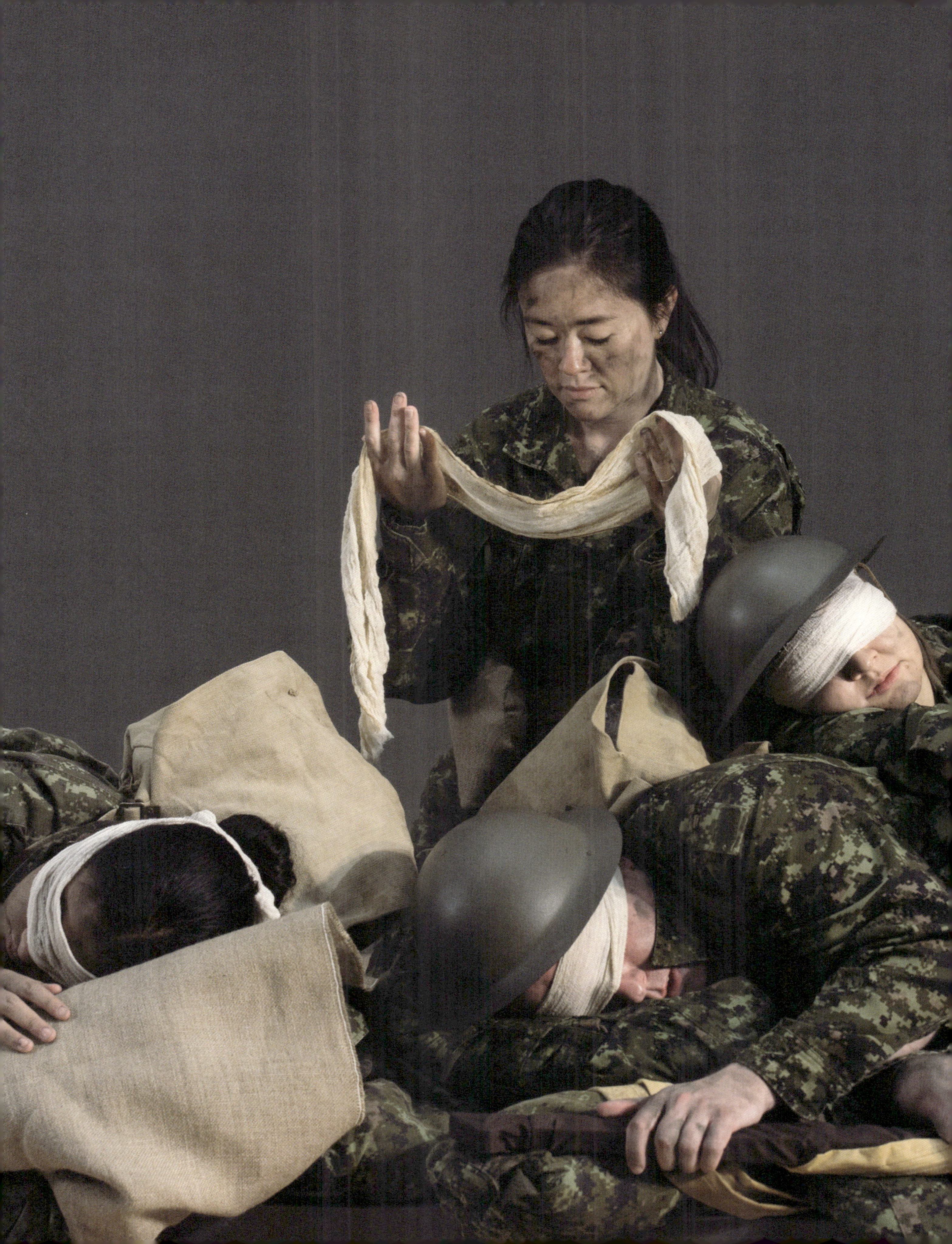

un taureau surplombe le chaos. Deux sources lumineuses différentes trônent au sommet de la scène, une ampoule électrique et une lampe à l'huile. La toile présente une structure triangulaire centrale précise qui crée une juxtaposition intéressante entre composition et sujet. Son traitement monochrome en noir et gris offre également un contraste avec les atrocités qu'elle met en scène. *Guernica* occupe une place à part parmi les œuvres que Hannah a choisi d'adapter. Le tableau vivant est un moyen d'expression qui implique que l'on recoure à des acteurs; ici, pourtant, la scène et le style de la toile originale font en sorte que les figurants n'y tiennent qu'un rôle accessoire.

En incorporant dans son tableau des signifiants comme l'épée et la lampe à l'huile, objets anachroniques même à l'époque de sa création en 1937, Picasso joue avec la notion de temps, un procédé employé également par Hannah dans *Gassed Redux*[6]. Or plutôt que de conserver cette ambiguïté dans sa recréation du tableau, Hannah a insufflé à sa mise en scène un sentiment d'urgence propre aux mouvements de protestation, dans le but de l'ancrer dans le temps présent. Il s'agit d'un présent où le fossé entre « la gauche » et « la droite » se creuse; où le populisme, les mouvements antidémocratiques, le nationalisme et la xénophobie semblent gagner du terrain. Hannah ambitionnait depuis quelques années déjà de concevoir un projet autour de *Guernica*. Il a reconnu dans les événements survenus aux États-Unis à l'été 2017, au cœur des bastions du Parti républicain et de la ceinture biblique le moment parfait pour entamer des recherches sur cette œuvre emblématique. Depuis l'élection du président Donald Trump, la contestation fait dorénavant partie du quotidien, le pays se retrouvant de plus en plus divisé à mesure que sont dévoilées les politiques radicales de son gouvernement.

Dans *Backyard Guernica (Georgia)*, Hannah a sectionné le tableau de Picasso en douze parties qu'il a découpées de manière à donner à chacune l'aspect d'une pancarte de manifestant qui aurait été fabriquée avec des matériaux courants. Les segments deviennent chacun une œuvre en soi; on a l'impression qu'ils ont été réunis momentanément pour constituer le tableau dans sa totalité. Le chiffre douze évoque bien sûr certains éléments du catholicisme. Il fait référence non seulement aux idéaux traditionnels catholiques, dont Franco espérait qu'ils allaient redonner à l'Espagne sa grandeur, mais aussi à la majorité religieuse de la Géorgie et à la droite radicale, qui exerce si souvent son droit de cité au sein du corps politique états-unien. Également, il rappelle les guerres combattues au nom d'une religion qui prône l'amour et la non-violence, ainsi que les douze disciples de Jésus qui, comme tous ceux qui ont marché dans leurs traces, furent en leur temps des voyageurs, des contestataires et des agitateurs, qui œuvrèrent au nom des pauvres, des malades et des indigents.

Les douze panneaux de *Backyard Guernica (Georgia)* sont tenus par une quinzaine de figurants dont la présence est peu visible. Alors qu'une grande part de l'œuvre de Hannah s'attarde aux personnes mêmes qui composent ses tableaux vivants, ici, c'est le décor qui se trouve à l'avant-scène. Celui-ci ne sert plus seulement de toile de fond devant laquelle des acteurs prennent la pose; il devient l'œuvre en tant que telle. Les figurants sont relégués à l'arrière-plan; on les voit apparaître et disparaître derrière leur pancarte, ce qui distingue l'œuvre des autres tableaux vivants de Hannah, où c'est l'effort requis pour garder la pose qui capte notre attention. Il s'en dégage, tout comme dans *Guernica*, une tension palpable entre l'immobilité de l'image et la scène qu'elle dépeint. La chose est particulièrement frappante dans les captations vidéo du tableau vivant : au lieu d'être entourées de chants scandés par des manifestants dans la rue, les pancartes se balancent doucement sous la brise estivale. Cette oscillation presque imperceptible fait varier les interstices qui séparent les panneaux; ici et là émergent et disparaissent des jambes, des pieds et des bras, ce qui donne l'impression que l'espace occupé par l'œuvre s'approfondit et s'aplatit au gré du mouvement. Il est intéressant d'y voir un lien avec l'action contestataire, où l'on finit souvent par assimiler les manifestants au message qu'ils brandissent. L'œuvre évoque aussi la tendance à la simplification qui s'observe en cette période de protestation où tout est condensé en slogans et en mèmes, des enjeux politiques les plus complexes aux droits de la personne.

L'un des aspects les plus intéressants du tableau de Picasso concerne le confinement de la représentation dans un espace restreint. L'action semble se dérouler sur une scène de théâtre, dans le cadre limité de son décor. On a ici l'impression que la dénonciation de Picasso s'exprime en privé. On peut aisément comprendre ce qui a intéressé Hannah dans cette mise en scène, compte tenu de sa pratique du tableau vivant. L'artiste ne s'est pas contenté toutefois de placer sa version de *Guernica* sur une toile de fond bidimensionnelle; il a campé son geste de protestation dans une arrière-cour, c'est-à-dire un espace ouvert au regard des voisins et des passants, qui chevauche la sphère publique et la sphère privée. On peut lire dans ce choix une réponse ironique au discours du « pas dans ma cour » que nourrissent souvent les enjeux controversés sur la question des classes sociales.

Il est rare que les crimes de guerre et les atrocités que commettent les gouvernements se déroulent en plein jour au vu et au su de tous. C'est ce qui rend les mouvements de protestation si puissants et la mise en scène de

Backyard Guernica (Georgia) aussi digne d'intérêt. Hannah a sorti l'œuvre engagée créée par Picasso du musée afin de l'exposer au grand jour. De plus, il a choisi de l'installer dans cette zone grise qui sépare la sphère publique de la sphère privée. Si on peut voir dans sa démarche un acte engagé, on peut aussi y lire une critique de la contestation en tant que telle. Les manifestations permettent de galvaniser les mouvements de revendication et de dire la vérité aux puissants, mais ce n'est pas le seul moyen de changer les choses. Il importe aussi d'agir dans sa propre arrière-cour, d'accepter de débattre de sujets difficiles avec son entourage, ses amis, ses proches, ses voisins. Ces conversations peuvent elles aussi contrer l'écho assourdissant des discours qui empoisonnent nos communautés virtuelles et faire obstacle à ces algorithmes qui nous isolent, nous radicalisent et nous ferment à tout point de vue divergent.

Dans *Gassed Redux* tout comme dans *Gassed*, des aveugles guident d'autres aveugles. La parabole des aveugles semble de plus en plus à propos en tant qu'allégorie de la scène politique contemporaine. Quels angles morts expliquent que nous soyons passés des attaques au gaz de 1918 en France aux atrocités commises dans les guerres actuelles et à la répression des manifestants à coups de grenades lacrymogènes et de poivre de Cayenne ? Pourquoi notre champ de vision est-il si limité alors que les parallèles à faire avec le passé sont si nombreux ? Qu'est-ce qui nous a conduits à la situation que nous connaissons aujourd'hui et quels progrès avons-nous vraiment accomplis ? Face à ce questionnement sur le contexte historique présent, *Gassed Redux* et *Backyard Guernica (Georgia)* s'avèrent des œuvres à la fois actuelles et intemporelles, nécessaires et impérissables.

1 Site des Imperial War Museums, [https://www.iwm.org.uk/collections/item/object/23722]. (Consulté le 25 juillet 2018)

2 Edward Morgan Forster, « Me, Them and You », *Abinger Harvest*, New York, Houghton Mifflin, 1950, dans *The Cambridge Guide to Literature in English*, Londres, Cambridge University, 2006, p. 27. [Notre traduction]

3 Lloyd George dans une lettre à Sargent, 16 mai 1918, *IWM First World War Artist Archives*, 39/2, 1re partie, Imperial War Museums, Londres.

4 Site du Museo del Prado, [https://www.museodelprado.es/aprende/enciclopedia/ voz/guernica-picasso/ 78fe64cd-b90c-46f0-aa01-ee43666009d3]. (Consulté le 25 juillet 2018)

5 Sur l'usage de *Guernica* durant la guerre américaine au Vietnam : Centre for the Study of Political Graphics, « Stop the War in Vietnam Now! », [http://collection-politicalgraphics.org/detailphp?type=browse&id=1&term=Viet+Nam+War+Era&page=12&kv=25017&record=559&module= objects] (Consulté le 25 juillet 2018)

Sur l'usage de *Guernica* pour protester contre l'invasion américaine en Irak et en Syrie : Neil Cox, « Peace and the Politics of Freedom », *Tate Etc.*, nº 19 (été 2010), [https://www.tate.org.uk/context-comment/articles/peace-and-politics-freedom]. (Consulté le 25 juillet 2018)

Wissam Al Jazairy, « The Revolting Syrian » [blogue], 2013, [http://therevoltingsyrian.com/post/34709582696/pablo-picassos-guernica-superimposed-on-a-scene]. (Consulté le 25 juillet 2018)

6 Vernon Clark, « The Guernica Mural – Picasso and Social Protest », *Science & Society*, vol. 5, nº 1 (hiver 1941), p. 75.

Biographies

Auteures
Authors

Lynn Bannon (1976-) est historienne de l'art et docteure en sémiologie. Elle a également accompli un Fellowship au Stirling Maxwell Center for the Study of Text/Image Culture à l'Université de Glasgow (Écosse, 2015). Elle enseigne depuis 2005 dans diverses universités québécoises (UQAM, UQO, Université Laval). Ses recherches portent sur la citation dans l'imagerie contemporaine, de même que sur le rapport texte-image. En témoignent quelques-unes de ses publications, dont « Relire, revoir et réécrire les textes et les images. Étude sémiotique de cas » (2018), « La peinture par la bande. Le cas de l'album citationnel *Lucky Luke. L'artiste peintre* » (2015) et « Rhétorique visuelle et citation : le cas d'une affiche de propagande idéologique » (2011). En plus de siéger à divers comités universitaires, elle a participé à plusieurs conférences nationales et internationales organisées par l'Association internationale de sémiotique visuelle (AISV), l'Association internationale des rapports entre le texte et l'image (AIERTI) et l'Association francophone pour le savoir (ACFAS).

Lynn Bannon (1976–) is an art historian with a doctorate in Semiology. She also completed a Fellowship at the Stirling Maxwell Center for the Study of Text/Image Cultures at the University of Glasgow (Scotland, 2015). Since 2005, she has taught at many universities throughout Quebec, including UQAM, UQO, and Laval University. Her research is concerned with quotation within contemporary image-making, and the relationship between text and image. Her recent publications include "Relire, revoir et réécrire les textes et les images. Étude sémiotique de cas" (2018), "La peinture par la bande. Le cas de l'album citationnel *Lucky Luke. L'artiste peintre*" (2015), and "Rhétorique visuelle et citation : le cas d'une affiche de propagande idéologique" (2011). In addition to serving on various university committees, she has participated in several national and international conferences organized by the International Association for Visual Semiotics (IAVS), the International Association of Word and Image Studies (IAWIS), and the Association francophone pour le savoir (ACFAS).

Lindsey V. Sharman est commissaire d'exposition à l'Art Gallery of Alberta et professeure auxiliaire au département des arts de l'Université de Calgary. Diplômée de l'Université de la Saskatchewan et de la Haute École d'art de Zürich, elle a étudié en histoire de l'art et en commissariat au Canada, en Angleterre, en Suisse et en Autriche. De 2012 à 2018, elle a occupé le premier poste de commissaire institué à la Founders' Gallery de l'Université de Calgary, fonction conférée par l'Université de Calgary. Son principal domaine de recherche concerne les pratiques d'art politiquement et socialement engagé. Elle a réalisé notamment les projets *Seeing Soldiering: in theatre with those who serve* d'Althea Thauberger; *TRENCH*, une performance longue durée d'Adrian Stimson; *Felled Trees*, une exposition sur la déconstruction de l'identité nationale présentée à la Maison du Canada, à Londres; *Gassed Redux*, d'Adad Hannah; ainsi que l'exposition rétrospective *The Writing on the Wall: Works of Dr. Joane Cardinal Schubert*, qui a fait l'objet d'une tournée canadienne. Ses articles ont été publiés dans des revues scientifiques et généralistes, dont *Galleries West, n.paradoxa, BlackFlash Magazine* et *Canadian Military History*. *The Writing on the Wall* est paru aux presses de l'Université de Calgary.

Lindsey V. Sharman is curator of the Art Gallery of Alberta and adjunct professor with the Department of Art at the University of Calgary. Sharman has studied Art History and Curating in Canada, England, Switzerland, and Austria, earning degrees from the University of Saskatchewan and the University of the Arts, Zurich. From 2012 to 2018 she was the first curator of The Founders' Gallery, University of Calgary, an academic appointment through the University of Calgary. Her primary area of research is politically and socially engaged art practice. Curatorial projects of note include *Seeing Soldiering: in theatre with those who serve* by Althea Thauberger; *TRENCH*, a durational performance by Adrian Stimson; *Felled Trees*, an exhibition deconstructing national identity at Canada House, London; *Gassed Redux* by Adad Hannah; and the nationally touring retrospective *The Writing on the Wall: Works of Dr. Joane Cardinal Schubert*. Sharman has contributed to academic and non-academic publications including *Galleries West, n.paradoxa, BlackFlash Magazine, Canadian Military History*, and *The Writing on the Wall*, published by the University of Calgary Press.

Adad Hannah

Originaire de New York, Adad Hannah (1971-) a passé son enfance entre Israël et l'Angleterre avant de s'installer à Vancouver. L'artiste détient un doctorat et une maîtrise en beaux-arts de l'Université Concordia (Montréal) et un baccalauréat en beaux-arts de l'Université d'art et de design Emily-Carr (Vancouver). Il a également réalisé un mentorat auprès de Ruby Truly (Vancouver). Il s'intéresse particulièrement à la performance, au déploiement des corporalités dans l'espace et au rapport complexe entre la photographie et la vidéo. Ses créations se veulent en dialogue avec les collectivités et abordent le rôle de l'art dans la société. Innovantes, ses œuvres n'ont cessé de fasciner le monde de l'art, d'où les nombreuses commandes qu'il a reçues de la part de plusieurs institutions muséales (Québec, Canada, Corée du Sud, République tchèque, Russie, Chili, Mexique, États-Unis, Israël, Australie, Roumanie, Grande-Bretagne), qui conservent aujourd'hui les fruits de son travail créateur dans leurs collections permanentes. Sa réputation nationale et internationale lui a d'ailleurs valu de multiples bourses et prix prestigieux, dont le prix Victor-Martyn-Lynch-Staunton du Conseil des arts du Canada. Adad Hannah est représenté par la galerie Pierre-François Ouellette art contemporain (Montréal) et la galerie Equinox (Vancouver).

Adad Hannah (1971-) was born in New York and spent his childhood in Israel and England before settling in Vancouver, where he now lives. Hannah holds a PhD and a Masters in Fine Art from Concordia University (Montreal), and a Bachelor of Fine Arts from Emily Carr University of Art + Design (Vancouver). He also received a mentorship from video artist Ruby Truly (Vancouver). He is particularly interested in performance, the movement of bodies through space, and the complex relationship between photography and video. His work intends to create a dialogue with communities and to address the role of art in society. His innovative projects continue to resonate throughout the art world, and have resulted in numerous commissions from museums and institutions (in Quebec, Canada, South Korea, Czech Republic, Chile, Mexico, the United States, Israel, Australia, Romania, Great Britain) who now count his work as part of their collections. His national and international reputation has won him several prestigious grants and prizes, most notably the Victor Martyn Lynch-Staunton Award from the Canada Council for the Arts. Adad Hannah is represented by Pierre-François Ouellette art contemporain (Montreal) and Equinox Gallery (Vancouver).

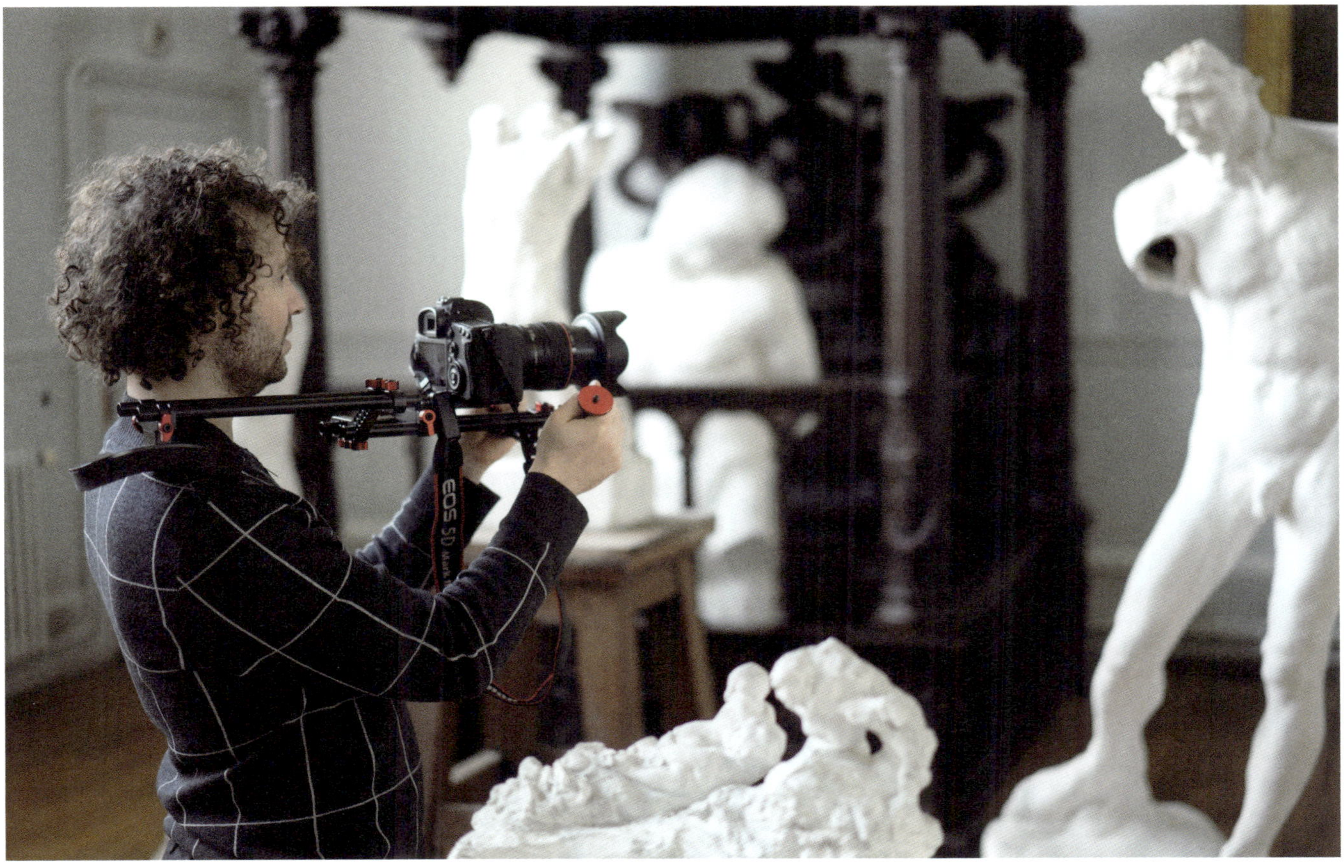

fig. 101
Adad Hannah, Musée Rodin, 2018

Liste des figures

Image Credits

fig. 1 — p. 10

Tribute [Tribut]
de la série / from *Museum Stills* [Stills au Musée], 2002
Vidéo SD / SD video
5 min

Produit grâce à la coopération du Musée des beaux-arts de Montréal, Canada / Produced with the cooperation of the Montreal Museum of Fine Arts, Canada

fig. 2 — p. 11

A Man Mirroring I [Un homme au miroir I]
de la série / from *Two Men Mirroring* [Deux hommes au miroir], 2008
Épreuve photographique couleur / Colour photograph
101 x 76 cm

Produit grâce à l'aide du Musée national des beaux-arts du Québec, Québec, Canada / Produced with the assistance of the Musée national des beaux-arts du Québec, City of Québec, Canada

fig. 3 — p. 12 + fig. 38 — p. 48

Mirroring the Brodsky [Miroiter le Brodsky], 2012
Installation vidéo HD à deux canaux / Two-channel HD video installation
6 min 5 s

Vue d'installation, Musée-appartement Isaac Brodsky, Saint-Pétersbourg, Russie, 2012 / Installation view, Isaak Brodsky Apartment-Museum, St. Petersburg, Russia, 2012

Produit grâce à l'aide de la Fondation ProArte, Saint-Pétersbourg, Russie / Produced with the assistance of the ProArte Foundation, St. Petersburg, Russia

fig. 4 + fig. 5 — p. 14-15

A Rising Tide [Marée montante]
de la série / from *Daydreams of the Drunken Scholar* [Rêveries d'un érudit ivre], 2012
Vidéo HD / HD video
5 min 24 s

Produit grâce à l'aide du San Antonio Museum of Art, États-Unis / Produced with the assistance of the San Antonio Museum of Art, United States

fig. 6 — p. 16

Sitting in the Great Hall [Assis dans le grand hall]
de la série / from *Prado Project* [Projet Prado], 2008
Épreuve photographique couleur / Colour photograph
102 x 136 cm

Produit grâce à la coopération du Museo Nacional del Prado, Madrid, Espagne / Produced with the cooperation of the Museo Nacional del Prado, Madrid, Spain

fig. 7 — p. 17

Diego Rodríguez de Silva y Velázquez (1599-1660)
La Venus del espejo [Vénus à son miroir / The Toilet of Venus], 1647-51
Huile sur toile / Oil on canvas
122,5 x 177 cm

fig. 8 — p. 19

After Muybridge (Wrestlers 2) [D'après Muybridge (Lutteurs 2)]
de la série / from *After Muybridge* [D'après Muybridge], 2016
Épreuve photographique couleur / Colour photograph
137 x 124,5 cm

fig. 9 — p. 21

The Raft of the Medusa (Saint-Louis)
[Le radeau de la Méduse (Saint-Louis)], 2016

Image de production, Saint-Louis, Sénégal / Production still, Saint-Louis, Senegal

Produit grâce à l'aide de Keur Laminaire et de la collectivité de Saint-Louis, Sénégal / Produced with the assistance of Keur Laminaire and the community of Saint-Louis, Senegal

fig. 10 — p. 22 + fig. 44 — p. 56

The Raft of the Medusa (100 Mile House) 8
[Le radeau de la Méduse (100 Mile House) 8], 2009
Épreuve photographique couleur / Colour photograph
100,5 x 133,5 cm

Produit grâce à l'aide de Gus Horn et de la collectivité de 100 Mile House, Canada / Produced with the assistance of Gus Horn and the community of 100 Mile House, Canada

fig. 11 — p. 24 + fig. 48 — p. 61

Blackwater [Eau noire]
de la série / from *Blackwater Ophelia* [Ophélie dans l'eau noire], 2013
Épreuve photographique couleur / Colour photograph
99 x 164 cm

Produit grâce à l'aide de la Galerie d'art Judith & Norman ALIX, Sarnia, Canada / Produced with the assistance of the Judith & Norman ALIX Art Gallery, Sarnia, Canada

fig. 12 — p. 26

Burghers of Seoul [Bourgeois de Séoul], 2006
Installation vidéo SD à deux canaux / Two-channel SD video installation
9 min 16 s

Vue d'installation, Galerie Leonard & Bina Ellen, Université Concordia, Montréal, Canada, 2007 / Installation view, Leonard & Bina Ellen Art Gallery, Concordia University, Montreal, Canada, 2007

Photo : Paul Smith

Produit grâce à la coopération de la Galerie Rodin, Séoul, Corée du Sud / Produced with the cooperation of the Rodin Gallery, Seoul, South Korea

fig. 13 — p. 27

Burghers of Seoul [Bourgeois de Séoul], 2006
Image de production, Séoul, Corée du Sud / Production still, Seoul, South Korea

Produit grâce à la coopération de la Galerie Rodin, Séoul, Corée du Sud / Produced with the cooperation of the Rodin Gallery, Seoul, South Korea

fig. 14 — p. 28 + fig. 54 — p. 66

Denys Arcand et/and Adad Hannah
The Burghers of Vancouver [Les Bourgeois de Vancouver], 2015
Épreuve photographique couleur / Colour photograph
76 x 102 cm

La création de cette œuvre a été rendue possible grâce à l'appui financier du Conseil des arts et des lettres du Québec. / The creation of this work was made possible thanks to the financial support of the Conseil des arts et des lettres du Québec.

fig. 15 — p. 30 + fig. 49 — p. 63

Les Bourgeois de Calais: Crated and Displaced
[Les Bourgeois de Calais: encaissés et déplacés], 2010
Installation vidéo HD à sept canaux / Seven-channel HD video installation
Dimensions variables / Variable dimensions

Vue d'installation, Musée d'art contemporain de Montréal, Canada, 2010 / Installation view, Musée d'art contemporain de Montréal, Canada, 2010

Photo : Richard-Max Tremblay

fig. 16 — p. 31 + fig. 55 — p. 68

A Vulgar Picture [Une image vulgaire], 2010
Épreuve photographique couleur / Colour photograph
86 x 137 cm

Produit grâce à l'aide de Mange ta ville et ARTV, Montréal, Canada / Produced with the assistance of Mange ta ville and ARTV, Montreal, Canada

fig. 17 — p. 33

Mother Holding a Plum [Mère tenant une prune]
de la série / from *The Russians* [Les Russes], 2011
Épreuve photographique couleur / Colour photograph
100 x 134 cm

fig. 18 — p. 36-37

After Muybridge (Front Handspring)
[D'après Muybridge (Saut de mains)]
de la série / from *After Muybridge* [D'après Muybridge], 2016
Épreuve photographique couleur / Colour photograph
93 x 239 cm

fig. 19-22 — p. 38-39

The Raft of the Medusa (Saint-Louis) 4, 2, 3 and *1*
[Le radeau de la Méduse (Saint-Louis) 4, 2, 3 et 1], 2016
Épreuves photographiques couleur / Colour photographs
89 x 132 cm chacune / each

Produit grâce à l'aide de Keur Laminaire et de la collectivité de Saint-Louis, Sénégal / Produced with the assistance of Keur Laminaire and the community of Saint-Louis, Sénégal

fig. 23 — p. 40-41

The Raft of the Medusa (Saint-Louis) 7
[Le radeau de la Méduse (Saint-Louis) 7], 2016
Épreuve photographique couleur / Colour photograph
89 x 178 cm

Produit grâce à l'aide de Keur Laminaire et de la collectivité de Saint-Louis, Sénégal / Produced with the assistance of Keur Laminaire and the community of Saint-Louis, Sénégal

fig. 24-35 — p. 42-43

Mirroring the Brodsky [Miroiter le Brodsky], 2012
Installation vidéo HD à deux canaux / Two-channel HD video installation
6 min 5 s

Produit grâce à l'aide de la Fondation ProArte, Saint-Pétersbourg, Russie / Produced with the assistance of the ProArte Foundation, St. Petersburg, Russia

fig. 36 — p. 46

Untitled (Age of Bronze) [Sans titre (Âge d'airain)]
de la série / from *Age of Bronze* [Âge d'airain], 2004
Vidéo SD / SD video
3 min 45 s

Produit grâce à la coopération du Musée des beaux-arts du Canada, Ottawa, Canada / Produced with the cooperation of the National Gallery of Canada, Ottawa, Canada

fig. 37 — p. 47

A Man Mirroring II [Un homme au miroir II]
de la série / from *Two Men Mirroring*
[Deux hommes au miroir], 2008
Épreuve photographique couleur / Colour photograph
101 x 76 cm

Produit grâce à l'aide du Musée national des beaux-arts du Québec, Québec, Canada / Produced with the assistance of the Musée national des beaux-arts du Québec, City of Québec, Canada

fig. 38 — p. 48 (voir/see fig. 3)

fig. 39 — p. 49

On Location [Sur place]
de la série / from *Prado Project* [Projet Prado], 2008
Épreuve photographique couleur / Colour photograph
102 x 136 cm

Produit grâce à la coopération du Museo Nacional del Prado, Madrid, Espagne / Produced with the cooperation of the Museo Nacional del Prado, Madrid, Spain

fig. 40 — p. 50

Diego Rodríguez de Silva y Velázquez (1599-1660)
Las meninas [Les ménines], 1656
Huile sur toile / Oil on canvas
320,5 x 281,5 cm

fig. 41 — p. 51

Two Mirrors [Deux miroirs]
de la série / from *Prado Project* [Projet Prado], 2008
Vidéo HD / HD video
6 min 36 s

Produit grâce à la coopération du Museo Nacional del Prado, Madrid, Espagne / Produced with the cooperation of the Museo Nacional del Prado, Madrid, Spain

fig. 42 — p. 52

Untitled (After Dürer) [Sans titre (D'après Dürer)], 2015
Épreuve photographique couleur / Colour photograph
61 x 94 cm

fig. 43 — p. 54

After Muybridge (Handstand With Chair)
[D'après Muybridge (Appui renversé avec chaise)]
de la série / from *After Muybridge* [D'après Muybridge], 2016
Épreuve photographique couleur / Colour photograph
48 x 221 cm

fig. 44 — p. 56 (voir/see fig. 10)

fig. 45 — p. 57

Théodore Géricault (1791-1824)
Le radeau de la Méduse [The Raft of the Medusa], 1819
Huile sur toile / Oil on canvas
491 x 716 cm

Photo : Michel Urtado

fig. 46 — p. 59

Blackwater Ophelia [Ophélie dans l'eau noire]
de la série / from *Blackwater Ophelia* [Ophélie dans l'eau noire], 2013
Épreuve photographique couleur / Colour photograph
99 x 164 cm

Produit grâce à l'aide de la Galerie d'art Judith & Norman ALIX, Sarnia, Canada / Produced with the assistance of the Judith & Norman ALIX Art Gallery, Sarnia, Canada

fig. 47 — p. 59

Sir John Everett Millais, Bt (1829-1896)
Ophelia [Ophélie], 1851-52
76,2 x 111,8 cm

Don de / Presented by Sir Henry Tate 1894

fig. 48 — p. 61 (voir/see fig. 11)

fig. 49 — p. 63 (voir/see fig. 15)

fig. 50-53 — p. 64-65

Unwrapping Rodin (Blue) 2, 4, 6 and *8*
[Déballer Rodin (bleu) 2, 4, 6 et 8], 2010
Épreuves photographiques couleur / Colour photographs
175 x 127 cm chacune / each

Sculpture originale de Pierre de Wissant tirée de la collection de Phyllis Lambert, Montréal, Canada / Original sculpture of Pierre de Wissant, from the collection of Phyllis Lambert, Montreal, Canada

fig. 54 — p. 66 (voir/see fig. 14)

fig. 55 — p. 68 (voir/see fig. 16)

fig. 56 — p. 69

Russian Woman at Home [Femme russe à la maison]
de la série / from *The Russians* [Les Russes], 2011
Vidéo HD / HD video
8 min 57 s

Vues d'exposition et de production
Exhibition and production views

fig. 57-59 — p. 73-77 + fig. 66 — p. 80-81 + fig. 73 — p. 84-85 + fig. 80-81 — p. 87-89

Adad Hannah. Reflets et réflexions
[Adad Hannah. Glints and Reflections], 2017

Vues d'installation, Musée d'art de Joliette, Canada / Installation views, Musée d'art de Joliette, Canada

Photo : Ysabelle Forest

fig. 60-65 — p. 78-79

The Raft of the Medusa (100 Mile House)
[Le radeau de la Méduse (100 Mile House)], 2009
Images de production, 100 Mile House, Canada /
Production stills, 100 Mile House, Canada

Photo : Andreas Rutkauskas

Produit grâce à l'aide de Gus Horn et de la collectivité de 100 Mile House, Canada / Produced with the assistance of Gus Horn and the community of 100 Mile House, Canada

fig. 66 — p. 80-81 (voir/see fig. 57)

fig. 67-72 — p. 82-83

Blackwater Ophelia [Ophélie dans l'eau noire], 2013

Images de production, Galerie d'art Judith & Norman ALIX, Sarnia, Canada / Production stills, Judith & Norman ALIX Art Gallery, Sarnia, Canada

Photo : Eric Tschaeppeler

Produit grâce à l'aide de la Galerie d'art Judith & Norman ALIX, Sarnia, Canada / Produced with the assistance of the Judith & Norman ALIX Art Gallery, Sarnia, Canada

fig. 73 — p. 84-85 (voir/see fig. 57)

fig. 74-79 — p. 86

Burghers of Seoul [Bourgeois de Séoul], 2006
Images de production, Séoul, Corée du Sud /
Production stills, Seoul, South Korea

Photo : Linda Lee

Produit grâce à la coopération de la Galerie Rodin, Séoul, Corée du Sud / Produced with the cooperation of the Rodin Gallery, Seoul, South Korea

fig. 80-81 — p. 87-89 (voir/see fig. 57)

fig. 82 — p. 90-91

Denys Arcand et/and Adad Hannah
The Burghers of Vancouver [Les Bourgeois de Vancouver], 2015
Vidéo HD / HD video
15 min

La création de cette œuvre a été rendue possible grâce à l'appui financier du Conseil des arts et des lettres du Québec. / The creation of this work was made possible thanks to the financial support of the Conseil des arts et des lettres du Québec.

fig. 83-89 — p. 92-95

Gassed Redux [Gazés revisité], 2018

Vues d'installation, The Founders' Gallery at The Military Museums, University of Calgary, Canada / Installation views, The Founders' Gallery at The Military Museums, University of Calgary, Canada

Photo : Dave Brown

Produit par l'Université de Calgary pour The Founders' Gallery, Université de Calgary, Canada / Produced by the University of Calgary for The Founders' Gallery, University of Calgary, Canada

fig. 90 — p. 96-97

Gassed Redux [Gazés revisité], 2018

Image de production, The Founders' Gallery, Université de Calgary, Canada / Production still, The Founders' Gallery, University of Calgary, Canada

Photo : Theo Terry

Produit par l'Université de Calgary pour The Founders' Gallery, Université de Calgary, Canada / Produced by the University of Calgary for The Founders' Gallery, University of Calgary, Canada

fig. 91 — p. 99

John Singer Sargent (1856-1925)
Gassed [Gazés], 1919
Huile sur toile / Oil on canvas
231 x 611,1 cm

© Imperial War Museum (Art.IWM ART 1460)

fig. 92 — p. 100 + fig. 94-97 — p. 104-105 + fig. 100 — p. 109

Gassed Redux [Gazés revisité], 2018

Installation vidéo HD à quatre canaux / Four-channel HD video installation

Arrêts sur image / Video stills

Produit par l'Université de Calgary pour The Founders' Gallery, Université de Calgary, Canada / Produced by the University of Calgary for The Founders' Gallery, University of Calgary, Canada

fig. 93 — p. 101 + fig. 98 — p. 107

Backyard Guernica (Georgia) 2
[Guernica dans la cour (Géorgie) 2], 2017
Épreuve photographique couleur / Colour photograph
86,5 x 139,5 cm

Produit grâce à la coopération de Russ Bonin / Produced with the cooperation of Russ Bonin

fig. 94-97 — p. 104-105 (voir/see fig. 92)

fig. 98 — p. 107 (voir/see fig. 93)

fig. 99 — p. 108

Pieter Bruegel l'Ancien / the Elder (1525/30-1569)
De parabel der blinden [La parabole des aveugles / The Parable of the Blind], 1568
Détrempe sur toile / Tempera on canvas
86 x 154 cm

© Ministero per i beni e le attività culturali - Museo e Real Bosco di Capodimonte / Art Resource, NY

fig. 100 — p. 109 (voir/see fig. 92)

fig. 101 — p. 115

Adad Hannah, en tournage au Musée Rodin, Meudon, France, 2018 / Adad Hannah, shooting at Musée Rodin, Meudon, France, 2018

Photo : Souffle Studio

Couverture | Cover

The Raft of the Medusa (Saint-Louis) 8
[Le radeau de la Méduse (Saint-Louis) 8], 2016
(détail/detail)
Épreuve photographique couleur / Colour photograph
89 x 178 cm

Produit grâce à l'aide de Keur Laminaire et de la collectivité de Saint-Louis, Sénégal / Produced with the assistance of Keur Laminaire and the community of Saint-Louis, Senegal

Quatrième de couverture | Back cover

The Raft of the Medusa (Saint-Louis) 2
[Le radeau de la Méduse (Saint-Louis) 2], 2016
(détail/detail)
Épreuve photographique couleur / Colour photograph
89 x 132 cm

Produit grâce à l'aide de Keur Laminaire et de la collectivité de Saint-Louis, Sénégal / Produced with the assistance of Keur Laminaire and the community of Saint-Louis, Senegal

Remerciements
Acknowledgments

L'artiste remercie tous les modèles et les bénévoles qui ont rendu ces projets possibles. / The artist would like to thank all the models and volunteers who made these projects possible.

Collection Fonderie Darling

Pierre-François Ouellette art contemporain

Equinox Gallery

Russ Bonin

Theo Terry

Anne-Marie St-Jean Aubre

Charlotte Lalou Rousseau

Maryse et/and Philippe Mailfait

Jacques Toupin

L'artiste remercie le Conseil des arts du Canada et le Conseil des arts et des lettres du Québec de leur soutien financier. / The artist acknowledges the financial support of the Canada Council for the Arts and Conseil des arts et des lettres du Québec.

Expositions
Exhibitions

Adad Hannah. Reflets et réflexions
Adad Hannah. Glints and Reflections

Commissaires | Curators
Lynn Bannon et/and Anne-Marie St-Jean Aubre

Musée d'art de Joliette
14 octobre 2017 — 7 janvier 2018
October 14, 2017 — January 7, 2018

145, rue du Père-Wilfrid-Corbeil
Joliette (Québec) J6E 4T4
museejoliette.org
450-756-0311

Kamloops Art Gallery
18 janvier — 23 mars 2019
January 18 — March 23, 2019

101 – 465 Victoria Street
Kamloops, British Columbia V2C 2A9
kag.bc.ca
250-377-2400

Southern Alberta Art Gallery
13 juillet — 5 septembre 2019
July 13 — September 5, 2019

601 Third Avenue South
Lethbridge, Alberta T1J 0H4
saag.ca
403-327-8770

Kitchener-Waterloo Art Gallery
24 octobre 2019 — 3 février 2020
October 24, 2019 — February 3, 2020

101 Queen Street North
Kitchener, Ontario N2H 6P7
kwag.ca
519-579-5860

The Rooms
26 septembre 2020 — 3 janvier 2021
September 26, 2020 — January 3, 2021

9 Bonaventure Avenue
St John's, Newfoundland A1C 5P9
therooms.ca
709-757-8090

Gassed Redux | Gazés revisité

Commissaire | Curator
Lindsey V. Sharman

The Founders' Gallery, University of Calgary
22 juin — 9 septembre 2018
June 22 — September 9, 2018

4520 Crowchild Trail SW
Calgary, Alberta T2T 5J4
themilitarymuseums.ca/visit/the-founders-gallery
403-410-2340

Co-publié par
Co-published by

Musée d'art de Joliette, The Founders' Gallery, University of Calgary, Kamloops Art Gallery, Southern Alberta Art Gallery, Kitchener-Waterloo Art Gallery et/and The Rooms

Direction

Anne-Marie St-Jean Aubre

Coordination

Charlotte Lalou Rousseau

Traduction du français à l'anglais
French to English translation

Jo-Anne Balcaen, Ron Ross

Traduction de l'anglais au français
English to French translation

Margot Lacroix

Révision et lecture d'épreuves en français
French copy editing and proofreading

Marie-Noël Laporte

Révision et lecture d'épreuves en anglais
English copy editing and proofreading

Ron Ross

Design graphique
Graphic design

Marianne St-Pierre

Imprimé au Canada par
Printed in Canada by

Imprimerie L'Empreinte

Catalogage avant publication de Bibliothèque et Archives nationales du Québec et Bibliothèque et Archives Canada

Hannah, Adad, 1971-

[Œuvre. Extraits]

Adad Hannah / Lynn Bannon, Lindsey V. Sharman.

Catalogue d'une exposition tenue au Musée d'art de Joliette à l'automne 2017.

Comprend des références bibliographiques.

Textes en français et en anglais.

ISBN 978-2-921801-69-0

1. Hannah, Adad, 1971- - Expositions. 2. Installations vidéo (Art) - Expositions. I. Bannon, Lynn, 1976-, auteur. II. Sharman, Lindsey V., auteur. III. Musée d'art de Joliette, organisme de publication. IV. Titre.

N6549.H248A4 2019 709.2 C2018-942828-7E

Bibliothèque et Archives nationales du Québec and Library and Archives Canada cataloguing in publication

Hannah, Adad, 1971-

[Works. Selections]

Adad Hannah / Lynn Bannon, Lindsey V. Sharman.

Catalogue of an exhibition held at the Musée d'art de Joliette during the Fall of 2017.

Includes bibliographical references.

Text in English and French.

ISBN 978-2-921801-69-0

1. Hannah, Adad, 1971- - Exhibitions. 2. Video installations (Art) - Exhibitions. I. Bannon, Lynn, 1976-, author. II. Sharman, Lindsey V., author. III. Musée d'art de Joliette, issuing body. IV. Title.

N6549.H248A4 2019 709.2 C2018-942828-7E

Dépôt légal / Legal deposit

Bibliothèque et Archives nationales du Québec, 2019

Bibliothèque nationale du Canada / Library and Archives Canada, 2019

Distribution: ABC Livres d'art Canada / ABC Art Books Canada

abcartbookscanada.com